国家语委"十三五"科研规划 2018 年度重点项目
"甲骨文等古文字在语文教育中的应用研究与功能开发"
(ZDI135-74)

教育部哲学社会科学研究重大课题攻关项目
"新时代国家语言文字事业的新使命与发展方略研究"
（18JZD015）

郑州大学特聘教授科研启动基金项目
"小学汉字教学的三维视角与传统文化融入研究"

古文字
与语文教育

张素凤　著

社会科学文献出版社
SOCIAL SCIENCES ACADEMIC PRESS (CHINA)

古文字应用于语文教育很有必要

汉字文明研究中心成立于 2016 年 9 月，经过两年多的努力，2018 年在原中心基础上建成国家语委科研机构，机构名称为"汉字文明传承传播与教育研究中心"。名称中之所以要加入"教育"二字，一方面是因为河南有悠久的汉字教育历史，《仓颉篇》《千字文》《三字经》《说文解字》等汉字教育类的经典大都出自河南或与河南相关；另一方面该中心多名教师具有中小学语文教学经历或汉语国际教育经历，于是"汉字教育"从一开始就确定为该中心的重要研究方向之一。

该中心的张素凤老师具有 14 年的中小学语文教学经历，在原单位一直从事各类中小学语文教师培训，是河北省国培专家库和高教社国培专家库成员。她对汉字教育非常感兴趣、有想法，与很多中小学名师有密切联系，了解汉字教育发展动向。此前，她已经在中华书局出版过三本汉字科普著作。2020 年又是她的一个丰收年，专著《古文字与语文教育》《说字解诗》分别在社会科学文献出版社和华文出版社出版，编著的《小学语文中的说文解字》（共十二册）、《HSK 考试必备》（上下册）分别在北京师范大学出版社和郑州大学出版社出版。《说字解诗》以字为线索，通过字形构意抽绎出词的隐含义，再用隐含义赏析含有该字的诗词，开辟了诗词赏析的新途径；《小学语文中的说文解字》用"造字智慧解析""单字分析""趣味识字""以字解词""以字解文""文化链接"等板块将每篇课文涉及的汉字规律、造字智慧和文化信息以生动活泼的形式呈现出来；《HSK 考试必备》以 HSK 词汇等级大纲为依据，以部首为线索，以字带词，对一至四级词汇的语素义和词义进行说解，并结合真题解析和相关文化链接，为外国留学生和对外汉语教师提供了科学实用的汉字汉语学习资料。如果说这三套书侧重汉字在语文教育中的具体应用，那么，《古文字与语文教育》则从多角度对汉字在语文教育中的应用价值进行总结概括和理论提升。该书在中小学语文教育中的价值可概括为以下几点。

1. 有助于增强字词教学的科学性

第二章"古文字与字词教学"从"词义解析""近义词辨析""多音多义字辨析""形近字辨析"等角度说明古文字在语文教学中的应用,紧扣中小学字词教学的重点、难点,同时又注重知识的科学性和逻辑性。比如对于"多音字"成因从"同源兼用""近音借用""字符同形"三个角度进行解释,有助于读者掌握多音字的成因和规律,从而科学地进行多音字的教与学。该书还利用部首表意功能和声符示音功能,说明汉字构形系统的规律,帮助读者以简驭繁地掌握汉字。

2. 为课文解析开辟新途径

利用文眼字或题眼字解析课文是语文教学中早已有之的教学方法。该书的特别之处在于根据关键字的字形构意抽绎出词的隐含义,通过隐含义显性化来解析课文,这是以前语文教学中没有用过的新方法。这种方法使原来只能意会的炼字之妙变得可以言传,增强了诗文赏析的学理性和可操作性。如辛弃疾《破阵子·为陈同甫赋壮词以寄之》"五十弦翻塞外声"和白居易《琵琶行》"为君翻作《琵琶行》"中的"翻"字,《汉语大字典》解释为"演奏"。"翻"为什么有演奏义?作者从"翻"的义符"羽"和声符"番"(有轮番更代的意思)推断出"翻"本义"飞"中隐含着"反复变动"的特点,即在飞时具有上下左右不断变化的特点。而演奏弦乐时,手指要上下左右的变化,与"翻"的隐含义素具有共同特点,这样不仅解释了"翻"的"演奏"义的来源,也揭示了"翻"的演奏义中隐含着手指上下左右不断变化的特点。把"翻"的隐含义素显性化,融入对"五十弦翻塞外声""为君翻作《琵琶行》"的理解,则相关意象在读者眼前动起来、活起来,仿佛看到演奏时手指上下左右不断变化的意象,形象表现了演奏者的高超技艺。这种方法为诗文赏析开辟了新途径,对语文教学很有启发。

3. 挖掘汉字创造智慧,有助于创造性人才的培养

在当今日益激烈的国际竞争中,创造性人才已然成为民族振兴的关键,创造性思维能力成为现代教育的重要培养目标。该书把蕴含在古文字

形体中的创造智慧依据词性和造字方法进行梳理，揭示了古人造字的思维规律和方法，通俗易懂，非常适合没有古文字基础的中小学教师学习。不仅如此，该书还具体说明了利用汉字教学训练学生创造性思维的步骤和方法，实用性强。这样既提供素材又说明训练方法，便于小学教师直接拿来使用。

4. 为写作构思教学提供参考方法

甲骨文等古文字用简单符号表现客观世界，表现出高超的创造智慧，这种创造智慧对写作构思具有一定的借鉴作用。写作与造字一样，都是对客观世界的反映，都要对相关素材进行选择和加工，都要涉及选材、详略、立意、结构等技巧。然而以前没有人注意两者之间的联系，该书首次阐释了造字方法对写作布局谋篇技巧的启发和借鉴作用，为写作教学提供了丰富的新范例，开辟了一条启发学生创作构思的新途径。

5. 有助于传承和弘扬中华优秀传统文化

教育部把优秀传统文化进校园称作"固本工程""铸魂工程"，如何让传统文化进校园，什么文化可以进校园？该书从理论上阐释了汉字教学可以作为传承传播中华文化的重要途径，并对汉字蕴含的文化信息进行了分门别类的梳理，为教师汉字文化教学提供了素材。同时，针对如何在汉字教学中融入中华文化信息给出了建议。显然，该书内容符合国家建设"文化强国"战略，有助于传统文化进校园，使语文教育有效发挥"润物细无声"的传统文化熏陶作用。

总之，该书对古文字在现代语文教育中的应用价值进行了充分阐发，不仅有助于科学高效地进行字词教学和深入解析课文，也有助于培养学生的创造性思维、启发写作构思，有助于对学生进行中华传统文化熏陶，培养学生的民族认同感和自豪感等。

古文字虽然遥远而艰深，但其文化基因一脉相承，流传至今，只要我们掌握科学的方法和先进的工具，就能发掘出古文字资源中一切有价值的因素来为现代教育服务。张素凤《古文字与语文教育》的成功探索说明古文字资源应用于当代语文教育是可行的，也是必要的。希望能有更多这方面的成果问世。

李运富

目　录

第一章　绪论

甲骨文已经发现 120 多年。甲骨文的发现，对古文字研究起到了巨大推动作用，对相关领域如历史、哲学等研究也会产生一定促进作用。但对一般大众来说，甲骨文等古文字还是一个高深莫测的神秘领域，其研究成果只有专业人士能够看懂，只能封存在学术象牙塔中，可望而不可即。

甲骨文等古文字在语文教育中拥有巨大潜能，有待进一步开发利用。首先，甲骨文等古文字形体有助于识字教学中说明汉字理据和构形规律，提高字词教学的科学性和趣味性；同时，与甲骨文等古文字构意相关的语义特点有助于文章解析，生动说明"炼字"之妙，为诗文解析开辟一条新途径。其次，汉字作为世界上历史最为悠久的文字，绵延五千年血脉不断，其创造方法必定蕴含着独特的智慧；同时，其据义构形的造字特点使汉字形体，尤其是甲骨文等古文字形体中蕴含着丰富的历史文化信息。汉字形体所蕴含的创造智慧和历史文化信息对现代教育具有一定的启发和参考价值，可以为培养学生的创新能力和传统文化教育提供素材和案例。总之，本课题的目标就是把甲骨文等古文字在语文教育中的功能发掘出来，使甲骨文等古文字研究成果走出学术象牙塔，走向大众，直接为现代语文教育服务，使古老的汉字在现代语文教育中发挥应有的作用，体现应有的价值。

第一节　研究目标与意义

研究目标主要包括以下几个方面：如何将甲骨文等古文字研究成果应用到字词教学中；如何利用古文字进行诗文解析；如何利用汉字创造智慧

培养学生的创新能力和启发写作方法；如何在语文教学中渗透中华优秀传统文化，培养学生的民族认同感和自豪感。因此，本课题具有以下几个方面的价值和意义。

1. 增强字词教学的学理性和趣味性

甲骨文等古文字在字词教学方面的应用，主要是通过古文字构意分析，说明汉字的形义联系，说明词义来源，阐释汉字组词造句的使用规律，使学生对汉字的使用不仅知其然，而且知其所以然。还可利用部首表意功能和声符示音功能，说明汉字构形系统的规律性，帮助学生以简驭繁地掌握汉字，有效辨析形近字，避免写错别字。总之，甲骨文等古文字是分析汉字构形和词义引申规律的重要依据，有效利用甲骨文等古文字，可为字词教学提供科学保障，增强字词教学的学理性和趣味性。

2. 为诗文解析开辟新途径

根据语义理论，词语除了包含显性意义外，还包含没能进入字典等辞书释义系统的隐含义。炼字的妙处表现在，所用之词不仅显性意义与语境配合恰当，其隐含意义也与语境非常契合，这样，分析炼字之妙不能只关注词语的显性义，还必须关注词语的隐含义。而甲骨文等古文字构意是探求隐含义的重要依据，因此甲骨文等古文字在语文教育中还有一个重要功能，即从构字理据上阐释词语的隐含义，从而深刻解析炼字之妙，为诗文赏析开辟一条新途径，使原来只可意会的炼字之妙可以言传，增强诗文赏析的学理性和可操作性。

3. 挖掘汉字创造智慧，为创造性人才培养提供研发案例

在当今日益激烈的国际竞争中，创造性人才已然成为民族振兴的关键，而创造性思维能力是创造性人才必备的素质，因此创造性思维能力必然成为现代教育的重要培养目标。被授予"人民教育家"荣誉称号的著名语文特级教师于漪曾说"思维就是力量"，她认为"语文教学应以思维训练为核心"。

绵延五千年的汉字，尤其是甲骨文等古文字，凝聚着华夏先民的创造智慧，体现了先民对客观世界的观察、分析、抽象、概括、联想、想象、判断等思维过程和思维方法。本课题旨在把蕴含在甲骨文等古文字形体

中的创造智慧揭示出来，为训练学生的创造性思维能力提供素材和案例，并进一步研究利用语文课堂训练学生创新能力的途径和方法，使语文课堂不仅助力中华优秀传统文化的传承传播，也为创造性人才培养提供有效"养分"。

4. 为写作教学提供构思方法参考

写作与造字一样，都是对客观世界的反映。造字方法有多种，写作表达方式也有多种。造字和写作都要对客观世界进行选择和加工，在选材、详略、立意、结构等方面都表现出一定的技巧性，表现了造字者和写作者的主观能动性。甲骨文等古文字用简单符号表现客观世界的方法，表现出高超的创造智慧，经受了几千年的实践检验，具有顽强生命力，这种创造智慧对写作构思具有一定的借鉴作用，可以通过分析造字方法，启发学生布局谋篇的写作技巧。这样，甲骨文等古文字所表现出来的创造智慧可为写作教学提供可借鉴的方法，使写作教学方法更加丰富多彩。

5. 传承和弘扬中华优秀传统文化，助力新时代文化自信

中华传统文化是中华民族的"根"和"魂"，是中华民族的"精神命脉"。据义构形的特点决定了汉字尤其是甲骨文等古文字中蕴含着十分丰富的传统文化信息，成为蕴含强大中华文化基因的符号系统。同时甲骨文与现代汉字之间具有一脉相承的连续性，这样，汉字教学中可以适当融入甲骨文等古文字形体，将古文字形体所携带的文化信息传授给学生，使现代汉字教学成为传承中华文化信息的重要阵地。通过汉字教学将字形所蕴含的中华传统文化点点滴滴地渗透给学生，日积月累，有助于培养学生的民族认同感和自豪感，从而达到"润物细无声"的教育效果，为优秀传统文化进校园的"固本工程""铸魂工程"提供智力支持，使古老的汉字成为新时代文化自信的重要源泉。

总之，甲骨文等古文字的本体研究已经取得了丰硕成果，但其研究成果在现代社会的应用还有待进一步研究开发。本课题从现代语文教育角度研究其应用价值，主要包括在字词教学、赏析诗文炼字之妙、培养创造性思维和启发写作构思、中华传统文化熏陶等方面的应用价值，毫无疑问，本课题研究成果对国家、民族的发展具有重大意义。

第二节　研究现状

本课题涉及的研究领域可以分为本体研究和应用研究两个方面。研究现状阐述如下。

一　本体研究

与本课题相关的本体研究主要涉及汉字理论研究、甲骨文等古文字研究、汉字文化研究、造字智慧研究等。

（一）汉字理论研究

汉字结构和汉字职用是本课题研究甲骨文等古文字在语文教育中应用的基础，因此，与本课题关系最为密切的汉字理论主要包括汉字构形学理论和汉字语用学理论。

汉字结构分析的基础主要是传统的"六书"，后来，唐兰、陈梦家、裴锡圭、刘又辛等先后从造字角度分别提出了"三书说"。① 不管是"六书"还是"三书"，对汉字结构类型的分析主要立足于对整字结构的分类。20 世纪 90 年代，王宁先生创建了"汉字构形学"，这一理论改变了"六书""三书"等理论立足于对汉字整体结构进行分析归类的方法，而立足于对汉字构件功能进行分析归类，然后根据构件功能确定整字的结构类型，这种方法可操作性强，适宜对从甲骨文到现代楷书的所有汉字进行结构模式分析。因此，该理论创建以来，汉字结构的研究取得了长足发展。李运富先生对王宁先生的汉字构形学理论又有所阐发，他将王先生在《汉字构形学讲座》中提出的四种基本的构件功能和演变后丧失理据所形成的记号并列为五种构件功能，并用推算加变通的方法将各种

---

① 他们的"三书说"各不相同。唐兰的"三书说"包括象形、象意、形声，陈梦家的"三书说"包括象形、假借、形声，裴锡圭的"三书说"包括表意、假借、形声，刘又辛的"三书说"包括表形、形声、假借。

功能的组合模式概括为 20 种基本模式，使汉字构形模式更为全面，更具系统性。

　　"汉字字用学，就是汉字学中探讨汉字使用职能变化规律的分科。"①这是王宁先生早在 1994 年就提出的字用学概念，明确指出了字用学的研究内容是汉字的使用职能。李运富先生在王先生的启发下，从 1996 年开始有意识地研究汉字职用问题，先后发表了《论汉字职能的变化》《论汉字的字际关系》《论汉字的记录职能》等文章。2004 年李运富先生首先提出了"字形、字意（构意）、字用"汉字"三平面"理论。该理论认为，传统汉字三要素"形、音、义"中的"音""义"都来自汉字所记录的语词，属于汉字的"职用"，这样，原来的三要素就合并为"形""用"两个要素；而原来被纳入字形属性的结构或构意，另立为单独的要素"意"，这样就形成新的汉字三要素——形、意、用，也称汉字"三平面"。2005 年，李运富先生发表《汉字语用学论纲》，正式倡议建立"汉字职用学"（当时称"汉字语用学"），并在《汉字学新论》（2012）中首次给予汉字职用独立的地位。与此同时，黄德宽先生的《古汉字发展论》对不同时期汉字的形体、结构、使用等情况进行了静态描写和动态分析，即从三个平面阐述不同时期汉字的特点，总结了汉字发展规律。李、黄二位先生不约而同地从"形、意（构）、用"三个不同视角研究汉字，在学界产生了重大影响，吸引很多研究者对汉字职用等现象进行研究，产生了大批与汉字职用相关的成果，此不赘述。

（二）甲骨文等古文字研究

　　自甲骨文发现至今 120 多年来，在几代学人的辛勤努力下，甲骨文等古文字研究取得了显著成就，成果日益丰富完善。研究成果主要集中于古文字考释、甲骨材料的收集整理、分期、商代史研究以及数字化等。与本课题密切相关的是古文字的收集与整理，字形考释与构意说解等成果。

　　古文字的收集整理成果主要有《甲骨文合集》《新甲骨文编》《殷周

---

① 王宁：《〈说文解字〉与汉字学》，河南人民出版社，1994，第 47 页。

金文集成》《新金文编》《战国文字编》① 等断代古文字汇编，还有《古文字类编》《汉语古文字字形表》② 等通史性的古文字汇编，这些字编是本书提取字形的主要依据和参考。

汉字构意说解成果非常丰富。《说文解字》把汉字分为 540 部，以部首字为统领，对 9353 个汉字逐个进行说解，揭示了汉字形体与音义之间的关系，说明了汉字系统的结构规律，为字理教学提供了典型而系统的材料。同样，《甲骨文字典》《甲骨文字集释》《甲骨文字诂林》《甲骨文常用字字典》《金文诂林》《金文常用字典》《战国古文字典》③ 等断代性质的工具书，《古文字诂林》《汉语大字典》④ 等具有通史性质的大型工具书，都对汉字构意进行说解。这些工具书不仅为字词教学提供依据，还为进一步研究汉字创造智慧、词汇隐含义素以及汉字文化等提供线索，是研究甲骨文等古文字研究成果在现代教育中应用的重要基础。不同工具书对于古文字形与现代汉字的对应关系、字形构意说解还有一些分歧，对于有分歧的观点，本书择善而从，即采用符合汉字系统、历史文化以及逻辑真实的观点，对于难定正误的汉字形体及其构意说解，本书尽量回避。

此外还有一些对甲骨文等古文字构意进行解析的普及读物，如邹晓丽的《基础汉字形义释源》，曹先擢、苏培成的《汉字形义分析字典》，左民安的《细说汉字》系列，刘庆俄的《汉字形义通释》《图说汉字形义 300例》，廖文豪的《汉字树》系列，李乐毅的《汉字演变五百例》《汉字演变五百例（续编）》，唐译的《图解说文解字》，吴苏仪的《图解〈说文解

---

① 胡厚宣主编《甲骨文合集》，中华书局，1978～1982；刘钊主编《新甲骨文编》，福建人民出版社，2014；中国社会科学院考古所：《殷周金文集成》，中华书局，2007；董莲池编著《新金文编》，作家出版社，2011；汤馀惠主编《战国文字编》，福建人民出版社，2001。

② 高明：《古文字类编》，中华书局，1980；徐中舒主编《汉语古文字字形表》，中华书局，2010。

③ 徐中舒：《甲骨文字典》，四川辞书出版社，2014；李孝定编述《甲骨文字集释》，"中央研究院"历史语言研究所，1982；于省吾主编《甲骨文字诂林》，中华书局，1996；刘钊、冯克坚主编《甲骨文常用字字典》，中华书局，2019；周法高主编《金文诂林》，香港中文大学出版社，1959；陈初生编纂《金文常用字典》，陕西人民出版社，2004；何琳仪：《战国古文字典——战国文字声系》，中华书局，1998。

④ 李圃主编《古文字诂林》，上海教育出版社，2005；徐中舒主编《汉语大字典》，四川辞书出版社、湖北辞书出版社，2010。

字）：画说汉字》系列，黄伟嘉、敖群的《汉字部首例解》，张素凤的《一本书读懂汉字》《汉字趣味图典》等，这些书都具有科普性质，其特点是语言通俗易懂，把古文字构意与现代汉字使用结合起来，不仅为读者展示了汉字的发展演变过程，还通过汉字构意说解，诠释了汉字音义的来源，使读者对汉字的使用不仅知其然而且知其所以然。这些科普读物的写作方法和写作思路都对本课题很有启发。

（三）汉字文化研究

汉字是表意体系的文字，据义构形的造字方法和汉字形体的人为规定性决定了造字时期的社会生活经验必然在汉字形体中有所反映。同时，社会历史文化的变迁也必然在汉字形体和字形说解中有所反映。因此，汉字尤其是甲骨文等古文字就像蕴含着历史文化信息的化石，可以作为探究古代历史文化的依据和线索。

通过汉字形体阐述相关历史文化信息，具有悠久的历史。《说文解字》在说解文字的同时，阐释了字形中蕴含的大量历史文化信息。汉字文化作为一个研究方向在 20 世纪八九十年代成为热潮，随着中国国际地位的提高，中国传统文化逐渐得到重视，新一轮的传统文化热开始兴起。作为传统文化的载体，汉字也越来越受到重视，汉字文化因此成为研究热门。但是有的研究者过分夸大汉字的文化功能，把本不属于汉字文化方面的东西硬塞到汉字文化中来；甚至有人声称汉字必将成为未来世界的通用文字。在这样的背景下，汉字文化研究成果出现井喷现象。不难理解，受过激思想影响，有些研究者热情有余，理性不足，导致有些成果论证缺乏坚实基础。这种现象引起了有识之士的高度注意，他们对汉字文化研究的原则、理论和方法提出了自己的见解，对汉字文化研究中出现的问题进行了及时的纠正和引导。王宁先生的《汉字与文化》对汉字与文化的关系、汉字文化的研究内容、研究方法等问题进行了系统阐述。

汉字文化论文论著非常丰富，有的对汉字与文化关系从理论上进行探讨，有的具体揭示汉字形体所蕴含的历史文化信息。黄德宽、常森的《汉字阐释与文化传统》阐述了汉字与社会历史文化相互影响的关系，对汉字阐释的性质特点进行了分析探讨，强调汉字阐释者的文化背景对于阐释汉字构意有一定影响。《甲骨文字诂林》汇集了各家对甲骨文构意的说解，对古代历史文化多有涉及，该书是纂集性质的，同一个字往往有几种甚至十几种不同说法，需要我们仔细分析、鉴别、选择。《说文解字》对小篆字形构意的说解，也涉及古代历史文化。此外，何九盈、胡双宝、张猛的《中国汉字文化大观》《简论汉字文化学》、赵诚的《甲骨文与商代文化》、李玲璞等的《古汉字与中国文化源》、张光直的《中国青铜时代》、李炳海的《部族文化与先秦文学》、宋兆麟的《巫觋——人与鬼神之间》、雷汉卿的《〈说文〉"示部"字与神灵祭祀考》、詹鄞鑫的《神灵与祭祀》、刘志基的《汉字文化综论》《汉字与古代人生风俗》、饶宗颐的《符号·初文与字母——汉字树》、王立军的《汉字的文化解读》、王贵元的《汉字与历史文化》、吴东平的《汉字文化趣释》、林成滔的《字里乾坤：汉字文化畅谈二十三章》、刘志成的《文化文字学》、李土生的《汉字与汉字文化》、董来运的《汉字的文化解析》、曹先擢的《汉字文化漫笔》、王宁的《汉字与中华文化十讲》、李索的《汉字与中华传统文化》、张素凤等的《字里中国》等，都立足于汉字据义构形的表意特点，对汉字形体中所蕴含的社会历史文化信息进行阐释，为本课题运用甲骨文等古文字进行传统文化教育提供了丰富的资料。然而文化本身有精华也有糟粕，有的内容并不适合少年儿童。本课题拟从中选择对少年儿童身心发展具有正能量的内容，把它们与中小学课文对接，以便教师直接"拿来"使用。

此外，还有大量专门探讨单字文化内涵或挖掘一组字所反映的一种文化现象的论文，这里不再一一列举。

（四）造字智慧研究

《小学语文课程标准》（2015）："认识中华文化的丰厚博大，吸收民族文化智慧。关心当代文化生活，尊重多样文化，吸取人类优秀文化的营养。"把吸收民族文化智慧和吸取人类优秀文化营养都作为重要的教学目标。我们民族一个重要的智慧体现就是创造了极具表现力和生命力的汉字，然而，对造字智慧进行阐释和研究的成果非常少。王作新的《汉字结构系统与传统思维方式》对汉字创造中体现的意象思维进行阐释，分析它不同于逻辑思维的特点，指出意象思维是一种有助于创造的思维方式。孔刃非的《汉字创造心理学》从心理学、人类文化学、哲学与全息学等角度研究了"汉字创造"所需要的"文化平台"和"心理特征"，对汉字创造的性质、特征与各种技巧进行了系统论证。姚淦铭的《汉字文化思维》对汉字形体所体现的思维方式进行了解读，阐释了中国人"以字为本"，对汉字的"以形为本"和"内存思维"方式进行了解读，阐释了其中蕴含的创造智慧。詹绪佐、朱良志的《汉字与中国文化教程》其中一讲是"汉字与中国人的思维方式"，分析了汉字形体所体现的直观认知方式，分析了其中蕴含的朴素辩证与具象思维模式。孙雍长的《汉字构形的思维模式》根据汉字构形的心智特征，归纳出"绘画象物""烘托显物""标记指物""借形寓意""符号示意""比形象事""合字会意""加注意符""加注声符""音义合成"十种汉字构形的思维模式。这些论文论著大都针对整个汉字系统所体现的总体思维特征进行阐释，这对本课题分析汉字创造智慧具有一定启发和指导意义。由于这些著作侧重对创造性思维的理论分析和总体概括，很难直接融入汉字教学，所以，要把汉字造字智慧应用到汉字教学中，还要对常用字的创造智慧进行具体分析，以便一线教师在汉字教学中直接"拿来"应用。

二 应用研究

甲骨文等古文字在语文教育中的应用研究主要涉及以下几个部分：字词教学，诗文炼字赏析，创造性思维训练，传统文化熏陶等。

（一）在字词教学中的应用研究

识字教学已有几千年的历史，积累了极其丰富的经验，当然也有过一些偏颇。从启蒙识字教材看，早期的识字教学主要是把常用字编成灵活多样的韵语，使之读起来朗朗上口，便于背诵和记忆。这种通过具体语境把识字与文化学习融为一体的识字方法延续了几千年，不管是最早的《史籀篇》，还是被概括为"三仓"的李斯的《仓颉篇》、赵高的《爰历篇》和胡毋敬的《博学篇》，还是西汉史游的《急就篇》和南北朝时梁周兴嗣所作的《千字文》，以及后来的《百家姓》《三字经》等，这些识字教材都是韵语形式，内容广博，目的是让儿童在背诵中逐渐掌握所用汉字和相关文化知识。辛亥革命至五四运动时期，由于废科举、兴新学，"三、百、千"等识字教材逐渐被国文教科书所代替。这个时期的识字教材比较注重趣味性和实用性，从看图识字开始，采用分散识字方法，边识字边阅读，识字、阅读并进。新中国成立后，针对分散识字造成的识字量减少问题，多次开展识字量和识字教学法的讨论，并进行了相关教学实验。改革开放以来，识字教学法研究更加活跃，一线教师和教育专家共同努力，对识字教学进行积极的改革和探索，涌现出许多新的识字教学法，识字教学取得长足发展。

与甲骨文等古文字研究成果关系最为密切的识字教学法是字理教学。字理教学是一种利用汉字特点和结构规律进行识字教学的科学方法。字理教学法早在 20 世纪三四十年代就被有识之士提出，陈独秀的《小学识字教本》（未完成）就在这方面进行了有益的尝试，他在这本书的《自叙》中说："昔之塾师课童，授徒而不释义，盲诵如习符咒，学童苦之。今之学校诵书释义矣，而识字仍如习符咒，且盲记漫无统纪之符咒至二三千字，其戕贼学童之脑力为何如耶！即使中学初级生，犹以记字之繁难，累及学习国文，多耗日力，其他科目，咸受其损，此中小学习国文识国字之法亟待改良，不可一日缓矣。"指出了"漫无统纪"学习汉字的危害，指出汉字难学并不是汉字固有的属性，而是教学方法问题；如果认识正确，方法得当，就可化难为易，提高汉字识字效率。他主张遵循汉字的特点和汉字系统结构的内在规律进行字理教学，用字根法、字原法、理据法来代替一般的机械识记法，以提高学习兴趣、帮助记忆、培养学生的科学思维习惯。近年来，字理教学得到越来越多教学研究者和一线教师的认同，王宁先生根据汉字规律和教学特点，提出"汉字教学不但要注重教法，更要注重学理，也就是要遵循汉字自身的规律，接受科学汉字学的指导"。① 从理论高度阐述了字理教学的科学原理，提倡"用科学去激发学生的学习兴

① 王宁：《汉字教学的原理与各类教学方法的科学运用》（上、下），《课程·教材·教法》2002 年第 10、11 期。

趣，以有规律的思维训练为前提去探索如何生动活泼地教学和减轻学生的学习负担，用更高的境界去看待汉字教学的意义，规定汉字教学的目标，汉字教学才可以真正承担'教育的基石'这个重要的任务"。并具体阐述了字理教学实施办法，指出"把握系统的前提是要使个体字符的积累达到一定的数量，汉字教学在个体字符一定数量的积累之后，要依赖它的构形系统，利用字与字的关系加强联想，减轻记忆负担，建立构形规律的基本观念。汉字自身的规律是在个体字符形体类聚中存在并显现的"。李运富的《汉字构形原理与中小学汉字教学》[①] 提出要把汉字学理论与识字教学结合起来，用汉字学理论指导识字教学实践，并用通俗的语言解释了字理教学概念："我们在汉字教学中把汉字的构形理据或变形理据分析出来告诉学生，让学生知道某个形体的构造原理及其演变过程，这就是字理教学。"并将字理教学的意义概括为：有助于辨析形近字和纠正错别字，有助于系统地掌握汉字，有助于掌握词义系统，有助于了解古代历史文化；并分析了推行字理教学的可行性和字理教学的基本原则。戴汝潜主编的《汉字教与学》系统介绍了各类识字法，字理识字法是其中一种识字教学法；贾国均的《科学适用的字理识字教学法》和《字理识字研究与实践》专门论证了字理教学法的理论可行性，说明了字理教学法的基本原则和相关模式等。刘永成的《汉字与文化：兼论汉字教学改革》强调将汉字的演变历史渗透到汉字教学中，将抽象记忆转化为形象记忆，是一种更易学、效果更好的教学方法；他认为这种方法可以提高学习兴趣，降低学习难度，有利于掌握汉语复杂的字词关系，有利于辨析形近字和近义词，能有效解决语言学习与文化融合问题。此外，张素凤的《汉字学理论在识字教学中的应用》、李海华的《字理识字法在教学中的优化运用》、洪惠敏的《运用汉字学提高小学低年级识字教学效率》、王信根的《小学语文识字教学探析》、王鹏伟的《从象形特点和构形规律看汉字教学策略》、李晓玲的《"理"趣相生识汉字：小学语文识字教学策略探微》等，探讨了如何利用汉字规律进行识字教学，为本课题利用甲骨文等古文字进行汉字教学提供了可借鉴的方法和思路。

---

① 李运富：《汉字构形原理与中小学汉字教学》，长春出版社，2001。

随着古文字研究成果的不断发展和普及，甲骨文等古文字逐渐走入中小学课本和教辅材料中，目前王宁先生领衔的北京师范大学专家团队开发的"汉字全息资源应用系统"正式上线，为中小学字理学习提供了可靠的资源，为教师利用甲骨文等古文字进行字理教学提供了依据。

（二） 在诗文炼字赏析中的应用研究

利用汉字进行诗文炼字赏析的相关研究，目前主要是本课题负责人张素凤的部分成果，专著《说字解诗》① 以 23 组具有近义关系的 46 个字为主线，通过字形构意抽绎出词语的隐含义素，并通过隐含义素显性化辨析近义词，以隐含义素为抓手，对相关诗词炼字之妙和思想内涵进行解析，为诗词赏析开辟了一条新路径。此外还有一些相关论文，如《谈字理分析在课文解析中的应用》② 从题眼字、文眼字、修辞用字三个角度总体阐述古文字构意在课文解析中的作用和价值。《〈诗·周南·桃夭〉新解》③ 通过对"归""夭""宜"等古字形构意的分析，对这首诗的主旨提出新的见解。《汉字构意在古诗赏析中的应用价值——以小学一年级课文〈小池〉为例》④ 对部编小学语文一年级课文《小池》进行了解析，具体说明了汉字构意在诗词解析中的应用方法。《论"落"的隐含义在诗词解析中的应用》⑤ 以"落"的字形构意为依据，抽绎出"落"的隐含义素，并以此为基础分析了十几首诗词中落花、落叶意象的象征意义；还通过字形构意比较了"落"与"坠"、"降"的意义差别，为赏析古诗词炼字之妙开辟了新道路。《"寄于形"的隐含义素在古诗文赏析中的应用——以"开""发"为例》⑥ 以"开""发"二字为例，《用汉字构意揭示语词隐含义开

---

① 张素凤、孙春青：《说字解诗》，华文出版社，2020（即将出版）。
② 张素凤：《谈字理分析在课文解析中的应用》，《语文知识》2017 年第 24 期。
③ 张素凤、杨洲：《〈诗·周南·桃夭〉新解》，《河北大学学报》（哲学社会科学版）2008 年第 3 期。
④ 张素凤：《汉字构意在古诗赏析中的应用价值——以小学一年级课文〈小池〉为例》，《语文建设》2018 年第 28 期。
⑤ 张素凤：《论"落"的隐含义在诗词解析中的应用》，《美与时代》（下）2019 年第 1 期。
⑥ 张素凤：《"寄于形"的隐含义素在古诗文赏析中的应用——以"开""发"为例》，《语文建设》2019 年第 19 期。

辟诗词赏析新途径——以"尽"字为例》① 以"尽"为例,阐释了如何利用汉字构意抽绎语词隐含义,并利用隐含义素赏析诗词意象和思想内涵,使原来只可"意会"的炼字之妙可以"言传"。此外,金文伟的《〈伯牙绝弦〉字词的科学解析——古诗文课的"科学识字"之一》② 利用"绝"的甲骨文构意解析"绝"在课文中的意义,并进一步阐释了《伯牙绝弦》的思想内涵。李岐在《解字析词——字理解析在语文教学中的应用探究》第四章专门探讨字理解析在阅读教学中的应用,虽未涉及古文构意,但其从字词入手进行阅读分析的方法对本课题有一定的参考价值。

(三) 在创造性思维训练中的应用研究

本课题的一个重要目标是探究如何利用汉字创造智慧培养学生的创造性思维能力。该研究主要包括两个方面:第一是利用汉字创造智慧培养学生的创造性思维能力,主要是以具体字的创造方法为素材和案例,有针对性地训练学生的发散思维能力,培养学生观察、分析、概括、抽象、联想、想象、判断、选择等思维方法。目前尚未发现相关研究成果。第二是用造字方法和造字智慧启发学生布局谋篇的作文方法,相关研究成果主要有詹绪佐、朱良志的《汉字与中国文学的意象创造特征》③,文章揭示了汉字与文学意象之间的联系,该文指出"汉字中实际上也存在一个意象结构,每一个字均有意象两极,意是表达的概念,象是具体的符号"。"汉字创造中深埋着一种借物写心的比喻创造原则""汉字是现今唯一还在使用的'诗性文字',它是一种具象符号,具象符号不指谓世界,而显示世界。显示世界就是将客观世界直接移入到符号世界中,不去割裂自然的内在生命,不是用一小打人为的符码去规范组合宇宙,而是力求保护自然生命的完满性和原初形态,让生命自身去自然的呈露"。这些论述对本书深入研究甲骨文等古文字在语文教育中的应用功能之一——造字智慧在写作教学

---

① 张素凤:《用汉字构意揭示语词隐含义开辟诗词赏析新途径——以"尽"字为例》,《教育实践与研究》2019 年第 35 期。
② 金文伟:《〈伯牙绝弦〉字词的科学解析——古诗文课的"科学识字"之一》,《小学教学研究》(教学版)2010 年第 5 期。
③ 詹绪佐、朱良志:《汉字与中国文学的意象创造特征》,《安徽师范大学学报》(人文社会科学版)1990 年第 1 期。

中的应用，无疑具有启发和参考价值。

（四）在传统文化熏陶等方面的应用研究

特级教师于漪曾说："教语文，须站在文化的平台上……汉语言文字记载着中华数千年的古老文化，它不是无生命的僵硬的符号，而是蕴含着中华民族独特性格的精灵。"汉字教学过程中，教师应努力把汉字所蕴含的传统文化融入其中，这样不仅使汉字教学课堂更加丰富、有趣，同时传统文化"润物细无声"的渗透，也会使学生逐渐受到民族历史文化的熏染，增强民族的自豪感，从而使中华民族的文化血脉得以传承和延续。李运富的《汉字教育的泛文化意识》强调语文教育应该担负起传承优秀文化的重担，强调汉字教育应有"文化意识"。喻芳华的《汉语教学中的汉字文化教学探究》对汉字教学中渗透汉字文化的意义、教学原则和教学策略进行了阐发。贾清妍等的《传统文化视域下的汉字教学研究》在分析汉字文化教学的必要性后，提出可用讲授法、演示法、练习法等将汉字的文化属性融入教学，合理利用网络资源传播汉字文化知识。除了这些理论研究外，还有许多中小学语文教师对如何在汉字教学中融入传统文化元素进行实验和探究，如林睿的《识字教学中的汉字文化浸润》、陈慧文的《浅析汉字文化与小学语文识字教学的联系》、范从林的《汉字文化在识字教学中的作用》、陈小芹的《识字教学中渗透汉字文化的研究》、刘晓茹的《如何在小学语文识字教学阶段引入汉字文化》、马耀珍的《小学识字教学中渗透汉字文化的策略》、王瑞华的《小学识字教学中渗透汉字文化初探》，等等。大量相关论文说明，已有很多教师在实践中体会到识字教学与汉字文化信息融合的必要性，也从侧面证明了本课题的可行性。但是，这些文章对于汉字文化信息的说解大都是零散的，不成系统的，有些说法还非常牵强，缺乏科学性；但足以证明识字教学中融进文化信息不仅是必要的，也是可行的，识字教学与文化的融合方式还有进一步探索和提升的空间。

总之，甲骨文等古文字研究已经取得了丰硕成果，然而这些研究大都停留在学术象牙塔内，与语文教育实践结合得还很不够，其在语文教育中的许多功能还有待开发。本课题的目标就是在甲骨文等古文字研究与语文教育之间架起一座桥梁，把古文字研究成果"拿来"为语文教育服务。

第二章 古文字与字词教学

甲骨文等古文字在字词教学中的应用，主要表现为：甲骨文等古文字具有浓厚的象形意味，构意明确，有助于学生理解汉字形体与音义之间的联系，从而对汉字的使用能够知其所以然。

根据李运富先生提出的汉字三平面理论，汉字有形、意、用三个研究视角。其中"意"就是汉字的结构或构意，它是连接汉字形体和职用的中介，用来解释汉字形体与汉字职用之间的联系，说明某个字形为什么有那样的组词造句的功能。随着汉字形体的演变，现代汉字大都已经丧失象形功能，多数汉字形体已经看不出原始构意，字形与职用之间的联系变得逐渐不为用字者了解。但甲骨文等古文字以其浓厚的象形意味清晰地反映了汉字构造意图，反映了字形与职用之间的联系。因此，甲骨文等古文字可用来解释汉字形体与职用之间的联系，使古老的汉字为现代汉字教育服务，使学术研究成果与社会需要相结合。

本章拟从汉字构意与词义解析、汉字构意与近义词辨析、汉字构意与多音多义字辨析、汉字构意与形近字辨析四个角度阐释甲骨文等古文字在字词教学方面的功能。

第一节 汉字构意与词义解析

同一个词的各个意义之间是相互联系的，彼此可以构成相互关联的词义系统。系联词义系统的方法是以本义为起点，通过逻辑推理或社会生活经验，把各个词义联系起来。显然，作为词义系统起点的本义是系联词义系统的关键。本义是与最早字形相切合的意义，甲骨文等古文字构意因此成为确定本义的依据，这也正是甲骨文等古文字在词义解析中具有重要价值的原因。

不仅词义具有系统性，记录语词的汉字本身也具有系统性，汉字的系统性主要表现在：具有相同部首的字，意义大都与部首构意有一定关联；有些具有相同声符的字在意义上往往有共同特点。

本节从字形构意与词义系统、表意构件与词义关系、表音构件与字音、词义关系三个角度分析汉字构意与词义的关系，为以字解词教学法提供理论依据和知识支撑。

一 字形构意与词义系统

词义是有系统的，词义系统的起点就是本义；一个词从本义出发，沿着本义特点所决定的方向不断产生相关的新义，从而构成词义系统。每一个词义都是词义系统网络上的一个节点，梳理词义系统就像把散乱的珍珠串联成珍珠链，不仅便于理解和记忆，以简驭繁地掌握词义或语素义，而且有助于从根本上对词义来源知其所以然，从而正确使用词语。

制作珍珠链必须具备一定数量的珍珠，还要有一条可把珍珠串联起来的线索。同样，要把一个多义词的词义串联成系统，首先要掌握多义词的各个义项，还要找到能够贯串各个词义的引申线索。义项问题字典等辞书已基本解决，因此，梳理词义系统的关键是找出贯串词义引申的线索。王宁先生指出："词义从一点出发，沿本义的特点所决定的方向，按各民族的习惯，不断产生相关的新义或派生同源的新词，从而构成有系统的义列，这是词义引申的基本表现。"[1] 显然，王宁先生认为这条线索是本义的特点。王云路先生把统摄单音词多数义位的特征义称作"核心义"，认为"本义产生核心义，核心义制约绝大部分义项的产生和发展"[2]，即认为本义是抽绎核心义的线索和依据。两位王先生所说的"本义的特点"和"核

① 王宁：《训诂学原理》，中国国际广播出版社，1996，第 54 页。
② 王云路：《段玉裁与汉语词汇核心义研究》，载罗家祥主编《华中国学》2016 年春之卷（总第 6 卷），华中科技大学出版社，2016。

心义"都与本义密切相关，源于本义但又不同于本义，而且往往不进入字典等辞书释义系统，具有潜在性和隐含性，因此我们称其为隐含义素或词义特点。

从以上分析可知，对词义引申具有制约和决定作用的隐含义素与本义有密切关系，而本义是与字形构意相切合的最早词义，与字形构意切合尤其是与甲骨文等古文字构意相切合是判断本义的重要依据。因此，从多义词众多义项中抽绎贯串其中的隐含义素一般以汉字构意为依据，主要是以甲骨文等古文字构意为依据。

汉字构意不仅与所记录单音词意义密切相关，而且与相关合成词的意义和语用功能有密切联系。因此，汉字构意可以作为词义解析的重要依据和线索。以下以"启""末""本""收""绝""天"六个常用汉字为例，通过分析其字形构意和本义，从中抽绎制约和决定词义引申方向的隐含义素，然后以该隐含义素为线索将各个义位串联起来，构建词义系统和网络。在每个义位下都举出以该意义为语素义的合成词或短语（也有少量句子），目的是通过语素义理解相关合成词或短语的意义由来，从根本上理解这些词语的意义，从而更好地使用它们。

（一）启

"启"的甲骨文作" "或" "，像以手开门之形，西周金文作" "，小篆作" "，后简化为"启"。本义是开门，例：《左传·隐公元年》"夫人将启之"。"开门"就是使门由闭合状态变为打开状态，因此"启"具有隐含义素"由闭合到张开"。这个隐含义素决定着"启"的引申方向，具体如下：沿着"由闭合到张开"特点引申，"启"有"打开"义，可组成"启封""开启""启齿"；还有"开导"义，可组成"启蒙""启发""启迪""启示"；还有"陈述，说明"义，可组成"启事"。

"由闭合到张开"还意味着开始新的状态，沿着这个意义特点，"启"还可引申出"开始"义，可组成"启行""启用""启动"。详见表1。

表1 "启"的词义系统及用例一览

本义：开门		用例：夫人将启之
隐含义素	引申义	用例
由闭合到张开	打开	启封 开启 启齿
	开导	启蒙 启发 启迪 启示
	陈述，说明	启事
	开始	启行 启用 启动

显然，"启"在合成词中的语素义弄清楚了，相关合成词的意义和用法就迎刃而解了，因此本节不再对合成词进行具体解析。

（二）末

"末"的西周金文作"末"，小篆作"末"，像在一棵树的上部用一短横标识树梢的位置，本义是树梢。例：《左传·昭公十一年》"末大必折，尾大不掉"。"树梢"含有"尽头""非根本的""细小"三个隐含义素。这些隐含义素决定着"末"的引申方向，因此"末"具有以下引申义。

（1）沿着隐含义素"尽头"引申，"末"有"事物的尖端，末梢"义，可组成"末梢""秋毫之末""末端"；还有"最后，终了"义，可组成"末了""末尾""末日""末代""末路""春末""末班车"。

（2）沿着隐含义素"非根本的"引申，"末"有"非主要的事物，次要的"义，可组成"末业""末技""本末倒置""舍本逐末"。

（3）沿着隐含义素"细小"引申，"末"有"碎屑"义，可组成"末子""碎末"。详见表2。

表2 "末"的词义系统及用例一览

本义：树梢		用例：末大必折，尾大不掉
隐含义素	引申义	用例
尽头	事物的尖端，末梢	末梢 秋毫之末 末端
	最后，终了	末了 末尾 末日 末代 末路 春末 末班车
非根本的	非主要的事物，次要的	末业 末技 本末倒置 舍本逐末
细小	碎屑	末子 碎末

（三）本

"本"的西周金文作"木"，用粗点指出树的根部位置，小篆作"朱"，用一短横标识树的根部位置，本义是草木的根，如"无本之木"。"草木的根"是草木生命的源头和主要支撑，因此含有"源头""主要的"两个隐含义素。这两个隐含义素决定着"本"的引申方向，因此"本"具有下列引申义。

（1）沿着隐含义素"源头"引申，"本"有"事物的根本，根源"义，可组成"忘本""根本""本末"；还有"原来"义，可组成"本色""本意""本来"；还有"本钱，本金"义，可组成"下本儿""赔本儿"；还有"版本，本子"义，可组成"抄本""稿本""账本""书本"。

（2）沿着隐含义素"主要的"引申，"本"有"中心的，主要的"义，可组成"本体""本部""本领"；还有"树干或草茎"义，可组成"木本""草本"。

由引申义"中心的，主要的"进一步引申出"自己方面的"，可组成"本国""本人""本位""本分"。详见表3。

表3　"本"的词义系统及用例一览

本义：草木的根		用例：无本之木		
隐含义素	引申义	用例	再引申义	用例
源头	事物的根本，根源	忘本 根本 本末		
	原来	本色 本意 本来		
	本钱，本金	下本儿 赔本儿		
	版本，本子	抄本 稿本 账本 书本		
主要的	中心的，主要的	本体 本部 本领	自己方面的	本国 本人 本位 本分
	树干或草茎	木本 草本		

（四）收

"收"的小篆字形作"收"，以"攴"为部首，"攴"甲骨文作"攴"或"攴"，像手持棍棒之形，隶变以后，写作"攴"或"攵"。以"攴"或"攵"为部首的字大都与"击打"有关。《说文解字》："收，捕也。

从攴丩声。"本义是逮捕、拘押,可组成"收捕""收监""收审"。"逮捕,拘押"意思是抓获犯人,是对犯人的一种强力约束和束缚,因此,具有隐含义素"约束,束缚"和"抓获,得到"。这两个隐含义素使"收"具有以下引申义。

(1)兼具"约束,束缚"和"抓获,得到"两个意义特点的引申义有"收割,收获"义,可组成"收成""秋收""抢收"等。

由引申义"收割,收获"进一步引申出"收取,收回"义,可组成"收税""收租""收复"等。

(2)沿着隐含义素"约束,束缚"引申,"收"有"把散开的东西聚合在一起"义,可组成"收网""收容""收拾""收藏""收集""收敛""收心";还有"夏后氏之冠名"义,《释名·释首饰》:"收,夏后氏冠名也,言收敛发也。"显然,这种冠名取义于其"敛发"功能,即"约束,束缚"功能,如《仪礼·士冠礼》:"周弁、殷冔、夏收。"

由引申义"把散开的东西聚合在一起"进一步引申出"结束"义,可组成"收工""收操""收兵""收场"。

(3)沿着隐含义素"抓获,得到"引申,"收"有"获得"义,可组成"坐收渔利""收益""收入""收支";还有"接受,容纳"义,可组成"收留""收容""收养"。详见表4。

表4 "收"的词义系统及用例一览

本义:逮捕,拘押		用例:收捕 收监 收审		
隐含义素	引申义	用例	再引申义	用例
约束,束缚	把散开的东西聚合在一起	收网 收容 收拾 收藏 收集 收敛 收心	结束	收工 收操 收兵 收场
	夏后氏之冠名	夏收		
抓获,得到	收割,收获	收成 秋收 抢收	收取,收回	收税 收租 收复
	获得	坐收渔利 收益 收入 收支		
	接受,容纳	收留 收容 收养		

(五)绝

"绝"的甲骨文作"𢇍",中山王厝壶中作"𢇍",《说文解字》古文作

"𢇅"，都像以刀断丝之形，小篆字形"𢇅"是重造字，本义是"断丝，泛指断绝"，可组成"绝交""绝缘""绝情""绝迹""断绝""灭绝""隔绝"等。"断丝"意味着前后不能接续，而丝线断开的方向与丝线往往成直角，因此"绝"含有"不能延续或没有后续""横向"两个隐含义素。

（1）沿着隐含义素"不能延续或没有后续"引申，"绝"有"穷尽，死亡"义，可组成"绝望""绝境""气绝""绝命""悲痛欲绝""斩尽杀绝"；还有"走不通的，没有出路的"义，可组成"绝地""绝处逢生"；还有"与世隔绝的，极远的"义，可组成"绝境"（与世隔绝的地方）、"绝域"（指极远的边境）；还有"陡峭的，直上直下的"义，可组成"绝壁"；还有"独特的，没有人能赶得上的"义，可组成"绝色""绝技""绝伦""绝唱""绝代""绝世"。

由引申义"穷尽，死亡"进一步引申为"极端的，极"义，可组成"绝妙""绝密"。

（2）沿着隐含义素"横向"引申，"绝"有"横渡"义，如"假舟楫者，非能水也，而绝江河"；还可引申指"旧体诗的一种体裁，绝句"，因它是律诗的一半，就像把八句的律诗从中间横向切开，如"五绝""七绝"。详见表5。

表5　"绝"的词义系统及用例一览

本义：断丝，泛指断绝		用例：绝交 绝缘 绝情 绝迹 断绝 灭绝 隔绝		
隐含义素	引申义	用例	再引申义	用例
不能延续或没有后续	穷尽，死亡	绝望 绝境 气绝 绝命 悲痛欲绝 斩尽杀绝	极端的，极	绝妙 绝密
	走不通的，没有出路的	绝地 绝处逢生		
	与世隔绝的，极远的	绝境 绝域		
	陡峭的，直上直下的	绝壁		
	独特的，没有人能赶得上的	绝色 绝技 绝伦 绝唱 绝代 绝世		
横向	横渡	假舟楫者，非能水也，而绝江河		
	旧体诗的一种体裁，绝句	五绝 七绝		

（六）天

"天"的商代金文作"　"，甲骨文作"　"，西周金文作"　"，均像一个突出头部的正面站立人形，小篆演变为"　"，本义是人头，如"天灵盖""刑天"。"人头"在人体的最高处，因此"天"有隐含义素"上，高"。

沿着隐含义素"上，高"引申，"天"有"位置在上部或顶部的"义，可组成"天窗""天棚""天头""天花板"；还有"凌空架设的"义，可组成"天车""天桥""天线"；还有"天空"义，可组成"天边""天际""天气""天色"。

天空明暗与气温是时间和气候变化的反映，因此，由引申义"天空"可进一步引申出"一昼夜，或专指白天"义，可组成"今天""每天""天天"；还有"气候"义，可组成"天气""阴天""晴天""天冷"；还有"季节"义，可组成"春天""冬天"。

天空是自然形成的，非人力可改变的，因此，由引申义"天空"还可引申出"天然的，天生的"义，可组成"天性""天才""天资""天分""天赋""天性"；还可引申为"自然的"，可组成"天籁""天灾""天敌""天理""天堑"。

天空在人们眼中十分神秘，主宰着大地上的一切，因此，由引申义"天空"还可引申出"传说中神佛仙人居住的地方"义，可组成"天堂""天国"；还可引申为"自然界的主宰者"，可组成"天意""天命""天使"。详见表6。

表6 "天"的词义系统及用例一览

本义：人头			用例：天灵盖 刑天	
隐含义素	引申义	用例	再引申义	用例
上，高	位置在上部或顶部的	天窗 天棚 天头 天花板		
	凌空架设的	天车 天桥 天线		
	天空	天边 天际 天气 天色	一昼夜，或专指白天	今天 每天 天天
			气候	天气 阴天 晴天 天冷
			季节	春天 冬天

续表

本义：人头		用例：天灵盖 刑天		
隐含义素	引申义	用例	再引申义	用例
上，高	天空	天边 天际 天气 天色	天然的，天生的	天性 天才 天资 天分 天赋 天性
			自然的	天籁 天灾 天敌 天理 天堑
			传说中神佛仙人居住的地方	天堂 天国
			自然界的主宰者	天意 天命 天使

从以上各字例可以看出，词义引申线索可能只有一条（启），也可能有多条（末、本、收、绝）；引申层次可能只有一层（启、末），也可能有多层（本、收、绝）；不管引申线索和引申层次怎样，其起点和引申线索都是汉字构意和本义。掌握了汉字构意和本义，再从中抽绎出隐含义素，以隐含义素为线索把各个义项贯串起来，有助于以简驭繁地掌握词义系统，为词义解析更有系统、更有理据、更具科学性奠定基础。同时，语素义是解析合成词义的基础，因此，源于汉字构意和本义的隐含义素，不仅有助于提纲挈领地掌握词义系统，也有助于准确解析相关合成词的意义。

二 表意构件与词义关系

汉字形体具有系统性，我国第一部字典《说文解字》就利用汉字系统性特点采用了部首编排法，即把具有相同表意构件的字编排在一起，作为一部，全书共540部；每部以构件独立所成字作为该部的首字，统领以这个构件为表意构件的合体字。这种编排法反映了汉字本身的规律，有利于系统掌握汉字，具有科学性。部首识字法直至今天仍是广泛应用的高效教学方法。比如"艹""木""禾""米""饣""瓜""竹""人（亻）""父""子""女""立""老""鬼""疒""力""言（讠）""扌""足""见""目""心（忄小）""身""角""爪""耳""舌""口""囗""纟""巾""贝""宀""车""舟""门""皿""弓""戈""殳""片"

"水（氵）""雨""日""风""山""穴""田""土""气""石""金（钅）""血""虫""鸟""鱼""虎（虍）""牛""羊""马""犭""皮""毛""羽"等部首字大都是大家非常熟悉的常用字，这些字的常用义与本义一致，它们作为部首的表意功能与其独立成字的常用义一致，而且大多数构字能力比较强，所以这些部首的表意功能大家都比较熟悉。此外，"辵（辶）"在现代汉字系统中几乎不再独立成字，但作为部首意义却是大家熟悉的。总之，这些大家熟悉的部首意义，在汉字教学中发挥系统线索功能，此不赘述。

但是，有些部首意义比较隐晦，不为大多数人所了解。对部首相关知识的缺失，直接影响了系统识字法的使用范围和科学性。在此，笔者对这类部首的表意功能从源头上进行阐释，以期对汉字的教与学有所帮助。

根据部首表意功能相对隐晦的成因，部首表意分为以下几种情况。

（一）表意构件不再独立成字

表意构件本来都能独立成字，随着汉字的发展演变，有的构件不再独立成字，退出字用系统，而只以构件身份参与组构合体字。还有一种情况，就是有的简化字与某个构件形体完全相同，造成同一个符号对应整字与构件两种不同单位。由于构件与同形简化字在音义方面没有任何联系，单就构件本身来说，仍属于不能独立成字的符号。

1. 符号退出现代字用系统

有些表意构件在现代汉字系统中不再独立成字，即不再承担记录语词的职能，退出现代汉语字用系统，只作为构件参与构成合体字，因而其音义逐渐不为人们所知。如"冰冻冷冶凌凛凝寒冬"中的"冫（或）"西周金文作"仌"，小篆作"仌"，像水凝结成冰的纹理之形，本义是冰；现在汉字系统中"仌"已不能独立成字，作为部首在左旁时变异作"冫"，作字底时变异作"冫"，如"冰冻冷冶凌凛凝寒冬"意义都与"仌"的意义"冰"有关。同样，"征往徐徒徙徘徊德衙衍衔循很役彻彼得"和"街行径"中的"彳"甲骨文作"彳"，像四通八达的十字路口，因此，这些字的本义与"行走"或"道路"有关；"形彤修彬彪彩彭彰影""鬓鬃髻须"中的"彡"，小篆作"彡"，《说文解字》说解为"毛饰画文也"，因此，这些字的本义大都与"修饰，有光彩"或"毛发"义相关；"廾弄戒弃弊"中的"廾"，甲骨文作"👐"，小篆作"👐"，像双手有所捧持或操作之形，因此，这些字的本义大都与手的动作有关；"处复夏降各"中的"夊"，甲骨文作"👣"或"👣"，小篆作"👣"，像脚趾朝下的脚形，因此，这些字的本义大都与人足或人相关；"区匠匣匪匮匾匡（筐的本字）"中的"匚"，甲骨文作"🅲"或"🅳"，像用来盛东西的器皿之形，这些字的本义都与此相关；"冠冥幂冤"中的"冖"，甲骨文作"🅼"，小篆作"🅼"，像从上覆盖之形，两侧表示下垂部分，因此，"冠冥幂"的本义都与覆盖有关；"叩印却即卸卿卷"中的"卩"，甲骨文作"🅿"或"🅿"，像人跪坐之形，其意义都与人跪坐有关。

　　汉字演变有时会导致不同构件变得形体相同，也可能使相同构件变得形体相异，因此，汉字系统中存在很多来源不同的同形构件，这些同形构件不具备相同的表意功能。如"冲决况净凄准凉凑减"中的"冫"是"氵"的省略，这些字的本义与"水"有关，而表意构件"冫"的本义却是"冰"，这种不合规律现象破坏了汉字的系统性，当然这些字中的"冫"构件也丧失了表意功能。同样，包含"👐"的"备麦"，包含"匚"的"巨匹"，包含"冖"的"冗写军农罕"，包含"卩"的"卫卯卵"等，这些构件大都源于不同构件的变异，不具备与构件独立成字本义相应的表达功能。

　　2. 符号与简化字同形

　　有些符号在现代汉字系统中不再独立成字，即不承担记录职能，只作为表意构件参与构成合体字。但是该符号与某个繁体字的简化形式同形，从而造成该符号既以整字身份承担记录语词职能，又以构件身份参与构成合成字。显然，这两种功能的符号只是同形关系，意义上没有任何关联，而人们对这种符号的认知主要来自其记词职能，对于其作为构件在合成字中的表达功能往往并不了解。如现代汉字中，"厂"有两个身份：一是构件，为金文"🄵"和小篆"🄵"的楷化，取像山崖形，包含"厂"构件的"原厚""历厉"本义都与山石崖岩有关；一是繁体字"廠"的简化，即工厂的"厂"字。显然，两个"厂"在意义上没有任何联系，只是同形关系，整字"厂"十分常用，而构件"厂"在合体字的表词功能则不为多数人所知。同样，"广"也有两个来源：一是构件，为取像房屋侧视形的甲骨文"ᐃ"和小篆"广"的楷化，包含"广"构件的"廣库庐序庞店庙府庭庵廊廓廉""座麻底""庇废"的本义都与房屋有关；一是繁体字"廣"的简化，即宽广、广大的"广"。显然，两个"广"意义不同，只是同形关系；其中整字"广"十分常用，而构件"广"的表意功能往往不为大多数人所了解。

需要说明的是，"厂厅厕厢厨厦"中"厂"是"广"的变异和简化，因此，这些字的意义都与"广"取像的房屋义有关，而与"厂"取像的山崖义无关；"庄庆庚鹿庸康度庶"中的"广"构件也是字形变异的结果，这些字的意义与"广"取像的房屋义没有任何联系。这些现象都是汉字演变和简化中发生变异的结果，不符合汉字系统和规律，因此，在集中识字时，要注意区分，不要出现知识性错误。

同样，"儿"在现代汉字系统中也有两个身份：一是整字，为繁体字"兒"的简化字，其甲骨文"ᕃ"像小儿头大而囟未合之形，本义是小孩；一是构件，即"ᕃ"的下半部分，《说文解字》将它看作"人"的古文奇字，因此，以"儿"为部首的字大都与人有关，如"元兄兜""光先充党兢""允竞竟"中的"儿"都是人的变形，字形构意与人有或远或近的关联。"尸"在现代汉字系统中也有两个身份：一是整字，为繁体字"屍"的简化字，本义是死尸；一是构件，甲骨文作"ᑫ"，金文作"ᕫ"，小篆作"ᑭ"，像人高坐而肢体下垂之形，以"尸"为部首的字本义大都与人体相关，如"尺尼层尾屁尿屎局居届展屑屠屦履""屈属"的本义都与人体有或远或近的关联。当然，也有的"尸"构件由相近构件演变而来，本义与人体没有任何联系，如"尽昼屋屏屈"。

此外，构件"ᏻ"与整字"王"形体虽不尽相同，但十分相近。"玉"的甲骨文"ᘖ"或"ᘙ"像一串贯玉之形，小篆简化为"ᏻ"，与"王"的小篆字形"ᏻ"只有笔画间距的差异，到楷书，字符"玉"加一点以与字符"王"相区别；但"玉"作合体字左旁时，并没有加点，而是将下边一横变提，写作"ᏻ"，如"珍珠琼球玖玫瑰玻璃琉玛瑙琳琅珊""环瑞""玷现玲琐""班理琢玩"中的"ᏻ"都提示字义与玉有关。显然，构件"ᏻ"与整字"王"外形虽然十分相近，但意义却毫无联系。有人称"ᏻ"为

"王字旁"，但"王"在合成字中的表意功能与"王"毫无联系，而与"玉"有关，因此，准确地说，"王"应称作斜玉旁。

（二）假借义成为表意构件独立成字的常用义

有些表意构件在现代汉字系统中可以独立成字，但其独立成字时不再记录本义，而是记录与字形毫无关联的假借义，即假借义成为其常用义。这些构件在参与构成合成字时，参与构字的意义却是本义，因此，造成表意构件独立成字的常用义与其在合成字中的表意功能毫无关系，导致这些构件的表意功能逐渐隐晦。如"酉"的甲骨文作"酉"，西周金文作"酉"，小篆作"酉"，均像酒坛之形，以"酉"为表意构件的"酒酵酪酸配酱酥""酝酿酌酬醋醒酗""酣酷醉醇"本义都与饮酒相关；但是由于"酉"现在主要是十二地支用字，即假借义成为其常用义，因此，"酉"的字形构意逐渐隐晦，从而导致很多人对含"酉"的合成字的理据不清楚。同样，"页"的甲骨文作"页"，西周金文作"页"，小篆作"页"，均像人而突出其头部之形，以"页"为表意构件的"顶颠颅额题颜颊须项颈领颂颗""顿顾颤""颁硕颊顷颇顽顺预频烦"的本义都与人头相关；但是由于"页"在现代汉字中用来表示"篇、张"等量词义，因此，"页"的字形构意逐渐隐晦，从而导致很多人对含"页"的合成字的理据不清楚。"斤"的甲骨文作"斤"，西周金文作"斤"，小篆作"斤"，均像曲柄斧形，以"斤"为表意构件的"斧""所""斩断斯新"本义都与斧子有一定关联；由于"斤"在现代汉字中主要用来表示重量单位，即假借义成为常用义，因此，"斤"的字形构意和本义逐渐隐晦，从而导致很多人对含"斤"的合成字的理据不清楚。"自"的甲骨文作"自"，西周金文作"自"，小篆作"自"，均像人的鼻子之形，以"自"为表意构件的"臭""息""鼻"的本义都与鼻子有一定关联；但是由于"自"在现代汉字中用来记录人称代词"自己"和介词"从"义，假借义成为其常用义，因此，"自"的字形构意和本义逐渐隐晦，导致很多人对含"自"合成字的理据不清楚。

此外，"又"的甲骨文"又"，西周金文"又"，小篆"又"，均像右手之形（只画出三个手指是因为古代以三为多），以"又"为表意构件的"叉支友反叔取曼"的本义都与手相关；由于"又"在现代汉字中主要用作副词，表示相同的重复或继续，假借义成为其常用义，因此，"又"的字形构意逐渐隐晦，导致很多人对包括"又"构件的合成字的理据不清楚。需要说明的是，现代汉字中的"又"构件，有的是人为规定的符号，与"右手"无关，如"双发艰叠轰汉欢鸡"；有的是"攴"的简化或者间接构件，前者如"变叙"，后者如"叛聚鼓"，因此，这些字的本义与手没有直接关联。

（三）引申义成为表意构件独立成字的常用义

有些表意构件在现代汉字系统中仍可以独立成字，但其独立成字时不再记录本义，而是记录与本义有关的引申义；而其作为表意构件参与构字的意义却是本义，这样就造成同一符号，作为整字与作为构件的表意功能有差别；而大多数人往往只关注作为整字的表意功能，因而对相关合成字的字形理据不理解或理解不够准确。如"走"的甲骨文作"♂"，金文作"♀"，小篆作"♁"，上部的构件像人摆动两臂奔跑的样子；下部的"止"像脚之形，提示上部的行为与脚有关，本义是跑。现代汉语中"走"的常用义是行走，其本义"跑"只保留在古代文献中，现代汉语中的"走"已没有"跑"义。由于造字时期"走"的本义"跑"还经常用，因此，以"走"为部首的字，本义大都与"跑"有关，而与"行走"无关，如"赶超越赴趋趣赵趁"的意义大都与"跑"有关。因此，识字时一定要分清构件"走"与整字"走"的意义差别，从而准确理解合成字的构字理据，正确理解和使用汉字。

同样，"辛"的商代金文"♀"，甲骨文"♀"，金文"♀"，小篆"辛"，像古代刑具曲刀之形，因此，以"辛"为部首的字大都有罪愆或行刑义，如"辜辟辣"；由于"辛"在现代汉语中的常用义是"辛苦"，与本义和字形构意差别较大，因此，"辛"作为构件的表意功能不为多数人所了解，致使很多人对这些合成字的理据不清楚。"歹"的甲骨文"♭"，小篆"骨"像残骨之形，以"歹"为部首的字大都与死亡或伤残灾祸有关，如"死殉殊歼""殃殖残"；由于"歹"在现代汉语中的常用义是"坏，恶"，与本义和字形构意差别较大，因此，"歹"作为构件的表意功能不为大多数人所了解。"止"的甲骨文作"止"，金文作"止"，小篆作"止"，像足趾之形，以"止"为部首的字大都与足或行走有关，如"正步武歧此"；由于"止"在现代汉语中的常用义是"停止"，与本义和字形构意差别较大，因此，"止"作为构件的表意功能不为大多数人所了解。"示"的甲骨文"示"或"丅"像代表祖先灵魂托居之所的一块石（或木）形，即神主之形，《说文解字》古文作"示"，小篆作"示"，以"示"为部首的字大都与祭祀有关，如"祭祀祈祝祷祠祟福禄禅""礼神社祖祥祸禁"；由于"示"在现代汉语中的常用义是"给……看"，与本义和字形构意差别较大，因此，"示"作为构件的表意功能来源不为很多人所了解。"户"的甲骨文"户"，小篆"户"，像单扇门之形，本义是单扇的门，以"户"为部首的字大都与门有关，如"扁扇房"；由于"户"在现代汉语中的常用义是"人家"等，与本义和字形构意差别较大，因此，"户"作为构件的表意功能不为大多数人所了解。

有些常用义与本义关系非常紧密，意义比较接近，因此，独立成字的常用义很容易被看成其作为部首的表意功能。如"子"的甲骨文"子"或"子"，金文"子"，小篆"子"，像小孩之形，以"子"为部首的字大都与孩子义相关，如"孤孙孩孟""孕存孝学""孔季"。而"子"在现代汉语中的常用义是"儿子"，与本义关系非常密切，合体字中的"子"构件的表意功能很容易被误认为"儿子"，这种似是而非的情况要特别注意区分。

（四）部首形体与整字形体差别较大

有些字比较常用，当它作为构件尤其是部首参与构字时，形体发生较大变化，如"水"在左旁时作"氵"，"心"在左旁时作"忄"，"言"在左旁时作"讠"，"衣"在左旁时作"衤"，"艸"作字头时作"艹"等，这些部首使用频率都非常高，同时表意功能与其独立成字时的常用义非常一致，大家都非常熟悉，不再赘述。

有些字符虽然比较常用，其作为部首的表意功能与其独立成字时的常用义也一致，但由于部首形体发生较大变化，且构字能力不是特别强，因而变形后的部首来源和功能不易为人所了解，影响对相关合体字构形理据的认知。如"网"是常用字，甲骨文作"网"，小篆作"网"，像渔网之形，本义和常用义都是网。当"网"作为部首时常常位于合体字的上部，写作

"罒"，由于"罒"与本字"网"有较大差别，且构字能力不是很强，部首表意功能容易为人所忽视，含"网"常用字"罪罩""罗署"的意义与本义网有关，"罚罢置"与引申义法网有关。再如，"火"是常用字，甲骨文作"凹"，小篆作"火"，像火焰之形，本义和常用义都是火；"火"作部首时有不同写法，作左旁或右旁时变化不大，一看便知是"火"；当它位于合体字的下部时，写作"灬"，如"照然点烹蒸煮熏熬煎熟""热烈熊熙焦黑"的本义都与火有一定关联；由于"灬"与本字"火"形体差别较大，很多人误以为与水有关，影响对汉字规律的认知。

有的部首不仅与整字形体差别很大，而且还是一个符号对应多个不同部首。这是因为在汉字演变过程中，有些不同构件到现代汉字演变得形体完全相同，从而造成一个符号对应两个或两个以上不同构件，拥有两种或两种以上表意功能。利用汉字规律进行系统识字，必须认识这些同形构件的不同功能。如"阝"在现代汉字中是一个十分常见的部首，有的在合体字的左旁，称作"左阝"；有的在合体字的右旁，称作"右阝"。"左阝"和"右阝"来源不同，表意功能也有很大差别。"左阝"的甲骨文作"𨸏"、"𨸍"或"𨸎"，小篆作"𨸏"，像山阜之形，因此，以"阝左"为部首的"陆陵附陶""阿阳阴隅隆隧""阵阶除防陌陪隙际院陕""隘陋陡险""队陨陷降陈阻限障隐隔"的本义都与山阜有关。"阝右"的甲骨文作"𨙨"，金文作"𨙨"，小篆作"邑"，均由上下两个构件组成，上部的"囗"表示一定的区域，下部的构件像跪坐的人形，整体表示人群聚居的地方，因此，以"阝右"为部首的"邦邮邻郊都郭鄙""邓邪那郁郑郎部鄂"的本义都表示人群聚居的地方，后边一组地名用字大都又成为姓氏用字。再如，"月"在现代汉字中是一个十分常见的部首，来源于多个不同字符的变形。首先来源于"月"字，甲骨文"月"和小篆"月"都像月牙之形，本义是月亮，以其为部首的"望霸期""朦胧朗"的本义都与月亮有关；其次来源于"肉"，甲骨文"肉"与金文"肉"都像肉块之形，小篆字形"肉"与"月"的小篆字形十分相近，因此，作为部首时与"月"完全同形，以其为部首的常用字"腐肿膨胀脓肥胖肌脂肪脱有肴腊膏腻臊腥脆""脑脸胡骨肯脖腮胸膛脯肩背腋脊胳膊臂胁腰腹肋股腿肘腕肢臀膝脚脐脏腔肚肠胃脾肾肝肺胆胰膀肛肤脉胚胎胞膜腺肮胶肖"的本义都与肉体有关；还有的字中的

"月"构件由其他形近构件变异而来，"朋服朝青"中的"月"构件分别为"舟""贝""丹"的变异。此外，"燕"字中"灬"是燕子尾巴形的变异结果，与火字底同形。

（五）部首与整字形体一致，但形体丧失表意功能

有些部首与其作为字符时形体一致，但与甲骨文等古文字形体差异较大，形体完全丧失了表意功能，不能反映形义联系，因此，依靠字形无法确认与之相切合的本义；而其独立成字时所记录语词的义项较多，也不能帮助判断哪个是本义；同时，这些部首构字能力不是很强，构形系统对表意功能的反映比较隐晦。所以，对这类部首表意功能的认知，只能借助甲骨文等古文字形体。如"革"是多义词，具有"改变""皮革""取消，除掉"等意义，由于字形在演变过程中已经丧失了表意功能，从楷书字形已经不能辨别哪个意义是本义，因此，只有借助目前发现最早的金文字形"革"来判定，"革"像去掉毛的兽皮之形，由此可以确定"皮革"为其本义，以"革"为部首的"靴鞋鞠靼鞭鞍勒"的意义都与"皮革"有关，因此可以确定"革"作为部首的表意功能。再如"欠"是多义词，具有"张口出气""短少，不够""欠债""欠身"等意义，由于字形在演变过程中已经丧失了表意功能，从楷书字形已经不能辨别哪个意义是本义，因此，只有借助甲骨文形"欠"来判定与字形相切合的本义，"欠"像人张口出气形，本义是"张口出气"，即打哈欠，同时，以"欠"为部首的"欢欣歌歇欧钦欲歉""欺款"的本义都与张口有关，由此可以明确"欠"作为部首的表意功能。

有些字比较生僻，本义不为多数人所了解，其作为部首的表意功能也不为多数人所知，从而影响对相关合体字理据的认知。如"隹"是个生僻字，很多人不知道它的意义和读音，根据甲骨文字形"隹"，金文"隹"，小篆"隹"，可知其字形取像是鸟，本义是鸟。"隹"虽是生僻字，但构字能力比较强，如"雀雁雕雅难雁雏""集""雄雌"的本义都与鸟有关。同样，"攴"作为字符也比较生僻，其甲骨文"攴""攴"，小篆"攴"，像手持棍棒之形，楷书作"攴"或"攵"，以"攴"或"攵"为部首的字"攻敲敛敌救放收""败散教改敏效政整敬敢敵"的本义大都与"击打"有

关。"隹""攴"两个字虽然生僻，但构字能力比较强，掌握其字形构意和本义有助于以简驭繁系统掌握相关合体字。有的字不仅生僻，构字能力也不强，如"采"的甲骨文"🐾"，金文"🐾"，小篆"🐾"都取像兽指爪分别的样子，本义是分辨，以"采"为部首的"释番"的本义都与分辨有关；"豸"的甲骨文"🐾"，小篆"🐾"像长脊兽之形，以"豸"为部首的"豹豺"的意义都与野兽相关。

总之，掌握部首构意或本义，对于系统学习汉字很有帮助，然而很多楷书形体不能显示形义之间的联系，这时可借助甲骨文等古文字形体弄清楚表意构件的取像来源，从而系统掌握汉字，以简驭繁地掌握字词关系和字用规律。

（六）社会生活的变化，使某些部首作用不易理解

随着社会的发展，一些原来常用的生产生活用具逐渐退出历史舞台，称呼它们的名词使用频率也越来越低；同时，随着字形的发展演变，取像这些用具的字符也逐渐丧失象形功能，以之为表意构件的合体字理据因而变得隐晦难解。但是，甲骨文等古文字具有浓厚的象形意味，能够直观表现相关用具的原始形态，帮助人们认识相关用具，从而准确理解相关合体字的理据。如"耒"是古代的一种农具，但这种农具早已不再使用，字符"耒"的使用频率也非常低，大多数人不知道它的音义，这无疑影响人们对含"耒"合体字理据的认知；但是"耒"的古文字象形意味很浓厚，甲骨文"🐾"或"🐾"，金文"🐾"或"🐾"，清楚表现了古代翻土农具耒之形，这样就容易理解以"耒"为表意构件的"耕耘""耙"的本义与农业有关。同样，"臼"这种舂米用具也不为多数人所了解，"臼"字使用频率很低，其战国字形"🐾"和小篆"🐾"都取像中间下凹的舂米器具，以"臼"为表意构件的"舂""臽"的本义与这种舂米器具有关。

此外，"矢"字比较常用，甲骨文"🐾"和金文"🐾"都像箭之形，本义是"箭矢"。从汉字系统看，"矢"在古代生活中不只用作武器，也是一种测量长度或画直线的工具，《说文解字》："有所长短，以矢为正"，说明了"矢"当时具有测量长短的功能，不了解这些历史文化，"短矮"以"矢"为部首就无法解释；同样，"矫"的本义为一种揉箭使直的钳子，

"矩"的本义为画直角或方形用的尺子,都表现了"矢"在古代生活中具有多种功能。

综上所述,表意构件具有提示词义的功能,但在汉字发展过程中,有的表意构件不再独立成字而没有记词职能,有的表意构件独立成字时不再记录本义而假借义或引申义成为其常用义,有的表意构件与独立成字时形体差异较大,有的表意构件因表意丧失而不能表现形义联系,还有的构件因为社会历史变化而表意功能不为人所知,等等,这些因素导致一些构件的表意功能逐渐隐晦,影响人们对汉字系统性的认知,进而影响对含相关构件字理据的认知,增加了识字用字难度。作为语文教师,只有自身对汉字部首功能有清晰的认识,增强够通过汉字教学把汉字规律循序渐进地教给学生,使学生对汉字系统有一个全面而科学的认识,增强汉字教学的科学性和趣味性,使汉字教学真正做到科学高效。

三 表音构件与字音、词义关系

现代汉字中,形声字占了绝大部分,科学利用形声字特点进行汉字教学是提高识字教学质量的有效途径。如前所述,表意构件能够提示词义,可用来集中识字,帮助学生认识汉字的系统性特点;同样,表音构件能够提示字音,也可用来进行集中识字,从声音角度认识汉字的系统性,不仅如此,有的表音构件还有提示词源的作用,对于理解词义或词义特点有一定帮助。

(一)表音构件与字音关系

要科学利用表音构件进行汉字教学,首先要认识表音构件的特点。由于语音的发展演变,表音构件与整字读音关系比较复杂,具体包括以下几种情况。

第一,表音构件与整字读音不完全相同。表音构件对字符读音主要起提示作用,像"攻""恭""功"这样,表音构件与字符读音完全相同的形声字比例并不大;大多数表音构件与字符读音只是相近,如"杠""肛""缸""扛""江""排""盆""忙"的表音构件与字符读音存在一定差异，表音功能具有约略性。因此，利用表音构件进行识字教学时，既要利用表音构件的系统性特点，还要认识到其表音功能的约略性，不要"秀才识字读半边"。

第二，表音构件与音节不具有一一对应关系。一个音节可用不同构件来表音，同一个构件也可作不同音节的表音构件。如：音"chen"的字，有晨、琛、趁、抻、谌、碜、谶、嗔、称等多个形声字，分别用不同构件作表音构件；反过来，同一表音构件的形声字读音也不尽相同，以"分"为表音构件的形声字有 fen、ban、pan、pen 等多个不同读音。

第三，有的构件表音功能相对隐含，要联系汉字系统才能显示其表音功能，如"赌""都""堵""睹""猪""诸""著""煮""渚""署""暑"等字都包含"者"构件，单看其中一个字，其读音与"者"音相差较远，可以说"者"构件没有表音功能，但这些字相互之间韵母相同，读音相近，因此说"者"的表音功能存在于汉字系统中，而对单个字来说，"者"的表音功能隐含了。这种情况在汉字系统中比较常见，如"弛""驰""池""排""徘""俳"的表音构件与形声字读音相差较远，但相互之间读音相近，可以说构件的表音功能相对隐含，而存在于汉字系统中。识字教学中可在集中识字部分让学生认识相关规律，以便以简驭繁更好地系统掌握汉字。

表音构件是体现汉字形体表音的基本要素，是汉字教学中偏旁教学法的重要内容。学会利用常见表音构件提示字音、辨别字形、类推语音是汉字学习能力的重要体现。如何利用表音构件辨别字形详见"汉字构意与形近字辨析"，此不赘述。

总之，形声字的表意构件和表音构件都具有一定的构字能力，一个表意构件往往可以和不同表音构件组成形声字，一个表音构件也可以和不同表意构件组成形声字，这一方面提高了字符构字的效率，另一方面也增强了汉字构形的系统性。可见，现代汉字中的构件系统，看似凌乱，实则蕴含着一定规律，是汉字教与学可利用的重要资源。

（二）表音构件与词义关系

形声字的表音构件不仅具有表音功能，还有示源功能，即显示形声字所记录词的词源义。过去文字学界用"右文说"来概括声符示义现象，长期以来，学界对"右文说"多持批判态度，后来又提出"声符兼义"、"声符表意"、"会意兼形声"（亦声）、"形声兼会意"等。事实证明，确实有些形声字的表音构件能够表现词义特点，如"取"的甲骨文""像手持左耳之形，反映了古代战争中割取敌人左耳作为"获取"标记的习俗，本义是"获取，捕获"；抢掠婚的特点是抢掠女子为妻，因此，"取"引申出"娶妻"义，《诗经》中"取妻如之何"即用源字"取"；后为了明确这一引申义，在源字的基础上加女旁造"娶"字来表示娶妻的意义，"娶"字的声旁"取"无疑有示源表意功能。同样，"争"的甲骨文作""，像上下两只手抢一个东西，本义是争夺，争夺双方都会用力争取，所以"争"有隐含义素"用力，尽力"，以"争"为表音构件的"挣""诤"都具有这个特点，因此说"用力，尽力"是"挣""诤"的语源义。"戒"的甲骨文""和金文""都像双手持戈之形，表示"防备、戒备"，以"戒"为表音构件的"诫""械"① 具有隐含义素"警戒"；"丞"的甲骨文作""，像一个人掉进陷阱里，上部有两只手在用力向上拉他，隐含义素是"向上升"，以"丞"为表音构件的"烝"字也具有"向上升"的意义特点。

此外，以"青"为表音构件的"精""清""晴""靖""睛"等都具有隐含义素"纯净，没有杂质"，以"仑"为表音构件的"论""轮""伦"等都具有隐含义素"有条理，有次序"，这些表音构件本身虽然不一定具有相关意义，但以其为表音构件的字却共有某种意义特点，即隐含义素，所以其表音构件也可看作有示源功能。当然，具有示源功能的表音构件并不具有普遍性，情况比较复杂，不可把这种现象扩大化。这种不完全规律在汉字教学中可以适当渗透，但不能绝对化，要科学审慎。

第二节　汉字构意与近义词辨析

汉语中有丰富的近义词，不管是单音词还是多音词，准确理解语素义

---

① 根据《说文解字》"械，桎梏也"可知，械的本义是脚镣手铐之类的刑具，含有隐含义素"警戒"。

都是辨析近义词的关键。而准确理解语素义的一个有效途径就是了解所用字构意和本义，掌握词义系统，弄清楚语素义和词义的来源。而字形构意和本义的主要依据恰恰是甲骨文等古文字，因此，甲骨文等古文字在近义词辨析方面具有独到的作用和价值。

本节近义词辨析主要以汉字构意为依据，尤其是以甲骨文等古文字构意为依据，对意义相近的单音词进行辨析。由于一个语素可以带动多个相关合成词，这里不再专对合成词进行辨析。此外，很多词的语法功能不是单一的，具有多样性，在不同语境中表现为不同的词性，为此，本节主要根据近义词共同词性进行分类，分为名词近义词辨析、动词近义词辨析、形容词近义词辨析三个部分。

一　名词近义词辨析

名词是表示人或事物名称的词，具有近义关系的名词往往是同一类事物或现象的下位概念名称。有的近义词的意义差别会在形体符号上非常巧妙地表现出来，因此，甲骨文等古文字可以成为辨析名词性近义词的一条重要线索。以下我们以"牙"和"齿"、"器"和"具"、"疾"和"病"三组近义词为例进行说明。

（一）"牙"和"齿"

"牙"和"齿"意义十分相近，可组成合成词牙齿，但成语"笑不露齿""唇亡齿寒""唇齿相依"中的"齿"不可替换为"牙"，同样"牙刷""刷牙""镶牙"中的"牙"也不可换作"齿"。"牙"与"齿"组词造句使用功能的不同，可通过其古文字构意得到解释。"齿"的甲骨文作"齒"，像张口露齿之形，露出的是唇后门牙，因此，"齿"的本义是"唇后门牙"；"牙"的金文字形作"牙"，像上下咬合之形，本义是大牙，《说文解字》古文又增加了"臼"构件作"齒"，突出大牙顶端有窝臼的特点。正是由于"牙"和"齿"的位置不同，所以"笑不露齿""唇亡齿寒""唇齿相依"中"齿"不可换作"牙"；后来"牙""齿"意义混同，都可兼指"牙"和"齿"，从"牙刷""刷牙""镶牙""象牙""马路牙子"

"齿轮""健齿""龋齿"等习惯用语看，"牙"比"齿"的口语色彩更浓厚。

（二）"器"和"具"

"器"和"具"都是名词，意思是器皿、工具，可组成"器具"。它们构成合成词时，搭配习惯明显不同，如"武器""兵器""重器""宝器""神器"中的"器"不可换成"具"，"文具""工具""道具""农具""炊具""卧具"中的"具"不可换成"器"。这是为什么呢？要解决这个问题，可以利用古文字形进行辨析。"器"的西周金文作"𤇾"，由周围四个"口"与中间的"犬"组合而成，小篆以至现代楷书的字形构意都与此相同。《说文解字》说解为"皿也。象器之口，犬所以守之"。即认为"器"的本义是"器皿"，字形构意是很多器皿被犬看护着。由字形构意可以推知，这些器皿被犬看护，说明它们特别受重视，非同一般，因此，"器"具有隐含义素"重要，珍贵"。"器"这个隐含义素对其构词功能具有明显的规约作用，如"武器""兵器""重器""宝器""神器"意义中都隐含着"重要，珍贵"义素；不仅如此，"器"的隐含义对其意义引申也有规约作用，"器重""器敬"中的"器"是"重视"义，显然"重视"是其隐含义"重要"的进一步引申；"大器晚成""器宇"中的"器"指重要的或者比较大的才干，"器"也保留着隐含义素"重要"。可见，利用汉字构意挖掘"器"的隐含义，不仅有助于阐释"器"的意义特点和相关构词规律，还有助于梳理"器"的意义引申脉络，为其各个义项找到合理的联系线索。

与"器"意义相近的语素有"皿""具"等。"皿"的甲骨文和"𠙴"小篆"𥁍"，均像用来盛食物的器皿，本义是器皿，不包含"重要，珍贵"这样的隐含义素。"具"的甲骨文"𤰣"和西周金文"𡉙"均像双手端着或捧着鼎的样子，从手的角度来说，表示在准备饭食；从鼎的角度来说，是一种器具。"具"有"准备饭食"和"器具"两个本义。我们这里只分析与"器"意义相近的"器具"义项：根据字形，作为器具的鼎被双手端着或捧着，突出其被使用的特点，由此推知，"具"的"器具"义隐含着"被使用"义素，如"文具""工具""道具""农具""炊具""卧具"中的"具"都隐含着"被使用"义素,可以与表示用途的"文""工""道""农""炊""卧"等语素组构成词,而"皿"或"器"不具有"被使用"的隐含义,因此,不能与这些表示器具用途的语素组合成词。

(三)"疾"和"病"

"疾"和"病"都有多种词性,二者名词性意义十分相近,可构成合成词"疾病"。其差别可通过甲骨文构意进行分析。"疾"的甲骨文"🏹"像人腋下中箭之形,本义是比较容易治愈的疾病;受箭伤是非常疼痛的,因此,"疾"又引申出形容词义"痛苦",如"疾苦"。从"疾"的甲骨文构意中"箭矢"的角度来说,箭矢速度非常快,因此,"疾"又有形容词义"迅疾",如"疾驰""疾速";由"迅疾"引申出"力量大,猛烈"义,如"疾风骤雨""疾风知劲草""大声疾呼"。"病"的甲骨文"🛏"像人卧床之形,本义是难以治愈的重病;由生病引申为"害处""缺点,错误",如"弊病""语病""通病";进一步可引申出动词义"责备,不满",如"诟病""为世所病"。从以上分析可以看出,"疾""病"作为名词的主要差别是程度轻重不同。

二 动词近义词辨析

每一个表示动作行为的动词都可以构成一个语义场景,为之造字时可能采用表现语义场景的表意法(包括象形、指事、会意),也可能采用从音义两个角度表现词的形声法,还可能采用借用同音字符的假借法。这里以甲骨文等古文字为线索,对几组意义相近的动词进行辨析。

(一)"傍"和"伴"

"傍"和"伴"都可用作动词,表示陪伴义,意义相近。二者的区别可依靠古文字形进行辨析。"伴"的甲骨文作"林",像两个人并排站立,小篆作"林",《说文解字》说解为"并行也。从二夫。輦字从此,读若伴侣之伴"。后来重造由"人"和"半"组成的合体字"伴",表示同在一起而能互助的人,如"伙伴""伴侣"。由"伴"的甲骨文、小篆字形以及声符"半"的意义都可以推断，"伴"的双方没有主次之分，是互为陪伴的"并列"关系，双方像一个整体的两半一样"互不分离"，如"伴随""陪伴"中"伴"具有这个意义特点，后来引申出"陪同"义，如"伴舞""伴奏""伴读"。"傍"字《说文解字》说解为"近也。从人旁声"，徐灏《说文解字注笺》："依傍之义即旁之引申。"说明"傍"与"旁"具有同源关系，其本义"临近，靠近"中包含着源于声符"旁"的"旁边的，非主体的"义素，这与"伴"的隐含义素"并列""互不分离"明显不同。正是由于隐含义素不同，"傍"和"伴"的引申方向和组词造句语用功能呈现不同特点，如"依傍""傍大款"中都隐含着"旁边的，非主体的"意义特点；表示时间的"傍晚""傍黑""傍亮"中"傍"的意义"临近"也包含这个意义特点。

（二）"依"和"倚"

"依"和"倚"意义和读音都相近，本义都是"靠"，它们组构合成词时也有很多共同的搭配语素，如：倚靠——依靠，倚赖——依赖，倚傍——依傍，倚托——依托，倚仗——依仗，这些近义词的细微差别可以字形构意为依托进行解析。"依"的甲骨文作"俞"，像衣服包裹人体之形，从其字形构意可以抽绎出本义"依傍，靠着"，还可以离析出隐含义素"紧挨着"。"倚"的本义也是"靠"，"倚"字从人奇声，声符"奇"由"大"和"可"组成；"可"以取像"曲柄斧之柄"的"丁"为声符，具有弯曲的特点；以"奇"为声符的字大都有"偏斜"的特点，如"敧（欹）""崎""畸"都有偏斜的特点，"倚"也隐含着"斜"的意义特点。

正是由于隐含义素不同，两个词在搭配习惯和引申方向上产生差异："依"的引申义沿着"紧挨着"方向，可组成"依山傍水""唇齿相依""小鸟依人"；还可引申出"顺从，答应"义，如"依从""依顺""依允"等；还可进一步引申虚化为介词，意思是"按照"，可组成"依旧""依据""依次"。此外，叠音词"依依"沿着"紧挨着"方向引申为"亲密的样子"，如"依依不舍"；"依依"还可以引申为轻柔的样子，如"杨柳依依"。"倚"隐含"斜"义素，指身体斜靠在物体上，显然"倚"比"依"更需要所倚靠物体的支撑，或者说对支撑物的依赖性更强。因此，下列近义词组，倚靠——依靠、倚赖——依赖、倚傍——依傍、倚托——依托、倚仗——依仗，前者包含更需要所靠物支撑的意义特点，对宾语具有更强的依赖性；同样，"倚"可组成"倚重"，而"依"不可与"重"组构合成词。"倚"的隐含义素"斜"还引申强化成为显性意义，如"不偏不倚"中"倚"就是"斜，偏，歪"的意思。

（三）"睡"和"眠"

"睡"和"眠"意义十分相近，可组成合成词"睡眠"，但词语"冬眠""长眠""失眠"中的"眠"不可替换为"睡"；"瞌睡""睡觉""睡梦""睡意"中的"睡"也不可换作"眠"。

"睡"与"眠"组词造句使用功能不同，可通过其古文字构意得到解释。《说文解字》："睡，坐寐也。从目垂。""目垂"就是眼睛下垂，是对人坐着打瞌睡状态的典型反映，因此，"睡"的本义是坐着打瞌睡。坐着打瞌睡是短时浅层睡眠，因此，"睡"的意义中隐含"浅，时间短"的意义特点。"眠"是形声字，根据《释名·释姿容》："眠，泯也，无知泯泯也。"《龙龛手镜》："眠，暗未明也。"可见"眠"的本义是比较长时间的深层睡眠，隐含义素是"无知觉"。

隐含义素的不同决定"睡""眠"组词造句的使用规律不同，如"冬眠"是较长时间的深度睡眠，不能说"冬睡"；"长眠"是对死的委婉表达，恰是利用了"眠"的"无知觉"意义特点，因此，不可把"眠"换作"睡"；"失眠"意思是无法进入深度睡眠，因此，习惯用"眠"而不用"睡"。反过来，"瞌睡""小睡"都具有"浅，短时间"的特点，因此，其中"睡"不可换作"眠"；"睡觉""睡梦""睡意"中"睡"的"时间短"义素已经逐渐脱落，引申为广义的"睡觉"义，也不可用"眠"替换。

"睡""眠"都可与"安"组合成词语，"睡""眠"隐含义素的不同，决定了"安眠"比"安睡"睡得更熟、更深。

三　形容词近义词辨析

形容词具有一定的概括性，是对事物性质、状态、特征、属性的概括反映。给形容词造字时，所选择的构件往往与词义有各种联系，因此，辨析形容词性近义词也可以从字形分析入手。下面以三组形容词为例，说明甲骨文等古文字构意在形容词近义词辨析中的作用。

（一）"醉"和"酣"

"醉"和"酣"都以"酉"为部首，"酉"的甲骨文作""，西周金文作""，像酒坛之形，因此，以"酉"为表意构件的字意义都与饮酒有关。《说文解字》："醉，卒也。卒其度量，不至于乱也。一曰溃也。从酉，从卒。"许慎列出了两种有关"醉"的本义；第一种为饮酒达到了极限；第二种说解为"溃也"，意思是"溃败"。显然"溃也"不是"醉"的本义，而是隐含于本义"饮酒过量，神志不清"的词源义。据此，我们认为"醉"的词义是"饮酒过量，神志不清"，隐含义素是"溃败"。"酣"字由"酉"和"甘"组成，《说文解字》："酣，酒乐也。从酉，从甘，甘亦声"，可见，"酣"的本义是饮酒尽兴，声符"甘"提示了"酣"的语源与甘美快乐有关，也就是说，源于"甘"的"美乐"意义特点是"酣"的隐含义素。

隐含义素的不同决定了"醉""酣"组词造句的使用规律不同，如"醉汉""烂醉如泥""醉鬼""醉生梦死"的意思与"醉"的隐含义素"溃败"有关，因此，"醉"不能换成"酣"；沿着"溃败"方向引申，"醉"又有"沉迷，过分爱好"义，可组成"醉心""沉醉""陶醉"，这些词义也与"醉"的意义特点有关联，因此"醉"不可换作"酣"。反过来，"酣畅""酣睡"都具有美乐特点，其中"酣"不可换作"醉"。

（二）"英"和"雄"

"英"和"雄"意义十分相近，可组成合成词"英雄"，但词语"英华""精英""英才""英俊""英烈"中的"英"不可换为"雄"，同样"雄壮""雄伟""雄心""雄厚""雄关"中的"雄"也不可换作"英"。"英"和"雄"组词造句使用功能的不同，也可通过其古文字构意得到解释。

"英"是形声字，以"艹"为部首，说明本义与植物有关，"英"的本义是"花"，花是植物最精粹的部分，因此引申出"精华""才能出众"

等褒奖意义。"雄"以"隹"为部首,"厷"为声符,本义是雄性的鸟,泛指雄性的,与"雌"构成反义词;雄性动物一般较雌性动物更为强壮高大,因此,"雄"又具有隐含义素"强有力"。

隐含义素的不同决定"英""雄"组词造句的使用规律不同,"英华""精英""英才""英俊""英烈"词义中都有隐含义素"精华",而"雄壮""雄伟""雄心""雄厚""雄关"等都具有"强有力"的意义特点,可见语素的词义特点或称隐含义素对其组词造句使用特点具有规定性。

(三)"平"和"安"

"平"和"安"意义十分相近,可组成合成词"平安",但词语"平坦""平面""平原""平行""平辈""平局""和平""平均""公平""平和""平仄""平淡""平叛"中的"平"不可换为"安",同样"安全""安逸""安乐""安心""安置"中的"安"也不可换作"平"。"平"与"安"组词造句使用功能的不同,也可通过其古文字构意得到解释。

"平"的金文字形作"于",《说文解字》古文作"亏",像古代天平之形,本义是"不倾斜,无凹凸,像静止的水面一样",具有隐含义素"没有高低起伏"。"安"的甲骨文"㝢",西周金文"㝱",像女人安坐在屋内之形,本义是"安全,平安",隐含义素是"没有危险,稳定"。

词义特点的不同决定"平""安"组词造句的使用规律不同,"平坦""平面""平原""平行""平辈""平局""和平""平均""公平""平和""平仄""平淡""平叛"的词义中都包含"没有高低起伏"的意义,而"安全""安逸""安乐""安心""安置""安顿""安装"等都具有"没有危险,稳定"的意义,可见语素的隐含义素或意义特点的不同决定了其语用规律。

总之,通过甲骨文等古文字分析字形构意和本义,从中抽绎出贯串词义引申脉络的隐含义素,然后通过隐含义素或称词义特点对近义语素进行比较,再进一步对相关合成词或短语进行组群式整体辨析,这种组群式辨析近义词的方法不仅能够以简驭繁,而且因为具有理据性和科学性,更易于理解和掌握。

第三节　汉字构意与多音多义字辨析

汉字与所记录的语词之间大都不是一一对应关系，同一个语词用不同字符记录和同一个字符记录不同语词的现象普遍存在。这里主要分析讨论同一个字符记录不同语词而造成的一字多音多义现象。根据汉字多音多义现象的成因，本节分为以下三个部分：同源兼用、近音借用、字符同形。

一　同源兼用之多音多义字

"当一个语词因意义引申而派生新词的时候，没有为新词另造记录字符，而是仍然用源词的本字形体来记录，就源词的本字形体来说，它既记录源词，又记录派生词，所以在职能上是兼用。"① 同源兼用造成的多音多义字，由于存在同源关系，不同读音之间往往比较接近，很多只是声调不同；不同意义之间具有或远或近的引申关系，就像具有同一血脉的亲缘关系。因此，同源兼用的多音多义字具有读音相近、意义相通的特点。

贯穿词义引申脉络的线索是隐含义素或称词义特点，隐含义素可以从字形构意或本义中去抽绎，因此，甲骨文等古文字成为抽绎隐含义素的依据和凭借。隐含义素作为梳理词义引申脉络的线索，有助于从根本上弄清楚词语多音多义的成因，从而准确理解和正确使用多音多义字。

同源引申造成的一字多音多义，其读音发生分化的原因主要是意义之间关系较为疏远，具体标志主要包括：引申脉络不同，词性发生改变，其他成因如文白异读等。

（一）不同引申脉络是多音字不同读音的分界

不同引申脉络之间的词义关系，相对于同一引申脉络的词义关系更为

---

① 李运富：《论汉字的字际关系》，《汉字职用研究·理论与应用》，中国社会科学出版社，2016，第 105 页。

疏远，因此，多音多义字的不同读音常常发生于不同引申脉络之间。

以下以古文字构意或词的本义为起点，通过梳理词义引申脉络和读音发生变化的拐点，明确多音多义字各读音、意义、用法之间的关系，为多音多义字教学提供科学依据。

1. 冠

"冠"是多音多义字，它的各个意义之间彼此有一定关联，多音主要表现为声调不同。"冠"的小篆字形"冠"像人手持冠加戴头上。与字形相切合的本义有两个：从"冖"的角度说，本义是"冠"，读作"guān"，如"冠冕""皇冠""衣冠""桂冠"；从人手的角度说，本义是动词"戴冠"，读作"guàn"。

读作"guān"的名词"冠"引申为"形状像冠或在顶端的东西"，如"鸡冠""树冠""花冠"，其中"冠"都读"guān"。

读作"guàn"的动词"冠"引申为"超出众人，第一名"，如"冠军""奋勇夺冠"；还可引申为"在前边加上"，如"冠以模范称号"，这些词句中的"冠"都读"guàn"。

"冠"的字形构意与词义引申脉络可以用图1表示如下。

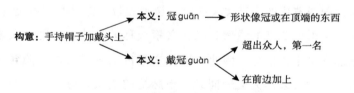

图1 "冠"的字形构意与词义引申脉络

2. 长

"长"是多音多义字，甲骨文"长"像人长发之形，金文演变为"长"，小篆作"长"。与甲骨文字形相切合的本义有两个：从头发的角度说，本义是"空间时间距离大"，形容词，读作"cháng"，如"长短""长久"；从人的角度说，长头发的人形表示本义是"年龄大"，也是形容词，读作"zhǎng"，如"年长""长辈"。

由读作"cháng"的本义"空间时间距离大"引申为"长度"，如"全长"；还可引申为"长处"，如"特长""取长补短"；又可引申为"做得特别好"，如"长于写作"。

由读作"zhǎng"的本义"年龄大"引申为"领导人，负责人"，如"长官""校长""部长"；还可引申为"生长，成长"，如"长大"；进一步引申为"增进，增加"，如"长见识"。

"长"的字形构意与词义引申脉络可以用图2表示如下。

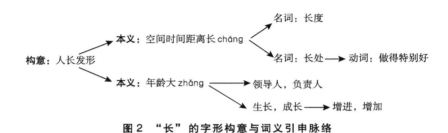

图2 "长"的字形构意与词义引申脉络

3. 朝

"朝"是多音多义字，甲骨文作""或""，像日月同时出现于草木之中，金文演变为""，小篆作""。本义是"早晨"，读作"zhāo"。如"朝阳""朝暮""朝夕"。由本义"早晨"引申为"日，天"，如"今朝""有朝一日"，读作"zhāo"。

由本义"早晨"还可引申为早晨的一种活动，即"臣子拜见君主或宗教徒礼拜神佛"，读音为"cháo"，如"朝见""朝拜""朝贡""朝圣"。沿着这一意义继续引申为"君主接受朝见、处理政事的地方"，如"上朝""退朝""朝野"；还可引申为"朝代"，如"改朝换代""唐朝"；又可引申为"面对着，向"，如"坐北朝南""仰面朝天"；进一步引申为介词，引进动作针对的方向或对象，如"朝南开""朝我笑"。

"朝"的字形构意与词义引申脉络可以用图3表示如下。

图3 "朝"的字形构意与词义引申脉络

同样，"间"的金文字形为"間"，像月光从关闭的门中照进来，本义是"缝隙"，读作"jiàn"。"间"有两条引申线索：一条是沿着缝隙把事物从中间隔开的特点引申，仍读作"jiàn"，如"间接""间隔""间断""间歇""离间""间苗"；另一条是沿着缝隙位于两者之间和具有一定空间的特点引申，如"彼此之间""课间""区间""人间""夜间""期间""房间""套间""一间房"等，这些"间"都读作"jiān"。

从以上各个字例可以看出，不同引申脉络是造成不同读音的重要原因。掌握多音多义字的成因，有助于增强汉字教学的科学性、趣味性，避免让学生死记硬背。

（二）不同词性是多音字不同读音的分界

同一脉络的词义引申到一个阶段，往往也会发生音变；同时，词性改变往往是意义变化的重要拐点，因此，多音多义字的不同读音常常发生于不同词性之间。对于这类多音多义字，可通过词性区别其字音和意义用法。

1. 数

"数"小篆字形作"數"，从攴，娄声，本义是动词"查点数目，一个一个地计算"，读作"shǔ"，如"不可胜数""屈指可数"；引申为"一一列举"，如"如数家珍""数落""历数"。

当"数"引申为名词，表示"数目"时，读作"shù"。如"计数""岁数""人数"；引申为数学上的基本概念，如"小数""正数""实数"；还可引申为"天命，命运"，如"气数""定数""天数"。这些名词意义都读作"shù"，当进一步引申为数量词，意思是"几，几个"时，仍读作"shù"，如"数人""数次""数十年"。

当"数"引申为副词，表示动作行为频繁的"屡次"义时，读作"shuò"，如"数见不鲜""频数"。

可见"数"有三个不同读音，分别与不同的词性对应，即作动词时读"shǔ"，作名词和数词时读"shù"，作副词时读"shuò"。

2. 畜

"畜"的甲骨文作"畜"，金文作"畜"，小篆作"畜"或"畜"，均由上下两部分组成，上部的构件像束丝形，下部的构件像田中有草木之形，合起来表示"拘兽以为畜"的畜牧活动，即将田猎所得之兽进行拘系豢养。因此"畜"的本义是动词，义为"豢养"，读作"xù"，如"畜牧""畜产"。

由本义"豢养"引申为名词，义为"豢养的动物"，读作"chù"，如"家畜""畜力""畜肥"等。

3. 没

"没"的小篆字形作"𣲒"，由水和"𠬛"构成，"𠬛"上部像回环旋转的水漩形，下部是右手，合起来表示一只手在漩涡之下，本义是动词，意义是"沉入水中"，读作"mò"，如"没水""沉没"。由本义"沉入水中"可引申为"漫过或高过"，如"没膝""没顶"；又可引申为"消失"，如"神出鬼没""隐没"。由引申义"消失"进一步引申为"终，尽"，如"没世""没齿难忘"；又可引申为"收归公有或据为己有"，如"没收""罚没"。这些"没"都是动词，读音都是"mò"。

当"没"引申为否定副词，表示"没有，无"时，读音为"méi"，如"没做""没说""没来"。

同样，"卷"作动词时读作"juǎn"，作名词和量词时读作"juàn"；"缝"作动词时读作"féng"，作名词时读作"fèng"；"囤"作动词时读作"tún"，作名词时读作"dùn"；"簸"作动词时读作"bǒ"，作名词时读作"bò"；"行"作动词时读作"xíng"，作名词和量词时读作"háng"；"好"作形容词时读作"hǎo"，作动词时读作"hào"。这些多音多义字的不同读音分别对应不同的词性，汉字教学中可以通过词性与读音的对应关系进行多音多义字辨析。

（三）同源词读音变化的其他成因

除了上述引申脉络和词性改变导致读音变化外，还有以下原因可能导致意义具有亲缘关系的词项读音不同。

1. 文白异读

"露"的本义是"露水"，音"lù"，露水在室外露天地方产生，因此引申为"在室外，无遮盖"，如"露天""露宿""露营"；进一步引申为"表现，显现"，如"露骨""袒露""暴露""揭露"等，都读作"lù"。同样是"表现，显现"义，在口语中则读作"lòu"，如"露怯""露马脚"。

"塞"有动词和名词两种词性，本义是动词，意思是"堵，填满空隙"，读"sāi"，如"堵塞漏洞"；这个意义在一些书面语中读作"sè"，如"闭塞""阻塞""搪塞""塞责""茅塞顿开"。作名词时也有两种不同读音：一种读作"sāi"，如"活塞""塞子"，意思是堵住器物口的东西；另一种读作"sài"，如"要塞""关塞""边塞""塞外"，意思是边界上险要的地方。

"削"的意思"切削事物的表层"，有"xiāo"和"xuē"两个读音。口语中读作"xiāo"，如"削铅笔""刀削面""刮削"；书面语中读作"xuē"，如"剥削""削发"等。

同样，"吓"的意思是"使害怕"，有"xià"与"hè"两个读音。口语中常常用第一个读音，如"真吓人""吓了一跳""别吓唬我"；"吓"（hè）主要用于复音词，如"恐吓""恫（dòng）吓"。这种情况也可归作文白差别。

2. 词义泛指与特指的不同

"臭"的甲骨文作"𦥑"，小篆作"𦥯"，由取像鼻子的"自"与"犬"组成，犬鼻嗅觉非常灵敏，"臭"的本义是动词，意思是"闻，用鼻子辨别气味"，读作"xiù"。后来写作"嗅"。由动词义引申为名词，义为"气味"，仍读"xiù"，如"其臭如兰""乳臭未干"。又特指"不好的气味，或气味不好闻"，读作"chòu"，如"臭气熏天""臭豆腐""臭味"。由此继续引申的意义都读"chòu"，如"臭名远扬""臭棋""臭子儿""臭骂一顿"。

"会"的甲骨文作"𣅀"，金文作"𣅀"，像器物中盛着东西，上部盖着盖子，小篆作"𣅀"，本义是"合在一起，聚合"，如"会集""会审""会诊"；由此引申的"会面""集会""工会""集会"等用法中的"会"都读作"huì"。其假借用法"体会""误会""能说会道""会英文"等中的"会"也读作"huì"。

当"会"由本义"合在一起，聚合"引申为总计，专指管理和计算财务工作或相关人员时，读音变为"kuài"，如"会计"。

以上"臭""会"用于特指时与用于泛指时读音不同。

3. 有的词性虽然没变，但意义差别较大，有的也会引起读音变化

"降"的甲骨文作"🄐"或"🄑"，金文作"🄒"，像两足沿山阜往下走之形，本义是"下降"，读作"jiàng"，如"降雨""降落"；引申为"降低"，如"降价""降级"。

当继续引申为"投降"时，虽然词性未变，仍然是动词，但与本义距离较大，语音也发生变化，读作"xiáng"，如"诱降""诈降""降服"；继续引申为"使驯服，降伏"，如"降龙伏虎""一物降一物"。

二　近音借用之多音多义字

汉字在记录语词时，不仅可以记录本词，也常被借用记录与之音同音近的他词。如果他词与本词读音相近，就会出现同一个字具有不同读音和相互没有关联的多个意义的现象。显然，意义之间没有任何关联是近音借用造成的多音多义字与同源兼用造成的多音多义字的主要差别。

汉字简化时，为了减少字数，采取了两个非常有效的措施，一是归并异体字，一是合并同音字或近音字。合并同音或近音字就是用同音或近音的笔画较少字形替代笔画繁复字形，这样就造成所用字形既要记录原来的本词职能，又要记录同音或近音的他词职能，从而造成多音多义现象。

借用造成的多音多义字可分为两种情况。

（一）汉字简化前的多音多义字

"燕"的甲骨文"🄓"像一只小燕子，本义是燕子，读作"yàn"。"燕"字不仅来记录本义"燕子"，还被借用为诸侯国名和地名，读作"Yān"，如"燕国""燕山"。

"观"字以"见"为部首，本义与"见"有关，读作"guān"，表示看、景象、认识、看法等意思，可组成"观看""观察""奇观""壮观""观念"等。"观"除了记录与字形构意相关的本义引申以外，还被借用记

录读音相近的"guàn",意思是道教的庙宇,如"道观""宫观"等。

"石"是一个象形字,甲骨文"🗿"像山石之形,本义是山石、岩石,读作"shí",如"化石""玉石""石头""飞沙走石";"石"还被借用作重量单位,读作"dàn",如"一石"。

"荷"有两个读音:一个是"hé",记录本义和引申义,如"荷花";另一个是"hè",记录假借义"负担、背、扛",如"荷枪实弹""负荷"。"省"有两个读音:一个是"xǐng",记录本义和引申义,如"反省""省察""省亲";另一个是"shěng",记录假借义"节俭、免去、省略",如"省吃俭用""省略""省写",还可记录行政区划单位,如"河北省""省长"。同样,"处""奇""泥""弄""埋""提""打""角""禁""济""抢"等字都具有两个或两个以上读音,除了记录与字形相切合的本义和引申义外,还被借用记录读音相近而意义毫无关联的词语,从而形成多音多义现象。

此外,"载"以车为部首,本义是用车装,读作"zài",如"承载""载重""载货";"用车装"的物品与车子往往在一起,因此,"载"引申为"伴随,充满"的意思,如"怨声载道";两个"载"叠用相当于"一边……一边"的意思,如"载歌载舞"。这些"载"都读"zài"。由本义"用车装"还可比喻用文字记录,因此,"载"有"记录,刊载,描绘"义,这时读音变作"zǎi",如"刊载""记载"。同时,"载"(zǎi)还被借用记录时间名词"年",如"三年五载"。这样"载"除了记录本义及相关引申义外,还通过音变记录其比喻义,即通过同源兼用造成多音多义;同时还用来记录意义无关联而读音相近的词语,即因近音借用造成多音多义。可见"载"的两种不同读音和三种不同意义是同源兼用和近音借用共同作用的结果。

(二)汉字简化造成的多音多义字

"斗"字有"dǒu"和"dòu"两个读音。原来"斗"只有"dǒu"一个读音,在春秋战国时期写作"🥄",像古代一种量器之形,主要用来指称容量单位及形状像斗的东西,如"一斗""漏斗""烟斗""北斗";"斗"还用来形容小东西之大或大东西之小,如"斗胆""斗室"。另一个读音

"dòu"来自繁体字"鬥","鬥"的甲骨文"𩰣"像两个人厮打的样子，本义是打斗，汉字简化时用同音字"斗"代替了"鬥"，从此"斗"增加了"dòu"音和有关打斗的记录职能，如"械斗""斗殴""斗士""斗志""斗鸡""斗蛐蛐""斗智斗勇""斗勇"中"斗"都是"鬥"的简化字。

"发"在汉字简化时，同时承担了两个繁体字的简化形式：一个是"髪"，音"fà"，以"髟"为部首，本义是头发，如"理发""美发""发型""千钧一发"中"发"都是"髪"的简化，意思是头发。另一个是"發"，音"fā"，以弓为部首，本义为射箭，引申出"发射、启程、送出、表达、开始行动、启发"等意义，如"发炮""出发""发货""分发""发表""发言""发起""奋发""发人深省"中"发"都是"發"的简化。

"几"字有 jī 和 jǐ 两个读音，原来"几"只有 jī 一个读音，它的金文"∩"像矮小的桌子，本义是古人席地而坐时用来倚靠的小矮桌，现在常用义是其引申义"搁置物件的小桌子"，如"茶几""几案"。另一个读音 jǐ 来自繁体字"幾"，"幾"有本用和借用两种用法：根据金文"𢆶"、"𢆶"和小篆"𢆶"，以及《说文解字》说解"微也，殆也。从丝，从戍"，"幾"的本义是"细微的迹象，苗头或预兆"，引申为"接近某种情况"，相当于"将近，差不多"，如"几乎""几遭虎口"，都读作 jī；"幾"还被借用询问数目多少，或代替二至九之间的不定数目，这时读作"jǐ"，如"几岁？""几斤？""等几天"。"幾"本来有本用和借用两种用法，有 jī 和 jǐ 两个读音；后来汉字简化时用"几"代替了"幾"，从此"几"字记录了原来"几"和"幾"两个字符的职能，成为多音多义字。

同样，"仆"字在汉字简化时承担了"仆"（pū）和"僕"（pú）两个字的职能，"据"承担了原来"据"（jū）和"據"（jù）两个字的职能，"宁"承担了原来"寧"（níng）和"甯"（nìng）两个字的职能，"舍"承担了原来"舍"（shè）和"捨"（shě）两个字的职能，"鲜"承担了原来"鮮"（xiān）和"尟"（xiǎn）两个字的职能，"尽"承担了原来"盡"（jìn）和"儘"（jǐn）两个字的职能，等等。这些字在汉字简化时承担了两个读音不同的字符的职能，因而成为多音多义字。

三 字符同形之多音多义字

同形字有广义和狭义两种概念，这里指狭义的同形，即专指本用不同的两个字符形体完全相同，或者说一个字符有两个与形体相切合的本用职能。这两个不同的本用职能在产生上应该有先后不同，因此可以认为后记录的语词借用已有字符来记录，也可以看作后边语词创造的字形与已有字形重合，在此不做讨论。

"喝"是个形声字，表意构件为口，表音构件为曷，与字形相切合的本义有两个：一是咽下流食或液体，如"喝粥""喝茶"，音"hē"；一是表示大声喊叫，如"喝令""呼来喝去"，音"hè"。显然，两个不同读音所表示的意义之间没有关联，不具有引申关系，但都与字形相切合，因此都属于本义，或者说"喝"字记录的两个不同词都属于本用。

"扒"是一个形声字，表意构件为扌，表音构件为八，从它的形旁可以看出，字义与手有关。它有四个意义系列与字形相切合：一是"攀缘、刨、剥"等，音"bā"，如"扒墙头""扒掉"；二是用手或工具搂，音"pá"，如"扒灰"；三是一种烹饪方式，如"扒鸡"，音"pá"；四是表示窃取的意思，音"pá"，如"扒窃""扒手"。显然，这四个相互没有关联的意义都是手的动作，读音都与"八"相近，因此，从手八声的"扒"是它们共同的本字。

"红"是一个形声字，表意构件为纟，表音构件为工。与字形相切合的本义有两个。一是像鲜血的颜色，由于古人对颜色的深入认识与染丝有关，很多表示颜色的词都以纟为部首，如"绿紫红素"等，因此，"红色"是与字形相切合的本义，读作"hóng"；红色在中华文化中的象征性，使"红色"的"红"产生大量引申义，如"红军""红利""挂红""开门红""走红"。一个是旧时指女子所做的纺织、缝纫、刺绣等工作和这些工作的成品，读作"gōng"，如"女红"。

"挑"是形声字，表意构件是扌，表音构件是兆。它有三个与字形相切合而相互没有联系的本义：一是用肩担着，读作"tiāo"，如"挑担""挑夫"；二是选，拣，读作"tiāo"，如"挑选""挑剔"；三是由里向外拨、由下向上拨、拨弄等，读作"tiǎo"，如"挑帘子""挑灯""挑拨""挑动""挑头"。

"汤"是形声字，表意构件是氵，右半部是表音构件。它有两个与字形相切合而相互没有联系的本义：一是热水或开水，读"tāng"，如"赴汤蹈火""汤泉"，引申指食物煮后的汁液或汁特别多的食物，如"米汤""鸡汤""菜汤"；二是形容词，表示水大流急的样子，读作"shāng"，如"河水汤汤""浩浩汤汤"。

从以上分析可以看出，多音多义字的成因复杂多样，作为语文教师只有从根本上弄清多音多义字的成因，掌握音义联系规律，才能在教学中有针对性地采取科学高效的教学方法，逐渐教授学生相关汉字规律和使用理据，激发学生学习和探索的兴趣。

第四节　汉字构意与形近字辨析

形近字和多音多义字一样，是汉字学习中的一个难题。如何辨析形近字，语文教师在教学实践中想出了许多有效方法，此不赘述。这里主要谈一谈甲骨文等古文字构意在形近字辨析中的应用价值。

根据形近字之间的关联，可以分为笔画差异形近字、同部首形近字、同声符形近字，下面分别说明汉字构意在相关形近字辨析中的作用。

一　笔画差异形近字辨析

有些形近字的差异表现在笔画层面，有的笔画多少不同，有的笔画位置不同，有的笔画形态不同，这些差异往往是识字教学的重点，教师常常通过比较和重复帮助学生记住形近字的差别。其实，辨析形近字还有一种方法，就是通过甲骨文等古文字弄清字形的来源和理据，从根本上弄清字形与其音义的联系。

如"竞"和"竟"两个字都读作"jìng"，在字形上只差一横，非常容易用错。古字形构意可用来对它们进行辨析。"竞"的甲骨文"䇔"，像戴着头饰的两个人先后相随，表示竞逐、比赛义，后来在头饰下增加"口"构件，演变为"竞"，如"竞赛""竞选""竞答"等。"竟"比"竞"多一横，可以分析为由"音"和"儿（人）"，组成，表示音乐结束，因此有完成、自始至终义，还可引申为居然等意思，如"未竟""竟日""竟然"等。同时，"竟"还可以作声符构成形声字，如"境""镜"都以"竟"为表音构件，而"竞"构字能力极弱。

"哀"和"衰"也只有一横之差，这两个字不仅形体相近，读音也相近，仔细考虑意义也有一定关联，都与某种低落的情绪相关。这是为什么呢？"哀"字由"衣"和"口"两个部件组成，其中"口"是表意构件，"衣"是表音构件，本义是悲痛，如"悲哀""哀悼""哀痛""哀思""哀叹""哀鸣""默哀"等。"衰"的意思是事物的发展势头由强盛转为微弱，显然，"衰"是令人悲哀的，也就是"衰"的意义与"哀"有一定关联，于是通过在"哀"上加一条长横线使彼此相互区别，如"衰落""衰老""衰弱""兴衰"等。

"祟"和"崇"两个字在音、义方面相差甚远，但由于字形十分相近，极易混淆。"崇"读作"chóng"，以山为表意构件，"宗"为表音构件，本义是山很高，泛指高大，如"崇山峻岭"；由此引申出尊敬的意思，如"崇拜"。"祟"是会意字，由"出""示"组合而成，表示鬼神出来作怪，本义是鬼神带来的灾祸，比喻不正当的行动，读作"suì"，如"作祟""鬼鬼祟祟"。

笔画层面的形近字大都笔画较少，不仅能独立成字，还可以参与构成合成字，因此，这类形近字辨析还能带动一连串相关合成字的辨析。如"圭"、"主"与"隹"的右半部形体相近，弄清楚这三个字符的来源，不仅有助于辨析这些形近字，也有助于辨析以其为构件的合成字。"圭"是一种礼仪用器，由上下两个"土"构件组成，在汉字系统中主要作表音构件，"佳""蛙""娃""洼""哇"与"桂""硅""闺"都以"圭"为表音构件。"隹"的甲骨文作"𨾭"，金文作"𨾭"，小篆作"隹"，像鸟形，本义是鸟；"隹"既可以作表意构件又可以作表音构件，如"雀""雁""雄""雕""鹰""雅""集""雄""雌""雏""霍"都以"隹"为表意构件，"唯""维""帷""惟"都以"隹"为表音构件。"主"的小篆字形作"圭"，从中可以看出"主"上部一点的来源，常用义是"主人"，音"zhǔ"，"主"主要作表音构件，"住""注""驻""柱""蛀""拄"都以"主"为表音构件。显然，弄清楚"圭"、"主"与"隹"三个构件的来源与区别，有助于对相关汉字进行系统理解和记忆。

同样，"自"与"白"相近，"自"源自像鼻子之形的甲骨文"𦣹"，"白"源自像大拇指形的甲骨文"𦥑"；"皿"与"罒"相近，"皿"的甲骨文"𥁑"像器皿形，在合体字中常常作字底，"罒"是网的变形，在合体字中常常作字头；"攵"与"夂"相近，"攵"源自手拿棍棒形的甲骨文"𣬭"，"夂"源自趾朝下脚形的甲骨文"𡕩"；"冃"与"月"相近，"冃"源自取像帽子形的小篆"冃"，"月"源自取像月牙形的甲骨文"𝅘"与取像肉块形的甲骨文"𝅗"；等等。通过甲骨文等古文字把这些形近字的形体与音义关系讲清楚，无疑对包含该构件的合体字的理解和辨析有很大帮助。同样，"自"与"目"，"目"与"日"，"日"与"口"，"户"与"尸"，"禾"与"木"，"人"与"大"，"大"与"天"，"大"与"夫"，"大"与"夭"，"气"与"乞"，"爪"与"瓜"，"衤"与"礻"等形近字或构件之间只有一笔之差，但音义之间却有较大差别，利用构意清晰的甲骨文等古文字讲清字源，无疑有助于从根本上辨析形近字及相关合成字。

二　同部首形近字辨析

具有相同部首的形近字，有的结构模式不同，有的同为形声字，有的同为会意字，无论哪种结构方式，都可以通过字形理据进行辨析。

（一）结构模式不同

"徙"和"徒"是形近字，如果不仔细辨析，很容易混淆。这两个字的差别在于右上部一个是"止"，一个是"土"。其实，这两个字的结构模式不同，"徙"是会意字，其商代金文作"𢖺"，西周金文作"𢖻"，左部是道路，右部是左右两只脚，表示在路上行走，本义是迁移，引申出改变态度或调动官职等义；"徒"是形声字，其西周金文作"徒"，小篆作"𨑡"，从辵，土声，本义是无车而行，也就是步行；引申出"无依托的、白白地"等意思,如"徒劳";"徒"还可指学生,如"师徒"。

"窑"和"窖"也是形近字,读音和意义也相近,非常容易混淆。可借助字形理据分析进行辨析:两个字都以"穴"为部首,说明意义与洞穴有关,"窑"下部的"缶"甲骨文作"𦈢",本义是一种器皿,"窑"的字形构意是器皿在洞穴之中,本义是烧制陶器的灶洞,读作"yáo",如"砖窑""缸窑";引申指用于居住或其他用途的洞穴或土屋,如"窑洞""煤窑"。"窖"是形声字,下部的"告"为表音构件,本义是地下用来储存东西的洞穴,读作"jiào",如"菜窖""酒窖"等。可见,"窑"和"窖"都与洞穴有关,要注意"穴"字头,不要写成"宀"字头。

"誊"和"誉"字形相近,容易混淆。这两个字本来都是形声字,但汉字简化使它们的表音构件丧失了表音功能。"誉"的繁体字作"譽",读作"yù",从言與声,其声符"與"由于草书、楷书变为"兴",丧失了表音功能,"誉"的本义是称颂、赞美,如"赞誉";引申为声誉、美名等,如"美誉"。"誊"的繁体字"謄"为形声字,表意构件为"言",表音构件为"朕",可借助以"朕"为表音构件的常用字"腾""藤"的读音来记忆"誊"的读音,根据表意构件"言"记住其意义与文字有关,"誊"的本义是抄写。

(二) 同为形声结构

部首相同的形近字如果同为形声结构,可以借助表音构件和汉字系统来进行辨析,即通过与相同表音构件的形声字进行比较强化表音构件的功能,达到辨析形近字的目的。如"暖"和"暖"是同部首的形近字,其表音构件形体也相近,非常容易混淆。对这两个字的区分,可以借助汉字系统,即联系包含"爰"构件的"援""媛"和包含"爱"构件的"瑗""嗳"来强化表音构件的功能,强化声符"爰"与读音"nuǎn"的联系,"爱"与读音"ài"的联系。以汉语为母语的学生对常用词音义联系比较熟悉,绝大部分学生知道"nuǎn"的意思是温暖,从而把"暖"的形体与其音义联系起来,从理据上掌握"暖"的形音义联系。"暖"不是常用字,可以利用相关例句和语境讲清楚"暖"的本义为日光昏暗,从而理解常用词"暧昧"的意义来源。经过这样分析比较,自然就不会再把"暖"

与"暖"混淆。

"拔"与"拨"都是提手旁，字义都和手的动作有关，声符只有一撇之差，十分容易混淆。"拨"字可联系同声符的"泼""拨""镀"认识声符"发"的表音功能，"拔"字可联系同声符的"跋""坺""鲅""魃"强化声符的表音功能，通过比较强调"拨""拔"韵母不同的特点。由于"拔""拨"都是常用字，以汉语为母语的人很容易把读音与意义联系起来，这样再通过汉字系统把形与音联系起来，有助于学生区别"拔""拨"。即"拔"音"bá"，本义是抽出、拉出，有用力大的特点，如"拔草""拔河""拔牙""一毛不拔"；"拨"音"bō"，本义是用手指或棍棒等推动或挑动，有用力较轻的特点，如"四两拨千斤""拨动"。

同样，辨析"狼"与"狠"、"跟"与"踉"，可以联系包括"良"构件的"浪狼踉粮娘酿郎朗"和包括"艮"构件的"狠恨很根跟垦恳痕"，强调构件"良"和"艮"的表音功能，从而把同部首的形近字区别开来。辨析"抡"与"抢"可以联系包括"仑"构件的"抡论轮伦沦"和包括"仓"构件的"抢枪呛跄沧苍"，强调"仑"和"仓"的表音功能，从而把同部首的形近字区别开来。辨析"岭"与"岑"可以联系包括"令"构件的"伶玲铃聆零龄岭领邻冷怜"和包括"今"构件的"衿矜妗衾琴"，强调"令"和"今"的表音功能，从而把同部首的形近字区别开来。

此外，"汨"和"汩"也都是以水为部首的形声字，两个字的表音构件"日"和"曰"主要是宽窄的不同，而且由于语音演变，"汨"的表音构件"曰"已丧失表音功能。比较这两个字时，可以利用"日"微弱的表音功能把"汩"与"日"的读音联系起来；"汩"的现代常用义是形容水流动声的拟声词"汩汩"，可以把"曰"的说话义与水流声联系起来，即把水流声看作水在说话，即"水曰"，这样用新的理据把形体与音义联系起来，帮助学生理解和记忆。

（三）同为会意结构

会意字是两个或两个以上表意构件组合在一起表示一个新的意义，具有共同构件的会意字，不仅形体相近，意义上一般也有一定关联。辨析具有相同构件的会意字，利用甲骨文等古文字构意也是一个可行的方法。如

"即"和"既"二字音、形相近,都可作时间副词,容易混淆。如何将两个字的形音义弄清楚,讲清字形构意是一个有效途径。"即"和"既"都是会意字。"即"的甲骨文写作"𝕭",左部是一个盛满食物的高脚盘,右部的字形是一个人面对食物准备进食。因此,"即"的本义为靠近,与"就"同义,读作"jí",如"若即若离""可望而不可即";人面对食物意味着"将要"吃,实际上还没有吃,因此,"即"有"将来时"的意义特点,如"即将""立即"都表示将来时,表示假设的"即使""即便"也有尚未做的将来时特点。"既"字甲骨文字形为"𝕭",左部也是一个盛满食物的高脚盘,右部的人却已将头转向后面,表示吃完了的意思。因此,"既"的本义具有"完成时"特点,意思是"已经",如"既得利益""既往不咎""既来之,则安之""既然"。这样,就比较容易把"即""既"区别开来。同样,"戎""戍""伐"形体相近,都含有"戈"构件,但其读音和意义却大不相同。"戎"的甲骨文"𝕭"和西周金文"𝕭"由戈形构件与盾形构件组合而成,戈和盾都是武器,组合在一起表示兵器,引申为军事、战争等意义,读作"róng",如"投笔从戎""戎马生涯""万里赴戎机"。"戍"的甲骨文"𝕭"像人在戈下形,后来人形构件的捺笔变成点,本义是戍守,读作"shù",如"戍边""卫戍"。"伐"的甲骨文"𝕭",像以戈断人首形,后来人构件与戈构件分离,本义是杀伐,引申为武力征讨或言辞上诛责,读作"fá",如"攻伐""讨伐""北伐"。

三 同声符形近字辨析

汉字的规律性和系统性不仅表现在同部首字意义有一定关联上,还表现在同声符字读音往往相同相近上。同声符字可以通过比较其不同表意构件来互相区别;在实际应用中,不仅同声符字容易相混,有的声符独立构成的字与包含该声符的形声字也容易混淆。以下从这两个方面进行辨析。

(一) 声符字与形声字

1. "厉"与"励"
"再接再厉"这个成语经常用于勉励他人不断进步的话语中,所以人们容易按照这个理解把它写成"再接再励",这是对成语的一种曲解。"厉"字以"厂"为部首,以"厂"为部首的字意义大都与山势崖岩有关,"厉"的本义是磨刀石,后来写作"砺";"再接再厉""厉兵秣马"中"厉"都是"磨刀石"的引申义"磨",因此应该用"厉",而不应该用"励"。成语"再接再厉"的起源与斗鸡相关,这个成语本自唐代韩愈的《斗鸡联句》:"一喷一醒然,再接再砺乃。"意思是说,公鸡相斗的时候,每次交锋之前都会磨一下嘴,使之变得更加锋利,比喻一次又一次地继续努力,坚持不懈。其中"厉"的意思是把嘴"磨得锋利",而"励"的意思是劝勉,因此这里用"厉"不用"励"。"厉兵秣马"的意思是磨好兵器,喂好马,其中"厉"的意思是"磨",当然也不能用"励"。

2. "具"与"俱"

"万事俱备"的"俱"与"具备"的"具"形体和读音都非常相近,还都能与"备"搭配使用,因此需要特别注意。"具"的甲骨文"𠀇"像双手端着或捧着鼎的样子。从鼎的角度说,本义是器具,如"用具""农具""家具";从手的角度说,本义是准备饭食,引申为"准备,备有"。"具备"中的"具"与"备"是同义连用,意思是齐备、完备。而"俱"是从人、具声的形声字,本义是在一起,引申出一起、全部的意思,如"俱乐部""万事俱备"的"俱"是"全,都"的意思,不可用"具"。

3. "州"与"洲"

"杭州""苏州"的"州"与"亚洲""欧洲"的"洲"也极易给识字者造成困扰。对于这两个字的区别,也要从其古文字构意说起。"州"的甲骨文"𡿺"像茫茫洪水中有一块陆地之形,本义是水中人可居住的地方;后来引申为行政区划单位,如"州长""州府""知州""九州"。后来用增加"水"的"洲"记录水中人可居住的地方,"亚洲""欧洲""大洋洲"等都被水包围着,属于水中人可居住的地方,因此用"洲"字;而现代汉语带有"州"的地名大都是原来州府所在地,因此用"州"而不用"洲"。

4. "炭"与"碳"

"煤炭"的"炭"与"二氧化碳"的"碳"也需要区分一下。"炭"字小篆字形作"炭",《说文解字》:"炭,烧木余也。从火岸省声",本义是木炭;引申指古代植物埋在地下分解而成的物质,即煤炭。"碳"是一种化学元素名称，常温下呈固态非金属化学元素都用"石"作表意构件，如"碳""磷""硅""硫"，"碳"是为记录化学元素名称而造的专用字，如"二氧化碳""碳水化合物""碳酸"等。因此"煤炭"不能写作"煤碳"。

（二）同声符形声字

同声符形声字往往读音相同相近，辨析这类形近字可利用表意构件来区分意义范围和语用功能。同声符形声字有的读音相同，有的读音相近，具体如下。

1. 读音完全相同

"提"和"题"读音完全相同，"提名"与"题名"都比较常用，但两者的意义和用法有较大差别。"提"以手为部首，本义与手有关，意思是垂手拿着有环、柄或绳套的东西，如"提灯""提篮"；引申为抽象的"说出，举出"，如"提名""提出""提案""提要""提纲挈领"。"提纲挈领"中"纲"是渔网的总绳，成语意思是提起网的总绳，抓住上衣的领子，比喻抓住要领，简明扼要。"题"字以"页"为部首，本义与人头有关，意思是额头，"题目"是并列关系，字面意思是额头与眼睛，喻指文章的标题，进一步引申为"写，签"的意思，如"题字""题写""题名"。"题名"是写上自己的名字的意思，与"在决定人选之前举出候选人的姓名"的"提名"意义迥别。

"径"和"胫"都读作"jìng"，"径"以"彳"为部首，本义与道路有关，指只能步行不能走车的小路；"胫"以"月（肉）"为部首，意义与人体有关，指从膝盖至脚跟的部分，即小腿。成语"不胫而走"指没有腿却能跑，形容不待推行，就迅速地传播开去，其中"胫"的意思指腿，而不是道路，因此不可误写作"径"。

"绵"和"棉"两个字读音相同，字形相近，而且棉花与丝绵都有柔轻软的特点，所以极易发生混淆。"绵"的本义是蚕丝连接成的片或团，引申出连续不断、软弱的意思，如绵延、绵软等。"棉"字是从"绵"字中分化出来的，我国古代只有丝绵，木棉、草棉引进以后，在字形上将绞丝旁改为木字旁，而写作"棉"。"棉"的用法比较单一，主要用来记录一种植物的名称，"软绵绵""绵里藏针""绵薄"中的"绵"是柔软的意思，一般不能写成"棉"。

"搏""博""膊"三个字读音相同，字形相近，在运用时要注意区分。"搏"以"扌"为表意构件，本义是对打、格斗，引申出"跳动"义，如"搏动""脉搏"。"博"以"十"为表意构件，本义是大而丰富，如"广博"；它还指古代的一种棋戏，引申为赌博；"博"与"跳动"义无关，因而不能写作"脉博"。"膊"以"月（肉）"为表意构件，本义是胳膊。

同样，"寒暄"的"暄"与"喧哗"的"喧"，"黄粱"的"粱"与"栋梁"的"梁"，"夜幕"的"幕"与"日暮"的"暮"，"沧桑"的"沧"与"苍翠"的"苍"都是具有相同表音构件的形声字，对这类形近字的辨析，都可依据表意构件比较其意义范围，从而说明其语用功能的不同。

2. 读音不完全相同

"菅"与"管"都以"官"为表音构件，前者读作"jiān"，后者读作"guǎn"。"菅"以"艹"为部首，本义是一种多年生草本植物，"草菅人命"意思是把人的生命当野草一样任意残害，写作"菅"；"管"以"⺮"为部首，本义是竹管，引申指圆筒形的物体，包括管状的钥匙；进一步引申为"管理"。

"犷"与"旷"都以"广"为表音构件，前者读作"guǎng"，后者读作"kuàng"。"犷"以"犭"为部首，本义是狗非常凶恶、难以驯服，"粗犷"意思是粗野、凶猛，本带有一定的贬义，后来逐渐演变出褒义，也可以表示豪放，如"歌声粗犷"。"旷"以"日"为部首，其本义是光明、明朗，引申出空阔、开阔等义，"旷达"的"旷"是开阔的意思。

"缉"与"辑"都以"咠"为表音构件，前者读作"jī"，后者读作"jí"。"缉"以"纟"为部首，本义是把麻搓成绳；古代多用绳子捉拿犯人，所以"缉"引申出搜捕、捉拿之义，读作"jī"。"缉"多出现在与"犯人"有关的词语中，如"缉拿""缉捕""缉毒""通缉"。"辑"的形旁为车，本义是集合工匠和木材来造车，所以有了"聚合"的意思，如"编辑"。

　　"粘"与"沾"不仅字形相近，读音也有部分相同，容易混淆。"粘"是个多音字，以"米"为部首，本义与米有关，有"nián""zhān"两种读音。读"nián"是形容词，意思是有黏性，与"黏"是异体字关系；读"zhān"时是动词，意思是把黏的东西附着在其他物体上或者用黏的东西使物体连接起来，如"粘贴""粘连""粘牙""粘接"。"沾"音"zhān"，以"水"为部首，本义与水有关，指雨水浸润，如"沾湿""沾润"；引申为由于接触而附着或染上，如"沾水""沾手""沾污""沾染"。

　　"券"与"卷"形体和读音都相近，"券"极易误作"卷"，"入场券"是常用词，它既可以指进入某些场所的凭证，也可以指取得的某种资格，如"诚信是通向成功的入场券"。由于一些人常将这个词读成"rùchǎng juàn"，因此容易错写成"入场卷"。类似的词语还有"优惠券""奖券""礼券"等，其中的"券"都不能写成"卷"。"券"读"quàn"，以"刀"为表意构件，本义是票据，纸质凭证；因为古人将契约写在竹木片上，用刀将其一分为二，分割的边缘参差不齐，双方各执其一，作为以后进行验证的凭据，后来发展为纸质的票据。

　　"藉"和"籍"二字形体相近。"藉"以"艹"为部首，本义是用草编成的用于放置祭品的垫子，读作"jiè"；引申出"垫、衬，依托，抚慰、含蓄"等义，如"枕藉""慰藉""蕴藉"；"藉"还可读作"jí"，主要用在"狼藉"一词中。"籍"以"⺮"为表意构件，本义是户口册，如"户籍"；引申出"档案、书籍"等义。

　　同样，"辨""辩""辫""瓣"，"诲""悔"，"绊""拌"，"抄""钞""炒"，"缜""慎"，"概""慨"等各组形近字表音构件相同，可借助表意构件比较说明其意义范围，进而区分其功能。对于形体发生变异的表意构件，一定要弄清楚表意构件的来源，如"辨"中间的表意构件是"刀"的变形，以便明确其表意功能，从而系统又有规律地科学辨析形近字。

　　形近字辨析还有很多有效方法，如组词法、比较法、游戏法等，此不赘述。本书的目的在说明形近字的成因，为形近字教学提供知识基础和理论依据。

第三章　甲骨文等古文字与诗文解析

　　甲骨文等古文字在语文教育中的一个重要价值——解析课文，尤其是解析古代诗文。

　　准确理解词义是深入解析诗文思想内涵和艺术特色的基础。解释词义常常要借助字典等辞书，然而，字典等辞书的解释有时不是很到位，与词语在语境中的实际意义不是很吻合。这是因为字典等辞书释义具有概括性，同时，有的语词除了显性意义外，还包含没有进入字典等辞书释义的隐含义素。不难理解，要准确而深刻地理解和赏析课文，除了显性意义外，还要挖掘出关键词语的隐含意义。比如诗词讲究炼字，炼字的妙处表现在所用之字不仅显性意义十分恰当，隐含意义也非常吻合。因此，诗词赏析只关注词语的显性意义是不够的，要深入理解炼字之妙，必须将所用之字的隐含义素揭示出来，分析其与语境的契合关系，从而把炼字之妙从根本理据上说清楚。

　　探寻和抽绎语词隐含义主要有借助"字义""字音"两条途径。

　　王宁先生曾说："词义从一点出发，沿本义的特点所决定的方向，按各民族的习惯，不断产生相关的新义或派生同源的新词，从而构成有系统的义列，这是词义引申的基本表现。"[1] 显然，引申义赖于产生的"本义的特点"不同于本义，它往往不进入释义系统，而是依附于本义的隐含义素。王云路[2]则通过对多义词各义项间起主要联系作用的词义特征进行归纳总结，提出"核心义"是从本义中抽象出的特征义，它可以统摄单音词的多数义位。她说"本义产生核心义，核心义制约绝大部分义项的产生和

---

[1]　王宁：《训诂学原理》，第54页。
[2]　王云路：《段玉裁与汉语词汇核心义研究》，载罗家祥主编《华中国学》2016年春之卷（总第6卷），华中科技大学出版社，2016。

发展"。显然，王宁所言"本义的特点"与王云路所言"核心义"的内涵外延基本相同，它们是制约引申义发展的潜在线索，不进入释义系统，属于依附于本义的隐含义素。可见，隐含义素主要依附于本义，是贯穿本义和各引申义的潜在线索。因而本义是抽绎隐含义素的主要凭借，而本义是与最早字形相切合的意义，因此，甲骨文等古文字成为挖掘和抽绎隐含义素的主要依据。

借助"字音"即通过语词读音线索探寻贯穿音近义通的同源词间的共同核义素。如"精""晴""睛""清""靖"具有共同的声符，读音相近，且其意义中都含有"纯净，没有杂质"的特点，因此，这些词具有同源关系，"纯净，没有杂质"就是贯穿这些同源词的共同核义素。核义素没有进入语词释义系统，具有潜在性和隐含性，因此属于隐含义素。形声字的声符是判断声近义通同源关系的依据之一，因此借助字音探求隐含义素往往也要参照字形，可见，利用字音抽绎隐含义素最终还要落实到字形分析上。

不管是依托字义还是依托字音抽绎隐含义，最后都要落实在字形结构上，因此，甲骨文等古文字成为探求隐含义的重要依据。此外，不管用哪种方法挖掘和抽绎隐含义素，都离不开生活常识和社会文化，都要符合人类心理认知规律和民族认知特点。如"尽"的甲骨文作"𡰤"，像手执毛刷洗刷器皿内壁之形，表示饮食已尽；从这个构意不仅可以抽绎出"完，终尽"等显性意义，还可以抽绎出潜在的隐含义素——逐渐减少的动态特点。因为根据生活经验，器皿中的饮食有一个由多到少、由大到小的变化过程，因此，"逐渐减少的动态变化过程"可抽绎为"尽"的隐含义素。显然，抽绎"尽"的隐含义素利用了社会生活经验。

隐含义素反映的往往是事物的非本质属性，是相对次要的语义特征，没有进入字典等辞书释义系统，具有潜在性；经过发展演变，有的隐含义素强化成为显性义素，有的逐渐弱化而脱落，具有不稳定性；有的词语具有不止一个隐含义素，有的词语则不具有任何隐含义素，也就是说，隐含义素在不同词语之间具有不平衡性。尽管隐含义素具有潜在性、不稳定性和不平衡性，但这并不意味着隐含义素的作用可以忽视或不可探寻，大多数隐含义素就像生物体所携带的遗传基因，虽经多代变异却仍对语用有不可忽视的规约作用，也是词义引申发展的内在依据和线索，因此隐含义素对研究语素组词规律和诗词炼字之妙具有重要意义。同时，汉字构意的"具象化"和"可视化"特点，决定了"寄于形"的隐含义素具有直观性和形象性，这无疑对理解诗词意象和其中蕴含的思想主旨有极大帮助。

本章通过分析甲骨文等古文字构意，找出潜藏于字形构意之中的隐含义素，具体分析隐含义素在准确理解词义、象征义、言外之意、修辞功能、近义词辨析以及思想主旨等方面的功能。

第一节　有助于准确理解古诗文的词义

准确理解词义是深入解析古诗文的基础。词义不仅包括进入字典等辞书释义的显性意义，也包括没能进入释义系统的隐含意义。因此，要准确理解词义，了解其使用规律，不仅要掌握词的显性意义，还要理解其隐含意义。甲骨文等古文字是分析词语隐含义素的重要依据。

以下以"开""发""惊""怜"的古文字形为依据，分析古文字构意在准确理解词义方面的功能。

一　"开"字构意与古诗文解析

"开"的战国文字作"闓"，《说文解字》古文作"𢇻"，两旁为两扇门，中间的"一"表示门闩，下部的左右两手在拉动门闩，表示开门之意。"开"的本义是开门，包含由闭合到张开的变化特点，因此说"开"的隐含义素是"由闭合到张开"。

李贺《雁门太守行》"甲光向日金鳞开"，原人教版初中《语文》教材注释为："铠甲迎着（云缝中射下来的）太阳光，如金色鳞片般闪闪发光。"这样翻译存在两个问题：首先"开"字的意义没有落实，诗中"开"字因而显得多余；其次，说铠甲像金色鳞片般闪闪发光，这与铠甲灰黑色的实际不符。"甲光向日金鳞开"到底是什么意思？关键是准确理解"开"的意思。如前所述,"开"隐含着"由闭合到张开"义素,把这个义素放到这句诗中,则"金鳞开"描绘的事物在"开"之前应该呈闭合状态,即看上去是一个没有缝隙的囫囵整体;这个事物"开"后的样子是中间裂开一条条缝隙,看上去像一片片金色的鱼鳞。这个原为闭合整体而后裂开缝隙像金色鱼鳞一样的事物到底是什么?课下注释把这个事物看作铠甲,排列整齐的铠甲跟鱼鳞的确十分相似,这大概就是人教版教材把"开"的对象看成铠甲的原因。然而,根据"开"的隐含义素,如果"开"的对象是铠甲,则众多铠甲在"开"以前应该是相互连接的一个整体,这显然不合情理;同时铠甲的颜色是灰黑色,在阳光照耀下也不会呈金色。因此,我们认为"金鳞开"描绘的事物不是铠甲。

在当时的情况下什么事物开始像一个囫囵整体,随后裂开一道道缝隙并且呈金色呢?显然具有这个特点的只能是天空中的黑云,因此,我们认为"开"的对象应该是"黑云"。首先,能够与"开"的隐含义素"由闭合到张开"的变化特点相符,"黑云压城"表现的是空中黑云在"开"之前处于一点缝隙都没有的囫囵整体状态;"金鳞"(一片片金色鱼鳞)是对空中乌云"开"后出现一道道缝隙状态的比喻。其次,"金鳞"之"金"意义得到落实,太阳光照在裂开缝隙的一片片云上,把一片片云都染成了金色,用"金鳞"比喻十分贴切。第三,从"黑云压城"到"金鳞开",既是对天气变化的描绘,又是对战争形势变化的比喻。"黑云压城"用自然天气状况比喻敌军人马众多,来势凶猛,凸显守军处境艰难,形势险恶;"金鳞开"比喻战争形势有了转机,出现了一线希望。第四,对这一线希望和转机的来源也有所交代,即来自城内守军在"黑云压城城欲摧"的情况下,"甲光向日",严阵以待,无所畏惧。这样,这一联诗句就非常容易理解了:用"黑云压城"到"金鳞开"的自然天象变化,象征守军将士由艰难险恶的处境而逐渐出现希望和转机,而这一变化正是由于城内守军在险恶形势下无所畏惧,"甲光向日",严阵以待。

接下来的颔联和颈联具体描写了战争的惨烈和天气的恶劣,尾联则进一步说明了将士们勇猛无畏、视死如归的原因是为报答君王恩遇,整首诗气势贯通,意思完整。

李贺被称为"鬼才""诗鬼",他的诗作想象丰富,语言瑰丽,变幻缤纷，常常刻意创新，因而显得晦涩难懂，后人在理解上常常出现分歧。我们利用"开"的古文字构意抽绎出其隐含义素，通过将隐含义素显性化，使"甲光向日金鳞开"意义得到解释，使诗句所描写的意境如图画般呈现于读者眼前。可见，利用古文字构意揭示词语的隐含义有助于准确理解古诗词。

二　"发"字构意与古诗文解析

"发"与"开"意义相近，但其隐含义素差别很大，正是隐含义素的不同使这两个词语用功能有所不同。"发"的甲骨文作"ʒ"，像箭矢射出后弓弦在颤动之形，表示箭已经射出之义，本义是射箭、发射，如"百发百中"。射箭的特点是箭矢由此处射向彼处，因此，"发"具有"由此及彼"的隐含义素。这个隐含义素可以帮助我们准确解析古诗文。

欧阳修《醉翁亭记》收入部编教材九年级《语文》上册，其中"野芳发而幽香"课下注释为："野花开放，有一股清幽的香味。芳，花。"显然，编写者将其中的"发"解释为"开放"，把"芳"解释为"花"，这样解释是否准确呢？根据"发"的隐含义素"由此及彼"，我们认为把"发"解释为"开放"并不合适。因为"开放"与"开"的隐含义素"由闭合到张开"相吻合，也就是说用来解释"开"比较合适，但原文是"野芳发"而不是"野芳开"。根据"发"的隐含义素"由此及彼"，"野芳发"中"发"的意思应该是"散发"；这正与其主语"芳"即"芳香，芬芳"能够散发的特点相吻合，因此，"芳"不能说解为"花"，而应该解释为其本义"芳香，芬芳"。这样"野芳发而幽香"的意义就非常明确了，即野花的芳香散发出来，（空气中）充满了清幽的香气，显然，部编教材把"野芳发"解释为"野花开放"是不准确的。可见，通过古字形分析本义和隐含义素，有利于准确理解词义。

当然，"发"的隐含义素"由此及彼"中"此"和"彼"在不同语境中地位不同，有的语义焦点在"此"，有的语义焦点在"彼"。如"早发白帝城"中"发"的语义焦点在"此"，意思是出发；而苏轼《念奴娇·赤壁怀古》"遥想公瑾当年，小乔初嫁了，雄姿英发"中"发"的语义焦点在"彼",意思是显露、显现。但各家对"雄姿英发"的解释都没有做到字字落实,有的解释为"英姿奋发",有的解释为"谈吐不凡,见识卓越",对"英发"的解释都没有落到实处。"英"本义是花,花是植物的精华,可引申为"卓越的才能","发"的意思是"显露,显现","英发"的意思就是"杰出的才能显露出来"。因此,"雄姿英发"可解释为"姿态雄壮威武,展现出卓越的才能",从而将看似只能意译的语句字字落实地直译出来。

三 "惊"字构意与古诗文解析

"惊"的小篆字形作"驚",《说文解字》说解为"马骇也。从马敬声"。意思是马因受到突然来的刺激而精神紧张,行动失常。显然,马受惊的典型表现就是乱跑乱窜,因此,"惊"的词义中隐含着"动作猛烈"特点。

《岳阳楼记》中"至若春和景明,波澜不惊",在分析"惊"的意义之前,先来分析一下"和"的意义。这里"和"的繁体字是"龢",甲骨文作"龢",西周金文作"龢",左部的构件像人口在吹排管乐器,说明其本义与吹奏乐器有关;右部的"禾"为声符。《说文解字》:"龢,调也","龠,乐和,龢也。《虞书》曰'八音克龢'"。可见,"和"的本义是乐声和谐,也就是多种声音混合在一起非常和谐,隐含"配合得恰到好处"的特点。把这个隐含义素融入"春和景明"中,"和"的内涵就显得非常丰富,包括温度、风力、湿度等多种因素配合得非常好,特点是让人感到非常舒服,因此,翻译时只说任何一个方面都不够准确,用"和煦"包含了温度和风力两个角度,意思比较接近。

"波澜不惊"有的译本翻译成"水平如镜"或"没有波澜",这都不准确。根据"惊"的隐含义素"动作猛烈","波澜不惊"就是水面上没有大的波澜,可以翻译为微波荡漾,但不可译为"水平如镜"或"没有波澜"。因为不惊不是不动,而是动作不"猛烈"。再如杜甫《春望》"感时花溅泪,恨别鸟惊心",其中"惊"的隐含义素"动作猛烈"形象地表现了鸟鸣声给诗人内心带来的巨大震动和冲击,深刻地表现了国破家亡给诗人造成的巨大痛苦和打击，展示出诗人忧国忧民、感时伤怀的情感。辛弃疾《破阵子》"马作的卢飞快，弓如霹雳弦惊"，其中"惊"的意思很难翻译，大多译本没有把"惊"的意义准确翻译出来。根据"惊"的隐含义素"动作猛烈"，我们认为"惊"在这里形象地表现了弓弦震动幅度非常大，与"弓如霹雳"（弓箭发出霹雳般的响声）一起表现了弓箭发射产生的巨大力量，表现了射箭者的勇武有力和满怀豪情。这句诗的意思是战马像的卢马一样跑得飞快，离弦的弓箭发出雷鸣般的巨大声响，而弦一直在猛烈震颤。

四　"怜"字构意与古诗文解析

"怜"字春秋时期作"𤣩"，小篆作"憐"，根据《说文解字》："憐，哀也。从心粦声"，"哀，闵也"，则"怜"的本义是"哀怜，同情"。声符"粦"的西周金文字形作"𤏐"，像突出双脚的正面人形，身上有代表火苗的小点儿，小篆字形演变为"𤋏"，《说文解字》："粦，兵死及牛马之血为粦，粦，鬼火也。"徐锴按："《博物志》'战斗死亡之处，有人马血，积年化为粦，粦着地及草木皆如霜露不可见。有触者，着人体便有光，拂拭即散无数。'"可见，"粦"的本义是鬼火，鬼火往往若隐若现，具有小而弱的特点；以"粦"为声符的"鳞"具有小而薄的特点。同样，"怜"的本义"哀怜，同情"中也隐含"对弱小者"的意义，其引申义"疼爱，怜爱"中仍蕴含着"对弱小者"的意义，因此可以确认"怜"的隐含义素是"对弱小者"。

"怜"的隐含义素对于理解李白《渡荆门送别》中"仍怜故乡水"的意义至关重要。"仍怜故乡水，万里送行舟"有各种不同解释，有的解释为"故乡之水恋恋不舍，不远万里送我行舟"[1]，有的解释为"但我还是更爱恋故乡滔滔江水，它奔流不息陪伴着我万里行舟"[2]，有的解释为"我依

① 阿凡提题库，https：//tiku.afanti100.com/web/questiond，最后访问日期：2020 年 2 月 16 日。
② 海博学习网，http：//www.exam58.com/tsmj/29107.html，最后访问日期：2020 年 2 月 16 日。

然怜爱这来自故乡之水，不远万里来送我东行的小舟"。① 显然，第一种解释属于意译，意思虽然能够前后贯通，但其中"怜"的词义没有落到实处，因为"怜"并没有"恋恋不舍"的意思；第二种解释把"怜"翻译为"爱恋"，这个意义也非"怜"的义项，显然不合适；第三种解释把"怜"翻译为"怜爱"，这个意义是"怜"的义项，然而"怜爱"的隐含义素是"对弱小者"，显然用于"万里送行舟"的故乡水也不合适。

那么"仍怜故乡水"的"怜"到底是什么意思？隐含义素"对弱小者"和"仍怜故乡水"的结构类型是准确理解这句话的关键。首先，"怜"的隐含义素"对弱小者"决定了"怜"的对象不应该是故乡水，因为故乡水本身并不具有"弱小"特点，这从"万里送行舟"能够得到证明。这样，"仍怜故乡水"就不应该理解为动宾结构，那么它应该是什么结构呢？关键是找出"怜"的对象，根据"怜"的隐含义素"对弱小者"，则需要从作者描绘的众多事物中，找出相对弱小者。显然，诗人相对他笔下的壮丽山河，具有相对弱小的特点，因为诗人对"故乡水"来说就像它的孩子。因此，"仍怜故乡水"应该是偏正结构，意思是依旧怜爱我心疼我的故乡水，也就是说，"仍怜"作的是"故乡水"的定语。这样解释，不仅与下文"万里送行舟"意义相贯通，也使"仍"字的意义落到了实处，因为"我"离开故乡水了，可是故乡水"仍然"怜爱我，不远万里来送我。"仍怜故乡水，万里送行舟"的意思就是依旧怜爱我、心疼我的故乡水，不远万里，恋恋不舍地一路送我远行。这样通过写故乡水对诗人的怜爱和"万里送行舟"的深情，表现了诗人对故乡的深情。

第二节 有助于理解古诗文的象征义

象征手法是根据事物之间的某种联系，借助某人某物的具体形象（象征体）来表现某种抽象的概念、思想和情感，即借助具体事物形象

---

① 古诗文网，https://so. gushiwen. org/shiwenv_ d50eb19399e6. aspx，最后访问日期：2020年2月16日。

将某些抽象精神品质化作具体可感的形象。古诗词中象征手法十分常见，用来表示象征意义的大都是表示客观物象的名词，对此前人多有论述，我们不再探讨。这里主要谈一谈动词隐含义素在表现相关象征意义方面的作用。

动词的隐含义素还要从其甲骨文等古文字构意中去抽绎，然后通过隐含义素显性化，揭示诗词的相关象征意义。需要说明的是象征意义虽与动词的隐含义素相关，但动词只在个别语境中具有象征意义，与某些名词只在特殊语境中具有象征意义是一个道理。下面分别以"落""浮""飘""登"为例进行分析。

一　"落"字构意与象征意义

"落"的小篆字形作"藫"，从艸，洛声，《说文解字》说解为"凡草曰零，木曰落"。据此，《汉语大字典》把"落"的本义说解为"树叶脱落"；唐慧琳《一切经音义》（卷六）引《说文解字》时，将"落"说解为"草木凋衰也"，说明慧琳所见《说文解字》对"落"的说解不限于树叶脱落，也包括草的花叶脱落。结合"艸"在汉字构形系统中的表意功能和"落"在文献中的使用意义，我们将"落"的构意概括为"草木花叶脱离"，本义与字形构意一致；隐含义素是"脱离母体，丧失依靠"。"落"的隐含义素不仅对其语用有规约作用，也使古诗词中相关意象产生丰富的象征意义。如：

杜甫《江南逢李龟年》"正是江南好风景，落花时节又逢君"中"落花时节"表面说的是诗人与李龟年相逢的时间，其实"落花"意象具有深刻的象征意义。"落"的隐含义素"脱离母体，丧失依靠"使"落花"意象常用来象征漂泊无依的处境与不幸遭遇。而作者与李龟年，当年一个是才华卓著的诗人，一个是著名歌唱家，安史之乱后分别流落到江南，处境极为凄凉，这种相逢触发了杜甫对时世凋零丧乱与人生凄凉飘零的感慨。因此，"落花时节"不仅是用来指称他们相逢的时间，也象征诗人的衰病漂泊，以及世运的衰颓和社会的动乱，抒发了诗人胸中郁积的无限沧桑之感。

李白《闻王昌龄左迁龙标遥有此寄》首句为"杨花落尽子规啼",其中"落"的隐含义素"脱离母体,丧失依靠"显性化后,"杨花落尽"展现给读者的是杨花纷纷从枝头掉落直至树叶完全掉落干净的动态景象;杨花的特点是非常轻,如丝如绵,它脱离母体下落时,往往随风起舞,漫天翻飞,给人漂泊无定的感觉。诗人用"杨花落"意象和子规鸟"不如归去"的啼叫声象征王昌龄被贬的飘零之感和离别之恨,情景交融,感人至深。

曹丕《燕歌行》"秋风萧瑟天气凉,草木摇落露为霜,群燕辞归雁南翔"写秋风萧瑟,草木零落,白露为霜,候鸟南飞的景象,描写这萧条的秋景,目的是引出思妇的怀人之情,映照出她内心的苦闷寂寞。其中"草木摇落"的"落"包含"脱离母体,丧失依靠"的隐含义素,用"草木摇落"意象来象征女子所怀之人独自漂泊在外的孤寂悲苦。

杜甫《登高》"无边落木萧萧下"中的"落木"用"无边"修饰,使落木意象更加高远壮阔,加重了诗句的悲壮苍凉色彩;与"不尽长江滚滚来"相呼应,创设了一个宏伟壮阔的巨大场面,为下文直抒胸臆提供了一个深远、悲凉、壮阔的背景。显然,"无边落木萧萧下"不仅是对深秋自然景象的客观描写,其中还蕴含着深层的象征意义——诗人长期漂泊在外产生的深重孤苦与悲怆无依。"万里悲秋常作客"与之相接,将诗人长期远离家乡客居在外的凄楚心境融入其中。显然,这里的"落木"意象不仅是深秋季节的典型景象,也以"落"的隐含义素"脱离母体,丧失依靠"象征了诗人长期漂泊在外产生的孤苦无依。这种借景抒情,情景交融的象征手法表现了作者高超的艺术才能。

温庭筠《商山早行》描写了旅途中寒冷凄清的早行景色,抒发了游子在外的孤寂之情和浓浓的思乡之意。"槲叶落山路"中"槲"是陕西山阳县生长的一种落叶乔木,叶子在冬天虽枯而不落,春天树枝发芽时才落,可见,这里的"槲叶落山路"写的是春天的特点。作者写春天没有选择绚烂的春花,也没有选择刚发的嫩芽,而是选择"槲叶落"这种算不上典型的春天意象作为描写对象。因为"落"的隐含义素"脱离母体,丧失依靠"可以与"客行悲故乡"相映衬,烘托游子在外的孤寂之情和浓浓的思乡之意,从而表达作者人在旅途的失意和无奈。

张若虚《春江花月夜》"昨夜闲潭梦落花，可怜春半不还家"，与梦见"落花"相对的句子是"可怜春半不还家"，显然是借落花象征诗人长期漂泊在外的孤独无依，抒发诗人内心的惆怅与哀伤。

孟浩然《早寒江上有怀》"木落雁南度"，其中"木落"和"雁南度"两个意象不仅是对客观景象的描绘，还有深层的象征意义："木落"描绘树叶纷纷飘落的意象，"落"的隐含义素"脱离母体，丧失依靠"使"木落"意象具有象征意义，象征客居他乡的游子在茫茫尘世中飘荡无归的处境；"雁南度"即大雁向南飞的意象，象征游子思归的心绪。而接下来"我家襄水曲，遥隔楚云端"和"乡泪客中尽"则直抒胸臆，表达诗人远离家乡漂泊生活的无比辛酸和思念家乡的深挚感情，与前边的景物描写相互映衬，使景物的象征意义更加明确。

二 "浮"字构意与象征意义

"浮"字西周金文作"𤃭"，与小篆字形"𤄃"、楷书"浮"构形一致，《说文解字》："浮，氾也。从水，孚声。"段玉裁《说文解字注》将"浮，氾也"改为"浮，汎也"，并注明"各本泛作氾，今正"。根据《说文解字》"汎，浮貌""泛，浮也"，"泛""汎"均与"浮"意义相近。《玉篇》"水上曰浮"，即漂在水或其他液体上面叫作浮，显然，"浮"具有"向上，不固定"的意义，即其隐含义素是"向上，不固定"。

"浮"的本义用法一般不产生象征义，如"白毛浮绿水"中"浮"用的就是本义，不具有象征意味。而杜甫《登岳阳楼》"吴楚东南坼，乾坤日夜浮"，有人认为具有象征意义，象征了唐王朝的分裂衰败与国势的不安定的局势。"浮"所具有的隐含义素"不固定"与当时唐王朝不安定的政治局势十分相似，这种说法可以从"浮"的隐含义素中找到依据，可见"浮"的隐含义素有助于理解其象征义。

王安石《登飞来峰》"不畏浮云遮望眼，只缘身在最高层"，字面意思是不惧怕浮云挡住远望的眼睛，只因为自己站在了最高处。"浮云"是飘浮在空中的云，"浮"的隐含义素"向上，不固定"不仅与云的位置相吻合，而且表现了云飘浮不定、变幻莫测的特点，也象征了这些"遮望眼"

的浮云终究要飘散、离开。古人常用"浮云"比喻奸邪小人，如《新语·慎微篇》："故邪臣之蔽贤，犹浮云之障日也。"比喻这些奸邪小人只是一时当道，不会长久。可见用"浮云"作喻，蕴含着深刻的象征意义，表现了诗人对前途充满信心。这句诗说明了一个非常深刻的哲理：人不能只顾眼前的利益，应该放眼大局和长远；表现了诗人在政治上高瞻远瞩，胸怀改革大志，对前途充满信心，不畏奸邪的勇气和决心。

三 "飘"字构意与象征意义

"票"的小篆字形作"票"，《说文解字》："票，火飞也。"《正字通》："票，飞光也。"《汉语大字典》把"票"本义说解为"腾起的火光"，显然，"票"的意义中除了包含"向上""不固定"特点外，还有"动"的特点。以"票"为声符的"飘"字，《说文解字》说解为"飘，回风也"，认为"飘"的本义是"旋风"，显然"旋风"也具有"向上""不固定""动"的意义特点。可见"飘"与"票"具有同源关系，其核义素"向上""不固定""动"就是"飘"的隐含义素。

文天祥《过零丁洋》"山河破碎风飘絮"，其中"飘"的意思是"随风飞动"，其隐含义素"向上""不固定""动"与柳絮被风吹时飞动的特点十分相符，同时"飘"隐含的"不固定""动"的特点在这里表现为不稳定，象征了大宋江山支离破碎、风雨飘摇的境况，就像被风吹动而飞扬的柳絮，完全不能自我把控，衰败的局面无可挽回。

李清照《一剪梅》"花自飘零水自流，一种相思，两处闲愁"，写落花独自地飘零着，水独自地流淌着。彼此都在思念对方，可又不能互相倾诉，只好天各一方独自愁闷着。"飘"字反映了离开枝头的花瓣在风中轻轻飘扬的状态，它的隐含义素"不固定""动"在这里象征作者的无所归依和漂泊不定，表达了一种漂泊无依而又无力改变现状的无奈。

四 "登"字构意与象征意义

"登"的甲骨文作"登"，小篆作"登"，《说文解字》："登，上车也。从癶、豆，象登车形。"段玉裁注："引申之，凡上升曰登。"徐锴《说文解字系传》："豆非俎豆字，象形耳……籀文登从廾，臣锴曰：两手捧登车之物也。登车之物，王谓之'乘石'。"据此可知，"登"的甲骨文像两脚登在"乘石"上，表示"升，自下而上"义，隐含"费力"义素。

显然，"登"用来表示登山，如"登飞来峰""登幽州台"等确实需要费力地向上攀登等本义用法，不能产生象征义。象征义往往产生于看似不应该费力的动作意象中，如杜甫《石壕吏》最后一句"天明登前途，独与老翁别"意思是天亮要继续出发赶路的时候，只同那个老翁告别。"登"本义是"升，自下而上"义，隐含"费力"义素，这里说"登前途"暗含了前方的道路走起来很费力，象征在当时民不聊生的黑暗社会背景下，生活艰难、前途未卜。

第三节　有助于近义词辨析

汉语中有很多近义词，近义词辨析方法很多，可以从词义内容、程度轻重、范围大小、色彩以及搭配习惯等各个角度去辨析；除此之外，还有一种辨析近义词的方法，就是根据语词的隐含义素进行辨析。而探寻和抽绎隐含义素最常用的线索和依据是用字构意，因此说甲骨文等古文字有助于近义词辨析。

近义词辨析在古诗文赏析中有助于理解诗人的炼字之妙。下面分别以"裁"与"剪"，"绝"与"尽"，"落"与"坠"，"蒸"与"升"为例进行说明。

一　"裁""剪"与炼字之妙

"裁""剪"意义相近，都有用刀剪割断的意思，可组成合成词"裁剪"。但二者又有明显区别，"裁"以衣为部首，《说文解字》说解为"制衣也"，说明"裁"的字形理据是做衣服时把衣料割成需要的大小和样子，显然"裁"是有计划、有目的、非常用心地割，也就是说，"裁"包含"有计划，有目的，用心"的意义特点。《汉语大字典》将本义解释为"裁剪，用刀剪把纸或布割裂"，《新华字典》把"裁"说解为"用剪子剪布或用刀子割纸"。显然，《汉语大字典》和《新华字典》都没有把"裁"的上述意义特点纳入释义中，因此，"有计划，有目的，用心"是"裁"的隐含义素。

"剪"以刀为部首，即以所用工具为表意构件，其字形构意不像"裁"那样包含裁剪者是否精心的问题。《说文解字》："剪，齐断也"，说明"剪"的词义中包含"齐"的意义特点，而这个特点也没有进入现代辞书的释义系统，因此可以作为"剪"的隐含义素。

从以上分析可以看出，隐含义素不同是"裁"与"剪"的主要区别，也是造成其语用功能不同的重要原因，因此可以用来赏析古诗词中的炼字之妙。

贺知章《咏柳》"不知细叶谁裁出"，其中"裁"的意思是剪，其隐含义素"有计划，有目的，用心"说明裁剪者在裁"细叶"时十分精心，因而剪出的细叶十分精致可爱。显然"裁"字隐含的对柳叶的赞美之情是"剪"字所不具备的，因此，这里的"裁"不可换作"剪"。

白居易《题李次云窗竹》是一首借竹言志、别具情韵的咏竹诗，其中"不用裁为鸣凤管，不须截作钓鱼竿"，既有"裁"，又有"截"，是辨析"裁""截"的绝好素材。"裁"与"截"的动作对象都是竹子，为什么一个用"裁"，一个用"截"呢？这是因为用同样原料制作的物品不同："鸣凤管"是一种乐器，即箫，相传春秋时萧史善吹箫，能作凤声引凤凰止于其屋，故称"箫"为"鸣凤管"。不难理解，箫在形状、长度、孔的大小及间距等方面都要有讲究，才能做到音准、音色俱佳，因此制作时必须特别精心，这与"裁"字的隐含义素"有计划，有目的，用心"相吻合。相反，"钓鱼竿"制作起来要简单得多，不用特别设计，只要长短粗细适合的一段竹竿即可，因此用本义为"割断"的"截"字；同时"截"的意义中隐含"断面整齐"的特点，如"截然"就是整齐的意思，这也与钓鱼竿的特点契合。可见，"裁"和"截"两个动词的使用非常准确、传神。

二　"绝""尽"与炼字之妙

"尽"的甲骨文作"🐚"，像手执毛刷洗刷器皿内壁之形，表示饮食已尽。《说文解字》把"尽"说解为"器中空也"，这是从食器角度对"尽"字形构意的说明。据此，"尽"的古文字构意可说解为"饮食已经吃喝完了，食器空了"。从这个构意不仅可抽绎出"完，终尽"等显性意义，还可以抽绎出隐含义素：根据生活经验，器皿中饮食有一个由多到少、由大到小的变化过程，因此，"尽"具有隐含义素"逐渐减少的动态变化过程"。

"绝"的甲骨文作"🐚"，像以刀断丝之形，本义是"断，隔开"。丝断开意象具有"中断，不延续"的特点，因此，"绝"具有隐含义素"不能延续或没有后续"。

隐含义素不同是"绝""尽"在"终尽，完毕"意义上的主要差别。"绝"与"尽"的词义差别，可以通过比较李白《独坐敬亭山》和柳宗元《江雪》中的相关意象进一步说明。首先，"尽"的隐含义素"逐渐减少的动态变化过程"显性化，则"众鸟高飞尽"描绘的意象是众鸟越飞越高、越飞越远直至完全看不见的动态过程，创设了一个群鸟向高处、远处飞离的动态场景，目的是表现群鸟因"厌我"而离开的意境，"尽"字非常准确传神地把这个动态特点表现出来；而"绝"侧重的是静态的结果或状态，不能表现群鸟离我而去的动态特点，因此不能把"尽"换为"绝"。相反，"绝"的"终尽，完毕"义是静态的，"千山鸟飞绝，万径人踪灭"描绘了雪后天空一只鸟都没有，大地上连一个人影踪迹也没有的寂静状态，凸显了雪后大地和天空一片空寂的特点，因此用"灭""绝"字非常准确生动；如果把"绝""灭"换成"尽"，则"千山鸟飞尽"或"万径人踪尽"都暗含了一个动态过程，与雪后空寂场景不吻合，因此，这里的"绝""灭"都不能换成"尽"。

"连峰去天不盈尺，枯松倒挂倚绝壁"中"绝"用来形容山崖像刀削斧劈般陡峭的特点，与其隐含义"不能延续或没有后续"相吻合；而"尽"的隐含义"逐渐减少的动态变化过程"显然与山崖的特点不吻合，因此，这里的"绝"不能换成"尽"。白居易《琵琶行》"冰泉冷涩弦凝绝"意思是：琵琶声像凝结成冰的泉水又冷又涩不能畅流，弦似乎凝结不动或断开一样。其中"绝"的意思是断，这里指弦断，与"绝"的意义相吻合；而"尽"的隐含义素"逐渐减少的动态变化过程"显然与弦断特点不相合，因此，这里的"绝"不能换成"尽"。

古诗中"尽"字都不可换成"绝"字。如李白《渡荆门送别》"山随平野尽"，把"尽"的隐含义素"逐渐减少的动态变化过程"融入诗句解释中，则这句诗呈现在读者眼前的是沿途山势逐渐由高到低，直至完全消失于平野之中，与广阔平坦的田野融为一体，意境十分开阔，而且极具动态感和画面感。同样，王之涣《登鹳雀楼》"白日依山尽"展现了太阳落山时逐渐被山遮挡直至完全隐没不见的变化。这两首诗中"尽"的隐含义素分别表现了山势和落日的逐渐变化过程，而"绝"的隐含义素"没有后续，不能延续"侧重"终尽，完毕"之后的状态。因此，这里的"尽"也不可换作"绝"。再如林杰《乞巧》"家家乞巧望秋月，穿尽红丝几万条"，其中"尽"是形容词，是"终尽，完"的意思，其隐含义素"逐渐减少的动态变化过程"与几万条红线逐渐被穿完的过程相吻合，生动表现了年轻女子纷纷穿红线乞巧的情景；而"绝"的隐含义素"不能延续或没有后续"侧重没有剩余的红线，与诗要表现的主旨不符，因此，这里的"尽"不可换作"绝"。温庭筠《望江南》"梳洗罢，独倚望江楼，过尽千帆皆不是"，其中"尽"的隐含义素"逐渐减少的动态变化过程"可以为"过尽千帆皆不是"脑补出这样一个景象：一个女子倚靠着望江楼，一艘船一艘船地盯着，盼着自己等待的人出现，这样过去了上千艘船，盼望的人却一直没有出现，形象生动地表现了女子一次次由希望到失望的过程。"尽"的隐含义素侧重"终尽，完毕"之前的逐渐变化过程，而"绝"的隐含义素"不能延续或没有后续"侧重"终尽，完毕"之后的状态。因此，这里的"尽"也不可换作"绝"。

三 "落""坠"与炼字之妙

"落"字从艹，洛声，字形构意和本义是"草木花叶脱离"，隐含义素是"脱离母体，丧失依靠"。"坠"的金文作"𡑡"，左部的构件像山崖形，右部是取像野猪形的"豕"，整字构意是"豕从山崖上掉下来"。从"坠"的字形构意不仅可概括出本义"掉落"，还可抽绎出隐含义素"失去凭依"。

　　显然，"坠"与"落"不仅具有相同的理性义，隐含义素也十分相近，因此，"坠"和"落"的区别需要仔细体味。它们的区别还可以从字形构意继续分析，"落"的构意"草木花叶掉落"说明草木花叶与母体枝干是连为一体的，即落下之物与落下之处是一个整体；"坠"的构意"豕从山崖上掉下来"说明坠下之物与坠落之处不是连在一起的整体。正是构意的不同决定了"坠"与"落"语用特点的细微差别。

　　屈原《离骚》"朝饮木兰之坠露兮，夕餐秋菊之落英"，其中"坠露"和"落英"相对，分别指掉落的露珠和掉落的花朵。木兰是露珠停留的依凭，露珠与木兰没有连为一体，因此，用"坠"表现露珠失去木兰这个依凭而滚落下来。枝干是菊花存在的母体，菊花与枝干是相互连接在一起的，因此，用"落"表现菊花脱离母体枝干而掉落下来。由于"坠"下的事物与离开之处不是连在一起的整体，而"落"下的事物与离开之处是连在一起的整体，所以"坠"比"落"更容易发生，成语"摇摇欲坠"不作"摇摇欲落"也说明了这一点。由此可见，"坠露"与"落英"中动词"坠"和"落"使用非常准确传神。

　　"坠"和"落"都有使动用法，意思是"使……掉落"，掉落物体与掉落之处是否连接为一个整体仍是它们的主要区别。李峤《风》"解落三秋叶"，"落"是使动用法，意思是秋风使叶子脱离母体枝干而掉下来。赵师秀《约客》"有约不来过夜半，闲敲棋子落灯花"中"落"也是使动用法，意思是使灯花脱离灯芯而掉落下来，表现诗人在等待过程中百无聊赖，下意识地用棋子在棋盘上轻轻敲打，将长长的灯花震落的细节。显然，"三秋叶"与枝干本是连在一起的整体，"灯花"与灯芯本是连在一起的整体，因此，这里用"落"不用"坠"。白居易《江亭玩春》"日消石桂绿岚气，风坠木兰红露浆"中"坠"是使动用法，意思是风使红色露珠从木兰花上掉落下来，露珠与木兰花本不是一个整体，木兰只是露珠停留的依凭之处，因此，用"坠"不用"落"。

张仁宝《题芭蕉叶上》"寒食家家尽禁烟，野棠风坠小花钿"中"坠"是使动用法，意思是使小花钿从脸上掉落；"花钿"是古时妇女脸上的一种花饰，贴在脸上当然不是脸的一部分，因此用"坠"比用"落"更准确。

四 "蒸""升"与炼字之妙

关于"蒸"的隐含义素，先从其间接声符"丞"说起。"丞"的甲骨文作"🔥"，像一个人掉进陷阱里，上部的两只手在用力向上拉他，即"拯"的象形初文。由"丞"的字形构意可以看出，"丞"包含隐含义素"向上升"。"丞"和"火"可组成"烝"字，《说文解字》："烝，火气上行也，从火，丞声"，"烝"的声符"丞"不仅具有表音功能，也有表示"向上升"的表意功能。"烝"的本义是火气或热气上升。

现代汉语中，"烝"的本义"火气或热气上升"及其引申义大都用"蒸"字来记录。如"蒸馒头"的"蒸"的意思是"用蒸汽加热"，本字也是"烝"。

"升"对应几个不同的繁体字，这里主要介绍两个有"向上"意义特点的字："昇"和"陞"。《说文解字》："昇，日上也"；"陞"也写作"阩"，《集韵·蒸韵》："阩，登也。"可见，"昇"和"陞"具有同源关系，都有"向上"的意义；"昇"的本义是"日升"，"陞"的本义是"登"。

可见"蒸"与"升"都有"向上"的意义，主要区别是"蒸"主要用于气体，而"升"的使用范围比较广。

岑参《走马川行奉送封大夫出师西征》"马毛带雪汗气蒸"意思是马毛挂着雪花还汗气蒸腾，"蒸"的隐含义素"气体上行"在这里指马大汗淋漓，在严寒中向上冒着热气的样子，这里用"蒸"字能够形象地表现马身上冒着热气的样子，如果用"升"字就没有"蒸"字形象具体。孟浩然《望洞庭湖赠张丞相》"气蒸云梦泽，波撼岳阳城"，其中"蒸"的隐含义素"气体上行"形象地表现了洞庭湖面浓浓的水雾在缓缓上升，把它上边（北边）的云梦大泽完全笼罩吞没，好像是在用热气熏蒸云梦大泽。显然，

"蒸"字如果换成"升"字则不能表现气体把云梦泽包围在其中，好像在熏蒸的特点，由此可见诗人用"蒸"的炼字之妙。同样，白居易《观刈麦》"足蒸暑土气，背灼炎天光"的意思是双脚受地面热气的熏蒸，脊背受炎热的阳光烘烤。其中"蒸"的意思是用热气加热，即熏蒸，隐含义素"气体上行"在这里指土地向上冒出热气熏蒸着双脚，形象地刻画了麦收季节天气酷热的特点，表现了劳动者的辛苦。显然，这里的"蒸"也不可换作"升"。

当然，"升"字也不可换作"蒸"字。梅尧臣《鲁山山行》"霜落熊升树，林空鹿饮溪"，其中"升"的繁体字作"陞"，本义是"登"，隐含义素"向上"，在这里表现为向上爬树，当然不可换作"蒸"字，因为"蒸"只限于气体上升。王安石《登飞来峰》"闻说鸡鸣见日升"的意思是听说站在高塔上可以在鸡鸣之时看到旭日东升，其中的"升"繁体字作"昇"，本义是"日升"，隐含义素"向上"，在这里表现为太阳从低向高缓缓升起的动态过程。毋庸赘述，这里的"升"也不可换作"蒸"。

第四节　有助于理解古诗文的修辞功能

修辞就是修饰言论，主要指在使用语言的过程中，利用多种语言手段以收到尽可能好的表达效果的一种言语活动。修辞与一个民族的文化传统有密切的关系，受汉文化传统的影响，追求整齐、对称成为汉语修辞的主要特点。常见的修辞方法有比喻、拟人、夸张、排比、反复等，我们这里主要对与汉字构意尤其是古文字构意有关联的修辞进行分析，主要包括摹状、比拟、比喻、衬托四种修辞。

一　摹状

摹状是用生动形象的语言把所要描述的事物的状态、颜色及声音模拟出来。古诗文中摹状修辞十分常见，这里只分析与汉字构意有关联的摹状修辞。下面以"翻""卷""开""倚"为例进行分析。

1. 翻

"翻"字《说文解字》新附字说解为："翻，飞也。从羽，番声。或从飞。"也就是说"翻"有两种写法，一种以羽为义符，一种以飞为义符，本义就是"飞"。然而"翻"与"飞"意义明显不同，其差别是什么，还需要继续探讨。根据《广韵·元韵》："番，递也"，《集韵·愿韵》："番，更次也"，"番"具有更替轮值、反复变动的意思；而"翻"具有的"翻卷，翻腾""翻转，翻倒"等意义恰与"番"的"反复变动"特点具有相通性，因此，我们认为"反复变动"就是"翻"字的隐含义素，即"翻"在飞时具有不断上下左右变化的特点。"翻"的隐含义素有助于赏析诗词中的相关意象，深刻认识其摹状修辞功能。

岑参《白雪歌送武判官归京》"风掣红旗冻不翻"，其中"翻"的本义是飞，隐含义素是"反复变动"，把隐含义素显性化，则"翻"的意思就是不断变动方向地飞，形象地描摹了旗帜随风招展、飘扬的状态。"风掣红旗冻不翻"的意思是说风很大，在用力拉扯红旗，但红旗与落在上面的雪冻成了大冰坨，风也拉扯不动它，因此不能随风飘扬，形象地表现了西域的极度严寒。

辛弃疾《破阵子·为陈同甫赋壮词以寄之》"五十弦翻塞外声"中的"翻"字，《汉语大字典》解释为演奏。"演奏"与"翻"的本义有什么联系？是如何引申过来的？弄清这些问题，不仅有助于理解"翻"的"演奏"义的来源，还有助于准确地理解诗词意象。"翻"的隐含义素"反复变动"表现了"翻"在"飞"时具有上下左右不断变化的特点；而演奏弦乐时，手指要上下左右变化，可见，"翻"的隐含义素与演奏弦乐具有共同特点，因此，"翻"可以引申为"演奏"义。理解了"翻"的演奏义的来源，也就理解"翻"的演奏义中隐含着手指上下左右不断变化的特点了。把"翻"的隐含义素融入对"五十弦翻塞外声"的理解，则这句诗表现的意象在读者眼前动起来，活起来，仿佛看到演奏时手指上下左右不断变化的情景，形象表现了演奏者的高超技艺。同样，白居易《琵琶行》"莫辞更坐弹一曲，为君翻作《琵琶行》"中"翻"也是"演奏"义，其中隐含的演奏者手指上下左右不断变化的意象，是对演奏状态的形象描摹。

2. 卷

"卷"有两个读音，作名词或形容词时读作"quán"；作动词时读作"juǎn"，也写作"捲"。与小篆字形"㲊"相切合的本义是名词，《说文解字》说解为"厀曲也。从卩类声"，即膝关节的后部。膝关节后部可以收缩弯曲，"卷"可引申为"曲，弯曲"义，为形容词；还可引申为"把物弯转成圆筒形"，为动词；《玉篇·卩部》："卷，收也"，《慧琳音义》卷二十五："卷，收卷也"，都是对动词"卷"的意义诠释。显然，贯穿名词、形容词、动词"卷"的核义素就是"弯曲，曲"，由此可知，动词"卷"的隐含义素是"曲，弯曲"。"卷"的隐含义素，有助于赏析诗词中的相关意象，深刻认识其摹状修辞的功能。

李清照《醉花阴》"莫道不销魂，帘卷西风，人比黄花瘦"，"卷"的隐含义素"弯曲，曲"使"帘卷西风"形象表现了帘子被风吹得向上弯曲翻卷的状貌。同样，苏轼《念奴娇·赤壁怀古》"乱石穿空，惊涛拍岸，卷起千堆雪"，柳永《望海潮》"云树绕堤沙，怒涛卷霜雪"，两处"卷"的动作发出者分别是有巨大的冲击力的"惊涛""怒涛"，"卷"的对象"千堆雪""霜雪"都是指白色浪花。"卷"的隐含义素"弯曲，曲"把浪花向上弯曲翻卷的动态形象地表现出来，极具画面感，表现了波涛的巨大冲击力和不可抗拒的气势。

杜牧《题乌江亭》"江东子弟多才俊，卷土重来未可知"中"卷土重来"已经发展为成语。其中"卷"的意思"用巨大力量向上弯转翻腾"，其隐含义素"弯曲，曲"使"卷土"意象十分具体，表现了千军万马把地上的沙土裹挟到空中弯转翻腾的意象，形象地表现了项羽重新组织起来的队伍具有不可抵挡的巨大力量和气势，预示着改变结局的巨大可能性，从而对项羽放弃机遇表示深深的惋惜。同样，岑参《白雪歌送武判官归京》"北风卷地白草折"，"卷"的隐含义素"弯曲，曲"决定了"卷"的对象不是大地本身，因为风不能把大地吹得弯曲，"卷"的对象应该是地面上的尘土、碎屑等东西，"北风卷地白草折"说明白草也被风吹断，飞离地面与尘土等一起被北风吹得在空中弯转翻腾，意象非常形象、生动，使读者对西域恶劣的自然环境有非常深刻的认识。同样，苏轼《江城子·密州出猎》"千骑卷平冈"中"卷"的意思是把平坦的山冈上的沙土裹挟到空中，形成沙土在空中弯转翻腾的景象。把平冈上的沙土翻卷到空中的不是风，也不是波涛，而是奔腾的"千骑"，形象地表现了作者率领"千骑"纵马奔腾的宏大场面，表现了"倾城随太守"出猎的浩荡气势。

3. 开

"开"的战国文字作"𨴂"，《说文解字》古文作"𨷖"，两旁为两扇门，中间的"一"表示门闩，下部的左右两只手在拉动门闩，表示开门之意。"开"的本义是开门，包含由闭合到张开的变化特点。由闭合到张开的意义特点在本义"开门"中比较明显，但在其引申义中则变得比较隐含。因此说"开"的隐含义素是"由闭合到张开"。掌握了"开"的隐含义素，有助于赏析诗词中相关意象，深刻认识其摹状修辞的功能。

白居易《池上》"浮萍一道开"中"开"也是"打开"的意思，根据语境可解释为"荡开"。"开"的隐含义素"由闭合到张开"在这里表现为"开"的宾语"浮萍"有一个变化过程：密密层层的浮萍叶把大片水面遮盖成一个没有缝隙的闭合整体，小船的通过使这闭合整体从中间裂开，露出一条水道。显然，把"开"的隐含义素融入诗意中，可以使小船在大片浮萍中穿过的意象在读者眼前动起来，活起来，这具有动感的画面不仅能帮助读者理解"浮萍一道开"的生动意象，而且生动诠释了小娃"不解藏踪迹"的内涵。

李白《望天门山》"天门中断楚江开"，"开"的隐含义素"由闭合到张开"显性化，则意味着"开"的对象天门山有一个由闭合整体到中间断开的变化过程；"楚江开"可以解释为楚江（长江）把本来是一个闭合整体的天门山从中间劈开，像从中间开了一道门；"断"的字形构意是用斧子砍断，非常形象地表现了分峙天门两岸的山峰直上直下的险峻特点。可见，通过"开"的隐含义素显性化，"天门中断楚江开"的意象更加具体可感，使读者仿佛看到波涛汹涌的长江水以冲决一切阻碍的神奇力量，把本来连为一体的天门山从中间劈开，真切感受到长江水波涛汹涌的宏大气势，而且有助于读者深刻理解诗人的豪迈气魄。

4. 倚

"倚"的本义是"靠"，"倚"，从人，奇声，声符"奇"由"大"和"可"组成；"可"以取像"曲柄斧之柄"的"丁"为声符，具有弯曲的特点；以"奇"为声符的字大都有偏斜的特点，如"攲（欹）""崎""畸"都有偏斜的特点，"倚"也隐含"斜"的意义。

白居易《后宫词》"斜倚熏笼坐到明"，其中"倚"的本义是靠，隐含义素"斜"显性化，则"倚"可解释为斜靠，前边还有一个"斜"字，更加凸显了宫女长时间斜靠熏笼而坐的疲惫状态，极具画面感。她为什么"斜倚熏笼坐到明"呢？熏笼是覆罩香炉的竹笼，香炉是用来熏香衣被的用物，可见她不辞辛苦地"斜倚熏笼坐到明"是为了浓熏翠袖，以待招幸时能博得君王的欢心。这样，通过一个极具画面感的意象将这位宫女的痴心与执着写得淋漓尽致，深刻反映了这位宫女的可悲处境与不甘心态。全诗虽不着一字议论或抒情，却令读者产生不尽的感慨与同情。

范仲淹《苏幕遮》"明月楼高休独倚"的意思是尽管月光皎洁，高楼上夜景很美，也不能独自一人到高楼上去倚栏眺望观赏。其中"倚"的意思是"斜靠着"，"独倚"就是独自一人在高楼上斜靠着，意象十分具体，呈现给读者这样一幅画面：在皎洁的月光下，高楼上有一个人独自斜靠在那里。可以想见，在这种情景下，"独倚"者多么孤独寂寞，难免会增添怅惘之情，愁上加愁，更加令人难以忍受，因此说"休"要如此。

二　比拟

比拟这种修辞方法是借助丰富的想象，把物当成人来写，或把人当成物来写，或把甲物当成乙物来写。比拟可分为拟人和拟物，这里只对古诗文中与汉字构意有关联的比拟修辞进行分析。

1. 拟人

拟人是把事物人格化，把人的动作和感情等赋予其他事物的修辞方式。古诗文中拟人手法十分常见，有些拟人修辞可通过字形构意分析进行诠释。

杨万里《小池》"泉眼无声惜细流，树阴照水爱晴柔"中"惜"字从心，昔声，本义是"可惜，惋惜"，是一种心理活动。《说文解字》"惜，痛也"，说明"惜"与"痛"具有同源关系，也就是"惜"隐含着"心痛"义素。"惜"的引申义"珍惜，爱惜""吝惜，舍不得"都隐含这个特点。"爱"的战国字形作"𢛢"，小篆字形作"𢙴"，以心为义符，旡为声符，本义是"喜欢，喜爱"，也是一种心理活动。"惜"和"爱"都以心为义符，本义都表示人的心理活动，诗中说泉眼"惜"细流，"树阴""爱"晴柔，显然都是拟人手法。"泉眼无声惜细流"中"惜"的意思"吝惜，舍不得"，再将其隐含义"痛"显性化，这句话可解释为：泉眼看到泉水流出非常心痛，非常舍不得，这样赋予泉眼以人的感情，形象地表现了水流小的特点，与"细"和"无声"一起，生动形象地表现了泉水的细小恬静。"树阴照水爱晴柔"意思是喜欢这晴天微风的轻柔温和，其中"照"的意思是"对着镜子或其他反光的东西看自己或其他人物的影像"，即照镜子，"照水"即以水为镜，欣赏自己的形象。这句话用拟人手法把树影倒映在水中的意象看作池边树以水为镜在欣赏自己的影像，非常生动传神，为读者展开了又一幅轻柔美好的画面：微风吹拂，池边树影倒映在水中，柔美的枝条在晴空中轻轻摇动，好像在欣赏自己水中的倒影。

同样，高鼎《村居》"拂堤杨柳醉春烟"中"醉"的意思是"饮酒过量，神志不清"，显然喝醉酒是人的行为，这里赋予了"杨柳"，是一种拟人手法。《说文解字》："醉，卒也。卒其度量，不至于乱也。一曰溃也"，"醉"的本义是"饮酒过量，神志不清"，"溃也"是其隐含义素。"醉"的本义与"拂堤杨柳"之间并没有明显的联系，但其隐含义素"溃也"却形象地表现了人酒后身体绵软无力，走路摇摇晃晃的样子，与"拂堤杨柳"的样子非常吻合。因此，"拂堤杨柳醉春烟"为读者展现了一幅杨柳长长的枝条轻轻地擦过堤岸的景象，仿佛喝醉了酒一样摇摇晃晃、绵软无力，这一切都笼罩在春天水汽上升形成的烟雾里。这样就把春景图写活了，杨柳柔美的枝条仿佛在读者眼前动起来了。可见，隐含义素显性化，可以使诗歌意象更具体，更生动，更丰富，更具画面感，从而深刻地理解诗中所用拟人手法和炼字之妙。

2. 拟物

拟物是把人当作物，或把此物当作彼物来写的修辞方式。如王湾《次北固山下》"海日生残夜，江春入旧年"，其中"生""入"都是行为动词，能够"生""入"的一定是动物，"海日生残夜""江春入旧年"却赋予了海日与江春行为能力，属于拟物修辞手法。"生"的甲骨文作"Ψ"，像小草从土地中生长出来，本义是生产、生育。"海日生残夜"字面意思是说海面上的太阳是残夜孕育生产出来的，形象地表现了残夜还未消退之时，一轮红日已从海上升起，红日好像是由残夜孕育而生，生动而又富有哲理地表现了海上初升红日与残夜的关系。"入"的甲骨文作"∧"，像一个有锐锋的楔形符号，这种形状的事物容易进入别的物体之中，因此用它来表示"进入，由外到内"义。《说文解字》"入，内也""内，入也"，说明"入"与"内"具有同源关系，因此，"内"是"入"的隐含义素。"江春入旧年"字面意思是江上春天进入了旧年之内，形象地表现了江上景物在年前就已经表现出春意，就像是闯入了旧年之中。

这两句诗在描写景物、节令之中，用行为动词"生""入"来描写自然现象，赋予自然现象以生命理趣，这种拟物手法形象地将海上日出和江上春意从旧事物中产生的特点描述出来，极其生动传神，具有哲理性。

三　比喻

比喻就是打比方，是一种常用的修辞手法，其特点是用跟甲事物有相似之处的乙事物来描写或说明甲事物。古诗文中比喻十分常见，这里通过汉字构意来分析本体与喻体的相似性，从而解析比喻手法在诗词意象中的表达功能。

以下按照比喻的三种基本类型明喻、暗喻和借喻分别进行解析。

1. 明喻

明喻的特点是本体、喻体和比喻词都出现，这种比喻在古诗词中并不多见。

李白《春夜宴诸从弟桃李园序》"而浮生若梦，为欢几何？""浮生若梦"是典型的比喻句，本体、喻体和比喻词齐全，属于明喻。如前所析，"浮"具有隐含义素"不固定"，"浮生"凸显了人生虚浮不定、变幻莫测的特点；而"梦"同样具有虚浮不定的特点，二者具有相似性，因此说"浮生若梦"，这个比喻形象地表现了虚浮不定的人生就像梦境一样难以把控，表现了人在命运面前的无能为力。

杜甫《旅夜书怀》"飘飘何所似，天地一沙鸥"也是典型的比喻句，但比喻本体没有直接出现，而用其特点"飘飘"指代，即用借代修辞方法来指代本体，这种情况也属于明喻。"飘"的意思是随风飞动，其隐含义素"不固定""动"在这里表现为诗人的无所归依和漂泊不定；喻体"天地一沙鸥"意思是天地间一只孤零零的沙鸥，同样具有孤独漂泊、无所归依的特点，二者极具相似性。这个比喻形象地表现了诗人暮年漂泊的凄苦景况。这种凄苦孤独的处境与"星垂平野阔，月涌大江流"的广阔背景形成鲜明对比，烘托出一个独立于天地之间的飘零形象，使全诗弥漫着深沉凝重的孤独感，从而衬托出诗人孤苦伶仃的凄怆心情。

苏轼《饮湖上初晴后雨》"欲把西湖比西子，淡妆浓抹总相宜"，其中"比"的甲骨文"𠤐"像两人并排在一起之形，两个构件基本相同的特点说明构件之间具有相似性，因此，"比"引申为"比喻，打比方"的意思。喻体西子即西施，是春秋时期越国有名的美女，是中国古代四大美女之首。本体西湖风景十分秀美，是中国著名的风景区。同时，西湖的美丽自然天成，与西施的天生丽质十分相似，这种天生的自然美，不管是浓妆艳抹还是淡淡梳妆都适宜，因此说"欲把西湖比西子，淡妆浓抹总相宜"，说明西湖在不同环境下可以显现出不同风格的美。这也呼应了开头"水光潋滟晴方好，山色空蒙雨亦奇"，西湖不管晴天还是雨天都很美，只是风格不同，就像一个天生丽质的人，不管淡妆还是浓抹，都是美的，只是风格不同。可见，诗人把西湖比作西子非常贴切，表现了西湖不管是晴是雨，都同样美不胜收的特点。

2. 暗喻

暗喻的特点是本体和喻体出现，比喻词用"是""变成"等，或不用比喻词。古诗文中的暗喻大都不用比喻词，即本体和喻体直接连接。如：

朱熹《观书有感》"半亩方塘一鉴开"中本体是半亩方塘，喻体是一鉴开，没有出现比喻词，属于暗喻。本体"半亩方塘"就是一个半亩大小的方形池塘；喻体"一鉴开"中"鉴""开"则需要根据字形构意进一步分析。"鉴"与"监"的甲骨文都作"𥁕"，上部是突出眼睛而俯身向下看的人形，下部是装有水的器皿，古代以水为镜，整字构意表现人在照镜子，本义是镜子，后来以铜为镜，于是增加"金"构件，进一步简化为"鉴"。古代铜镜一般放在镜匣里，用的时候打开镜匣，因此用"一鉴开"表现镜子在打开的镜匣中的状态。镜子放在镜匣中，光滑明亮的镜面低于镜匣边框，与平静、清澈的方塘水面低于四周堤岸的情状十分相似。可见，"一鉴开"非常准确传神地把方塘的特点描述出来，形象地表现了方塘水平如镜、清澈明亮的特点。

范仲淹《岳阳楼记》"浮光跃金，静影沉璧"连用两个比喻，分别出现了本体"浮光""静影"，喻体"跃金""沉璧"，而没有出现比喻词，都属于暗喻。"浮光"中"浮"是漂浮的意思，其隐含义素"不固定"表现了水面所反射的月光随着水波荡漾跳跃的特点；喻体"跃金"中"跃"是跳跃的意思，与"浮"的特点非常相似，"金"字则直观地说明了浮光的颜色特点，可见用"跃金"比喻"浮光"十分恰当，形象生动地表现了水面所反射月光的特点。本体"静影"指静静的月影；喻体"沉璧"中"沉"意思是沉在水底，"璧"是一种圆形带小孔的玉器，"沉璧"意思是沉在水底的璧玉，用来比喻"静影"非常贴切，形象生动地表现了水中月影的位置和外形特点。

同样，文天祥《过零丁洋》"山河破碎风飘絮，身世浮沉雨打萍"也用了暗喻手法。第一个句子用"风飘絮"比喻本体"山河破碎"，其中"飘"的意思是"随风飞动"，其隐含义素"向上""不固定""动"形象地表现了柳絮被风吹时不稳定、不能自我把控的特点，用来比喻"山河破碎"的大宋江山十分贴切，表现了大宋无可挽回的衰败局面和对未来的无法自我把控。第二个句子用"雨打萍"比喻作者的"身世浮沉"，"浮沉"字面意思是在水中或空中忽上忽下，形容运势的升降、盛衰变化，形象地表现了作者身世坎坷、时起时沉的特点，而喻体"雨打萍"则把这种身世浮沉变化用更为具体的意象表现出来，即像被暴雨击打的浮萍，漂泊无依，不能自主。这一联分别用"风飘絮""雨打萍"比喻山河破碎的时局和自己身世的坎坷，把国家的破败与个人的不幸联结在一起，形象地展现了风雨飘摇的政治形势。

3. 借喻

借喻是以喻体来代替本体，本体和比喻词都不出现。这种修辞方法能产生更加深厚、含蓄的表达效果，同时使语言更加简洁。如白居易《长恨歌》"在天愿作比翼鸟，在地愿为连理枝"，只出现了两个喻体"比翼鸟""连理枝"，而本体没有出现，因此属于借喻。这里对其中一个喻体"比翼鸟"进行分析，"比"的甲骨文"刀"，像两人并排在一起之形，本义是"亲近"，隐含义素是"紧挨着"；"比翼"的意思是两只鸟的翅膀紧挨着，表示彼此靠近，形影不离；比翼鸟的特点是两只鸟在飞的时候彼此紧挨着，相伴而飞、彼此不能分离，常用来比喻形影不离的恩爱夫妻，这里具体指唐玄宗与杨贵妃。

查慎行《舟夜书所见》"月黑见渔灯，孤光一点萤。微微风簇浪，散作满河星"。其中"散作满河星"是比喻句，本体没有出现，喻体是"满河星"，因此是借喻。从上下句可以看出，本体应是渔灯在微波荡漾的河面上反射出的点点光亮；"满河星"是指布满河面的点点星星，二者外形极其相似，可见比喻非常贴切。其中"散"的意思是分离、分散，其隐含义素"不完整，零碎"形象地表现了渔火由一点散作千万点碎光的变化，形象描绘了微风吹拂下，倒映在水中的"孤光"四下散开而化作满河点点星光的形象。

曹操《短歌行》"月明星稀，乌鹊南飞。绕树三匝，何枝可依?"表面意思是月光明亮，星光稀疏，一群寻巢乌鹊向南飞去，绕树飞了三周却找不到可以栖身的地方；用来比喻在当时三国鼎立的局面下，那些犹豫彷徨的人才不知该依靠哪一方，不知如何选择自己的归宿的处境。其中本体并没有出现，而是直接用喻体代替本体，因此属于借喻。其中"绕树三匝，何枝可依?"非常形象地表现了贤才在寻找可以依靠的栖身之所时的彷徨与焦虑。"依"的甲骨文作"依"，像衣服包裹人体之形，其字形构意非常形象地表现了其本义"依傍，靠着"，用乌鹊要找到可以依靠的树枝，比喻贤才想找到可以依靠的圣明君主。

林升《题临安邸》"暖风熏得游人醉"字面意思是温暖的春风把游人熏得像喝醉了酒一样。"醉"的本义是"饮酒过量，神志不清"，隐含义素是"溃败"；隐含义素显性化，则"醉"具体表现为神志不清，绵软无力；形象地表现了那些纵情声色、祸国殃民的达官显贵的精神状态，使他们那种醉生梦死纸醉金迷的腐朽生活跃然纸上。"暖风"用来比喻社会上的淫靡之风，则"暖风熏得游人醉"的比喻义非常鲜明，惟妙惟肖地勾画了社会淫靡之风使苟且偷安的南宋统治阶级神魂颠倒、毫无斗志的丑态。这里只出现喻体，因此属于借喻。

四　衬托

衬托作为一种修辞手法，其特点是为了突出主要事物，用类似的事物或反面的、有差别的事物作陪衬。衬托可以分为正衬和反衬。这里主要对与汉字构意有关联的衬托修辞进行分析。

1. 正衬

正衬是用类似事物衬托表现对象，借景抒情大都属于正衬。如本章第三部分第三小节所析用落叶落花衬托游子漂泊无依和孤独寂寞就属于正衬。如杜甫《江南逢李龟年》"落花时节又逢君"用"落花时节"衬托诗人的衰病漂泊，以及世运的衰颓和社会的动乱；其《登高》"无边落木萧萧下"衬托诗人长期漂泊在外产生的深重孤苦与悲怆无依。李白《闻王昌龄左迁龙标遥有此寄》"杨花落尽子规啼"，用"杨花落"意象和子规鸟"不如归去"的啼叫声象征王昌龄被贬的飘零之感和离别之恨，感人至深。曹丕《燕歌行》"秋风萧瑟天气凉，草木摇落露为霜，群燕辞归雁南翔"用秋风萧瑟，草木零落，白露为霜，候鸟南飞的景象，衬托女主人公内心的苦闷寂寞和孤寂悲苦。温庭筠《商山早行》用"槲叶落山路"烘托游子在外的孤寂之情和浓浓的思乡之意，表达作者人在旅途的失意和无奈。孟浩然《早寒江上有怀》用"木落雁南度"用木落意象衬托客居他乡的游子在茫茫尘世中飘荡无归的处境和游子思归的心绪。

此外，李清照《一剪梅》"花自飘零水自流，一种相思，两处闲愁"，前半句"花自飘零水自流"的意思是落花独自地飘零着，水独自地流淌着，属于景物描写，目的是衬托后边的"一种相思，两处闲愁"。"飘"字以风为部首，本义是"随风飞动"反映了离开枝头的花瓣在风中轻轻飘扬的状态；其隐含义素"不固定""动"在这里具体表现为无所归依和漂泊不定，衬托了一种漂泊无依而又无力改变现状的无奈。两者具有相似性，属于正衬，与"一种相思，两处闲愁"衔接十分自然，情景交融，借景寓情，寄托了作者深深的相思与离愁。

2. 反衬

反衬是用具有相反或相对关系的事物作陪衬来突出表现对象的一种手

法。杜甫《旅夜书怀》"星垂平野阔，月涌大江流"与"飘飘何所似，天地一沙鸥"形成反衬，前者展现的辽阔壮观景象，与后者天地间一只小小的沙鸥形成对比，烘托出一个独立于天地之间的飘零形象，使全诗弥漫着深沉凝重的孤独感，从而衬托出诗人孤苦伶仃的凄怆心情。

王维《鸟鸣涧》全诗都写春山之静，其中"月出惊山鸟，时鸣春涧中"采用了反衬手法，月亮升起与落下都是寂静无声的，却"惊"着了山中小鸟。"惊"的意思是"马骇"，其隐含义素"动作猛烈"在这里表现为小鸟突然飞起或鸣叫，说明小鸟已经习惯了山谷的幽静寂寞，似乎连月亮升起对它们都是一种刺激，月亮升起使它们受到惊动而飞起或鸣叫。鸟"惊"的动态描写，反衬了春山夜晚的空寂。

第五节　有助于理解古诗文的言外之意

中国传统文化崇尚含蓄委婉，古诗文中常常不直接把要表达的意思说出来，而是通过言外之意或弦外之音进行表现，从而使一些语句含有不尽之意。表达言外之意常见的方法有比喻、双关、迂回和巧借语境等，这里只对与文字构意有关的相关语句进行分析。

一　通过比喻表达言外之意

韦应物《滁州西涧》"独怜幽草涧边生，上有黄鹂深树鸣"意思是说独独喜爱这生长在幽深涧边的小草，上边还有黄莺在树荫深处啼鸣。如前所析，"怜"的意思是喜爱，隐含义素"对弱小者"在这里表现为对"幽草"弱小而不为人知的特点的强调，诗人对幽草的偏爱表现了诗人恬淡的胸怀。结合作者当时的处境，可以看出这句诗含有言外之意，即通过对生长在涧边"幽草"的"独怜"，表现诗人像小草一样无人关注、怀才不遇的内心感受。

王安石《登飞来峰》"不畏浮云遮望眼，只缘身在最高层"字面意思是不惧怕浮云挡住远望的眼睛，只因为自己站在了最高处。然而根据该诗的写作背景，诗人写景是为了言志。"浮云"意思是飘浮在空中的云，"浮"的隐含义素"向上，不固定"不仅与云的位置相吻合，而且表现了云飘浮不定、变幻莫测的特点，也暗示了那些"遮望眼"的浮云终究要飘散，比喻奸邪小人只是一时当道，不会长久。可见用"浮云"作喻，蕴含着深刻的哲理，表现了诗人对前途充满信心、不畏奸邪的勇气和决心。

二　通过双关表达言外之意

李商隐《无题》"春蚕到死丝方尽"字面意思是"春蚕到死的时候才能把腹中的丝全部吐完"，其中"丝"的甲骨文"𢇷"像束丝之形，本义是蚕丝，特点是极其纤细，这里是双关语，谐音"思"，即思念，言外之意是"思念之情到死才能够结束"。"尽"的隐含义素"逐渐减少的动态变化过程"在这里具体表现为春蚕一直不停地吐丝，直到化茧而死才把最后一根丝吐完，比喻对心爱的人的思念之情绵长不绝和至死不渝。同样，"蜡炬成灰泪始干"中"泪"也是双关，表面指"烛油"，暗指"情泪"，这句话字面意思是蜡烛一直烧到成灰蜡烛油才流干，言外之意是对心爱的人思念的情泪永远流不完。这两句诗表面写春蚕吐丝和蜡烛燃烧，却通过谐音双关表达了言外之意，表现了相思之情的绵长不绝和悲苦伤痛。

《诗经·采薇》"昔我往矣，杨柳依依。今我来思，雨雪霏霏"中"依"的甲骨文作"𠆢"，像衣服包裹人体之形，本义是"依傍，靠着"，隐含义素是"紧挨着"，引申为"轻柔地随风摇动的样子""亲近，依恋"等意义。"杨柳依依"中"依依"形容杨柳长长的枝条轻柔地随风摆动的样子，表面写春天出征时的自然景物特点；同时"依依"是一种语意双关，也暗示他春天出征时对故乡、亲人恋恋不舍的心情。

三　通过迂回表达言外之意

孟浩然《望洞庭湖赠张丞相》"欲济无舟楫，端居耻圣明。坐观垂钓者，徒有羡鱼情"。意思是：面对浩瀚的洞庭湖，自己意欲横渡，可是没有船只；如果在家闲居，就有愧于这样一个大好时代。坐在湖边观看那些垂竿钓鱼的人，却白白地产生羡慕之情。诗人借面对洞庭湖却欲渡无舟，只能临渊羡鱼，迂回表达自己不甘心闲居无事，要出来做一番事业的心意，含蓄地表达了希望当时任中书令的张九龄予以援引的意思。其中"坐"的隐含义素"止，停留"表示自己无事可做，只能做旁观者，只有羡慕别人的份儿；"羡"字上部是羊，下半部的甲骨文"㳄"像人张口流出口水，本义是因喜爱而非常想得到，"羡鱼情"意思是想得到鱼的心情。"坐观垂钓者，徒有羡鱼情"用比喻手法表达了自己的言外之意，即自己非常迫切地想求取官职而不得，只能徒然羡慕那些有官职的人，从而迂回委婉地表达了诗人想请宰相张九龄举荐自己为官的意思。

四　通过语境表达言外之意

王翰《凉州词》"醉卧沙场君莫笑，古来征战几人回"，其中"醉"的意思是"饮酒过量，神志不清"，隐含义素是"溃败"，根据语境，"醉卧"意象可以根据生活常识进行联想和想象，把喝醉酒后神志不清、身体瘫软无力的形态具象化，使读者仿佛看到烂醉如泥躺卧在沙场上的将士形象。一个战士醉成这个样子，诗人却说"君莫笑"，因为"古来征战几人回？"即这些出征的将士没有几个人能活着回来。正因为如此，将士们不惜喝得"醉卧沙场"。可以想见战士们面对"葡萄美酒夜光杯"时复杂的心情，既有为国尽忠的豪迈激情，又有"壮士一去不复返"的悲壮情绪，可谓百感交集，在这种复杂情绪下喝壮行酒，怎么会不醉？诗人非常理解将士们心灵深处的豪情与悲壮，所以说"君莫笑"，即不要笑将士们喝得醉成这个样子，可见诗人对这些即将出征的将士充满了理解和同情，借此含蓄表达了作者的反战情绪。

第六节　有助于理解古诗文的思想主旨

思想主旨是文章的灵魂，内容取舍和艺术手法的运用都要紧紧围绕文章主旨，为表现文章主旨即中心思想服务。这里以汉字构意为抓手，分析

"尽""灭""醉""卧"等字在解析诗文思想主旨中的功能。

一　"尽"与诗词主旨

"尽"的甲骨文作"🜁"，像手执毛刷洗刷器皿内壁之形，表示饮食已尽。从这个构意不仅可以抽绎出"完，终尽"等显性意义，还可以抽绎出其潜在的隐含义素——逐渐减少的动态变化特点；因为根据生活经验，器皿中的饮食有一个由多到少、由大到小的变化过程。隐含义素融入诗词解析中，可使古诗词意象更为具体生动，有助于深刻理解其思想内涵。

《现代汉语词典》"尽"的义项包括"完""死亡""达到极端""全部用出""用力完成""全，都""所有的"等；李白《黄鹤楼送孟浩然之广陵》"孤帆远影碧空尽"中"尽"的意思是"竭，完"，则这句诗描写的意象是静态的，展现在读者眼前的是碧空尽头已看不见孤帆远影的空阔景象。如果把"尽"的隐含义素显性化，并融入诗句的理解，那么，"孤帆远影碧空尽"呈现于读者眼前的是船帆由近及远，帆影由大到小，直至完全消失在碧蓝天边的生动景象。这样，整首诗描绘的意境也就在读者眼前活起来，动起来：老朋友孟浩然在柳絮如烟、繁花似锦的阳春三月，辞别黄鹤楼，前往扬州游历；作者伫立在黄鹤楼上目送老朋友的船帆由近及远，直至完全消失在碧蓝的天边，最后只看到滚滚江水在天边奔流。显然，"尽"的隐含义不仅使整首诗的意境在读者眼前活起来，而且船帆由近及远直至消失的动态过程也可使人联想到诗人李白长时间伫立在黄鹤楼上目送老友船帆远去的情景，从而体会诗人对朋友依依不舍的真挚友情。

李白《独坐敬亭山》："众鸟高飞尽，孤云独去闲，相看两不厌，唯有敬亭山。"我们仍从"尽"字入手分析这首诗。按照字典对"尽"的解释，则这句诗描写的意象是静态的，展现在读者眼前的是空中没有一个鸟的空寂景象。如果把"尽"的隐含义"逐渐减少的动态变化过程"融进诗意的理解中，那么"众鸟高飞尽"展现的意象是动态的，呈现于读者眼前的是群鸟向高处飞去，越飞越高、越飞越远，直至无影无踪的生动景象。与之相对的"孤云独去闲"所描绘的景象也是动态的，即天空中最后一片白云正在悠然地向远处飘去。这两句所描写的"众鸟"和"孤云"远离诗人而向远处飞去或飘去的动态画面。

面对这样的景象，作者产生什么样的感想呢？"相看两不厌，唯有敬亭山"。其中"厌"的金文字形"�"右部是犬，左上是口，左下是肉，合在一起表示犬张大口吃肉，本义是"吃饱，满足"，由"满足"引申为"嫌弃，厌恶"。即"满足"和"嫌弃，厌恶"都是"厌"比较常用的意义。"相看两不厌"中"厌"到底是什么意思？对"厌"字意义的理解，是解析这首诗主旨的又一个关键。如果把"厌"解释为"满足"，"相看两不厌，唯有敬亭山"的意思就是"只有敬亭山和我对视着，彼此看不够"。这样解释可以侧面衬托敬亭山的美好可爱和作者内心的孤寂落寞，能够说得通，但与前面对"众鸟"和"孤云"的描写联系不够紧密。如果选择"嫌弃，厌恶"义，"相看两不厌，唯有敬亭山"的意思就是只有敬亭山和我没有相互嫌弃，实际上是说只有敬亭山没有嫌弃我，这与前面"众鸟高飞尽，孤云独去闲"的结合更为紧密，也就是说，前面描写的"众鸟"和"孤云"向远处飞去或飘去是为了离开我、躲开我。一个"厌"字非常传神地表现出作者眼中飞鸟和孤云离开的原因是嫌弃我，与"尽"字体现的众鸟飞离的动态感和画面感相互照应，相得益彰。在作者看来，世间万物似乎都有灵性，它们不愿与诗人为伴，远离诗人而去，只留下一个阔大茫茫的空间，诗人坐在这样的空间之中，更显孤独、寂寞、渺小。

我们再进一步理解"相看两不厌，唯有敬亭山"，敬亭山不会动，是没有办法离开，诗人说"相看两不厌"，这显然有"自作多情说"之嫌。正是诗人的自作多情，衬托出"众鸟""孤云"的无情。这首诗表面好像在说鸟和云无情，而作者真正想表达的却是人的"无情"，这种借喻和象征的手法，使诗人的情感得以外射，通过他"独坐"敬亭山出神的意象，生动形象地表现了作者孤独寂寞的凄凉处境。

总之，这首诗通过诗人独自坐在敬亭山，出神地看着飞鸟和孤云远去的动感画面，借景抒情，寓情于景，把内心的孤独寂寞借助远离的"飞鸟""孤云"和只能静止的敬亭山表现出来，情景交融，既有生动典型的意象美，又有深邃的思想内涵，非常巧妙。

温庭筠《望江南》"梳洗罢，独倚望江楼，过尽千帆皆不是"，其中"尽"是形容词，其隐含义素"逐渐减少的动态变化过程"显性化，则"过尽千帆皆不是"的意象非常具体：一个女子倚靠着望江楼，一只船一只船地盯着，盼着自己等待的人出现，这样过去了上千只船，盼望的人却一直没有出现，形象生动地表现了女子一次次由希望到失望的过程。接下来用"斜晖脉脉水悠悠"衬托女子黯然伤神、愁肠百结的心绪，最后用"肠断白蘋洲"直接表现女子的极度痛苦和失望。

二　"灭"与诗词主旨

"灭"甲骨文作"⺶"，像手拿扇子扑灭火形，本义是"熄火，灭火"；灭火时不能留余火，一定要彻底熄灭，因此，"灭"由本义"熄火，灭火"也可引申为"终尽，空无"义。显然，源于"灭"的字形构意并且能够贯穿其引申脉络的词义特点是"没有剩余"，也就是说，"灭"的隐含义素是"没有剩余"。"灭"的古文字构意和隐含义素可使古诗词意象更为具体生动，从而有助于深刻理解其思想内涵。

柳宗元《江雪》"千山鸟飞绝，万径人踪灭"，其中"绝""灭"都有"终尽，空无"义，与"尽"可构成近义关系。但它们的隐含义素不同："尽"包含逐渐减少的变化过程，而"绝"和"灭"不包含动态变化特点，侧重一种静态结果；"灭"的隐含义素是"没有剩余"，侧重表现"灭"的彻底性。"千山鸟飞绝，万径人踪灭"中"绝""灭"的特点决定了这句诗所描写的意象是静态的：座座山峰，看不见飞鸟的形影，条条小路，没有人的足迹，展现了一种十分空寂的意境。其中"灭"的隐含义素"没有剩余"在这里表现为雪后小路上一片空寂的景象，为孤舟蓑笠翁提供了一个银装素裹、寂寥空旷的广阔背景。

画面主体"孤舟蓑笠翁，独钓寒江雪"正是在以上辽远空寂的广阔背景下得到凸显：一个老渔翁穿着蓑衣、戴着笠帽，独自乘一叶孤舟在寒江上垂钓。整个画面充满洁、静、寒凉的气氛，象征了诗人清高脱俗、兀傲不群的个性特征；联系诗人当时的处境，则能够体会到作者被贬永州后不甘屈从而又倍感孤独的心理状态。

三 "醉"与诗词主旨

"醉"以"酉"为部首,"酉"的甲骨文作"𨤎",像酒坛之形,以"酉"为部首的字意义都与酒有关。"醉"的本义为"饮酒过量,神志不清",隐含义素是"溃败"。隐含义素"溃败"在不同语境中会有不同的表现,把"醉"的隐含义素显性化,有助于理解诗词所创造的意象,从而深刻地理解创造主旨和炼字之妙。

辛弃疾《破阵子·为陈同甫赋壮词以寄之》"醉里挑灯看剑"中"醉"的意思是"饮酒过量,神志不清",其隐含义素"溃败"在这里表现为身体瘫软无力,这样就把诗人神志不清、瘫软无力的醉态具体形象地表现出来。诗人为什么在酒醉的情况下半夜里拿出宝剑仔细看呢?

"梦回吹角连营,八百里分麾下炙,五十弦翻塞外声。沙场秋点兵。"诗人在睡梦中听到营房里号角已经响成一片,接着是分发牛肉的热闹场面,官兵们领到牛肉分别去烧烤;伴随着各种乐器演奏的雄壮的边塞歌曲声,沙场上正在进行秋季阅兵。这是多么热烈而充满建功立业激情的场面!

下阕是诗人对战场的想象,"马作的卢飞快,弓如霹雳弦惊。了却君王天下事,赢得生前身后名"。通过战马飞快和弓箭强劲写将士们为收复失地而奋勇杀敌的豪情,他们一心替君主完成统一天下大业,争取生前死后都留下为国立功的勋名。可是这一切却因为"可怜白发生"与诗人毫不相干,这对于一心渴望建功立业报效国家的人来说是多么残酷!这时我们也就理解了诗人为什么"醉里挑灯看剑",这不只说明诗人时时念念不忘报国,他的"醉"更因为一直空怀报国志向却没有施展抱负的机会,终于有"了却君王天下事"的机会,自己却因年老而不能参与。此时,诗人心中既有对将士们的羡慕,更有自己壮志难酬的悲愤。可见,诗人在半夜起来醉眼蒙眬地看心爱的宝剑时,内心是多么痛苦,心情是多么复杂,也就理解诗人为什么"喝醉",这可能是他宣泄痛苦的唯一方式。

林升《题临安邸》"暖风熏得游人醉"字面意思是温暖的春风把游人熏得像喝醉了酒一样。"醉"的隐含义素"溃败"在这里表现为神志不清,绵软无力，形象地表现了那些纵情声色、祸国殃民的达官显贵的精神状态，使他们那种醉生梦死、纸醉金迷的腐朽生活跃然纸上。"暖风"用来比喻社会上的淫靡之风，"暖风熏得游人醉"的象征意义非常鲜明，惟妙惟肖地勾画了社会淫靡之风使苟且偷安的南宋统治阶级神魂颠倒，毫无斗志的丑态。

王翰《凉州词》"醉卧沙场君莫笑"中"醉"的意思是"饮酒过量，神志不清"，其隐含义素"溃败"显性化，则"醉卧"意象是因喝酒过量而神志不清，身体瘫软无力而躺倒。一个战士喝得烂醉如泥躺卧在沙场上，诗人却说"君莫笑"，因为"古来征战几人回？"也就是说这些出征的将士没有几个人能活着回来。正因为如此，将士们不惜喝得"醉卧沙场"。可以想见战士们面对"葡萄美酒夜光杯"时复杂的心情，既有为国尽忠的豪迈激情，又有"壮士一去不复返"的悲壮情绪，可谓百感交集，在这种复杂情绪下喝壮行酒，怎么会不醉？诗人非常理解将士们心灵深处的豪情与悲壮，所以说"君莫笑"，即不要笑将士们喝得醉成这个样子，可见诗人对这些即将出征的将士充满了理解和同情。

四 "卧"与诗词主旨

"卧"的秦文字形"𝌀"和小篆"𝌀"都由"人"和"臣"组成，"臣"取像竖立状眼睛。人什么状态下眼睛呈竖立状呢？最典型的姿态是侧卧，因此可知，"卧"的一个动作特点是侧身躺着。《说文解字》把"尸"说解为"陈也。象卧之形"。"象卧之形"是对"尸"的小篆字形"𝌀"的说解，也就是说，卧的姿态与小篆"𝌀"的形态相似，由此可知，"卧"的一个特点是身体蜷曲。综合以上资料，可以确定"卧"的本义是身体屈曲侧躺，这个姿势具备三个特点：一是躺倒，二是侧身，三是身体蜷曲。《说文解字》把"卧"说解为"休也"。段玉裁《说文解字注》说解为"伏也"，并注明"伏，大徐本作休，误。卧与寝异：寝于床，《论语》'寝不尸'是也；卧于几，《孟子》'隐几而卧'是也。卧于几，故曰伏"。由此可见，"卧"主要指古人一种非睡眠的休息状态，古代通常是靠几而卧；因此，"卧"隐含"非就寝或非睡觉"义，也就是"卧"时人是清醒的。这个隐含义素对于理解古诗词意象和创造主旨很有帮助。

陆游的《十一月四日风雨大作》"僵卧孤村不自哀,尚思为国戍轮台。夜阑卧听风吹雨,铁马冰河入梦来"。这首诗中出现了两个"卧"字,第一个"卧"用"僵"修饰,说自己僵硬地躺卧在孤独的小村庄,"卧"含有的"非就寝或非睡眠"义素,说明"僵卧"并非就寝,表现了诗人不受重用,无所事事,而无聊躺卧的状态。但诗人却"不自哀",因为诗人心中还有梦想——"尚思为国戍轮台",轮台在今新疆境内,是古代边防重地,此代指边关。可见诗人虽然不受重用,却依然想着为国守护边疆,建功立业。因为有梦想,所以面对自己眼前凄楚的境况,并不哀伤。"夜阑卧听风吹雨"中出现了第二个"卧",其隐含义素"非睡眠"状态说明在夜将尽时(夜阑),诗人仍然不能入睡,只能听着窗外的风吹雨打声。是什么让诗人彻夜难眠?是对国家风雨飘摇境况的忧虑,是诗人报国之志难以实现的悲愤。诗人这样听着、想着,辗转反侧,幻化出特殊的梦境——自己一身戎装,骑着战马,跨越北国冰封的河流,同敌人在疆场厮杀。显然,"铁马冰河入梦来"是诗人日夜所思的结果,淋漓尽致地表达了诗人一心建功立业的报国热情和英雄气概,也反衬了现实政治的可悲:诗人有心报国却遭排斥而壮志难酬,一腔御敌之情只能形诸梦境。

第四章　造字智慧解析

第一节　培养创造性思维的必要性和可行性

创造性思维的实质就是以新的方式解决问题，具有开拓性和突破性。要有所开拓和突破，首先要能够发散思维，从多角度、多侧面、多层次、多结构去思考，去寻找答案，既不受现有知识的限制，也不受传统方法的束缚，思路能够"放得开"；因此它解决问题的方法不是单一的，而是在多种方案、多种途径中去探索、选择。在发散思维基础上，还要具备另一种思维能力——辐合思维。辐合思维的特点是"收得拢"，是对发散思维结果进行分析、比较、判断、选择，从而产生最适宜的答案。辐合思维的目的是聚集比较多种可能，最后合成一个最佳方案，也称聚合思维。"许多科学测验表明，通过有效的发散思维，提供多种被选择、组合的信息或多种方案、方法，再通过辐合思维，便有可能产生最适宜或具有明显创造优势的答案。发散思维与辐合思维的有机结合被认为是产生创造思维的最重要、最基本的方法。"①

一　培养创造性思维能力的必要性

创新能力是各种出类拔萃人才必须具备的素质，要培养学生的创新能力，首先要培养学生的创造性思维方法。因为创造性思维是创新人才智力结构的核心，是社会乃至个人不可或缺的要素。苏霍姆林斯基说："在学

---

① 崔岩：《对辐合思维的几点思考》，《学习与探索》1992 年第 4 期。

生的脑力劳动中，摆在第一位的并不是背书，不是记住别人的思想，而是让学生本人进行思考，也就是说，进行生动的创造。"① 这段话深刻揭示了培养创造性思维方法在教育中的重要性。毋庸置疑，培养创造性思维是基础教育必须肩负的责任和使命，语文作为一个传统学科，当然责无旁贷。王宁先生指出："语文课在提高学生语言文字运用能力的同时，也必须把思维能力和品质的培养作为时代的要求来看待。因为不论是鉴赏品位的提高还是对传统文化优劣的辨析能力，都与价值观和思维能力直接相关。"② 目前，阅读教学、写作教学以及一些实践教学活动领域，都在积极探索有助于培养学生创造性思维的方法，并取得了一些有益的经验。然而在识字教学中如何训练学生的创造性思维能力，却少有人论及。为此，我们结合甲骨文等古文字对 3500 个一级汉字的构意及变化进行了全面梳理，深入分析其中蕴含的造字智慧，并结合小学语文教学实际，对在汉字教学中融入创造性思维训练的可行性进行了探究。

二　汉字教学中融入创造性思维训练的可行性

第一，汉字中蕴藏着丰富的创造智慧，可为思维训练提供珍贵素材和案例。汉字是世界上历史最悠久的自源文字，它能够传承五千年而连绵不断，自有其独特的造字智慧。甲骨文等古文字仍然保留着汉字初创时期的构字意图，可作为分析和抽绎造字智慧的依据和凭借，也就是说，造字智慧是可以解析的。同时，大多数汉字具有古今相承性，古文字构形理据有助于理解现代汉字的形义联系和语用功能，所以识字教学中适当引进相关古文字不仅有助于学生掌握汉字理据，了解汉字使用的所以然，还有助于激发学生的识字兴趣。在此基础上，适当融入创造性思维训练，衔接自然，不会有旁生枝节之感；而有计划的长期训练无疑可提高学生的创造性思维能力，使汉字教学真正成为培养创造性思维的有效阵地，为创新人才

---

① 〔苏〕苏霍姆林斯基：《给教师的建议》（上），杜殿坤编译，教育科学出版社，1980，第51页。
② 王宁：《学科核心素养的提出及其主要特点》，载王宁、巢宗祺主编《普通高中语文课程标准（2017 年版）解读》，高等教育出版社，2018。

培养打下坚实基础。同时，汉字形体中体现的创造智慧有助于增强学生的民族自豪感和认同感。"让古老的汉字文明为新时代增强文化自信注入力量，为实现中华民族伟大复兴中国梦增光添彩。"①

第二，合理安排时间，不会冲击常规语文教育。创造性思维培养不是一朝一夕能完成的，不可能靠一两次活动或训练而速成，需要经过长期训练，有规划、有系统地进行。首先要合理安排时间，化整为零，避免对听说读写等语文常规学习造成冲击。具体说来，采用一课一字形式，即每篇课文选出一个字作为训练材料和依据。这个环节大概需要 15 分钟，一册书按 30 篇课文计算，一学期上课时间大概 16 周，这样每周平均只需 30 分钟左右。显然，对于小学生来说，每周拿出 30 分钟时间不会对其听说读写等常规语文学习造成冲击。然而，按每学期 30 篇课文计算，一年就可以训练 60 次，小学六年就是 360 次。毋庸赘言，如果小学六年坚持训练，虽然每次只有 15 分钟，经过 360 次有规律的训练，其效果可想而知。这样，在不对常规语文教学造成冲击和影响的前提下，有计划有规律地培养学生的创造性思维，符合社会对创新人才的需要。

第三，可用于培养创造智慧的字料丰富，解析造字智慧不会给教师造成过重负担。利用汉字进行创造性思维训练，主要是通过模拟造字过程训练学生的发散思维和辐合思维，因此，教师首先要了解相关汉字的构意和创造方法。如前所述，小学阶段大概有 360 次训练，每次选用一个或两个字，这样用来训练创造思维的汉字总共需要 400 个左右。笔者 2012 年曾做过统计，"古文字阶段，殷周字形与秦篆相比，具有相同记录职能的字共 1552 个，其中最早字形是甲骨文的有 1028 个，最早字形是西周文字的有 524 个"。② 同时，在 3500 个一级汉字中，2924 个字有同功能小篆字形，由于有的现代楷书对应两个或多个小篆字形，因此形成 2989 个楷书、小篆同功能字组。③ 此外，"凹""凸""氢""氧""尖""夯""乓乓""刁""泪""岩"等后出字虽然没有对应的小篆字形或其他古文字形，但构意十分明确，也可用作创造性思维训练的材料。可见，训练创造性思维的可用

---

① 黄德宽：《让古老汉字为文化自信注入力量》，《光明日报》2017 年 12 月 3 日，第 12 版。
② 张素凤：《汉字结构演变史》，上海古籍出版社，2012，第 37 页。
③ 张素凤：《汉字结构演变史》，上海古籍出版社，2012，第 31 页。

材料十分丰富，可以优中选优；同时，那些字形构意与课文内容有一定联系或蕴含着传统文化信息的字，不仅可用来训练创造性思维能力，还有助于理解课文内容或传承中华传统文化，可以一举多得。

可用作训练素材的字料十分丰富，从中选择 400 个字，选择余地很大。其中有相当一部分字可以直接用现代汉字进行解析，如"梅""馆""情""攻"等从词的音义两个角度创造的音义合成字，"尖""岩""泪""尘""森""林""众"等构意清晰的会意字，"伞""凹"等具有象形功能的独体字，"一""二""三""凹""凸""中""刃"等概括事物特点或标明位置的指事字，这些字的现代楷书造字意图十分清晰，可以直接用作训练素材。这样，必须借助甲骨文等古文字进行思维训练的字量并不大，而且像"日""月""水""火""山""石""田""禾""羊""鸟""兔""木""网""竹"等字的甲骨文已收入一年级语文教材，大部分教师已经基本认识。同时，甲骨文等古文字象形字意味非常浓厚，如果有通俗的汉字构意说解与古字形对照，就很容易理解和认识。又，古文字形体可以借助多媒体显现，教师不用在书写古文字上花功夫。因此，只要有配套资料，每篇课文解析一个字的构意不会给教师带来太大负担。

三　解析汉字智慧的入口与分类

要把问题阐述清楚，分类是一个不可避开的问题，同样，解析造字智慧，首先要对各类造字智慧进行分类。造字智慧与造字方法关系十分密切，关于造字方法，有传统"六书"说，后来又有"四书"说、"三书"说等；20 世纪 90 年代，王宁先生创建了汉字构形学，根据构件功能列举了 11 种构形方式，李运富先生在此基础上从理论上推阐出 20 种可能的构形方式。这些理论不管是造字说还是汉字结构分析法，主要是立足于汉字结构的分类，即从字形出发，分析字形与所记录词的关系。解析造字智慧与分析汉字结构思路正好相反。解析造字智慧，主要是说明造字者怎样为词创造字符，或者说如何用视觉符号把词表现出来，因此必须从词出发，以词的音义作为解析造字智慧的依据。汉字是据义构形的表意文字，词义是最初造字的主要依据，也是分析造字智慧的主要依据。然而词义很难进

行穷尽性分类，但与词义密切相关的词性已有现成分类（语法功能和词义
是词汇划分的重要依据），因此对造字智慧进行梳理，首先要按照词性进
行分类；同一词性之下，再根据词义特点进行分类；最后再根据造字方法
进行分类。

　　根据词性不同，词首先可分为实词和虚词。虚词指没有完整意义而只
有语法意义或功能的词，难以根据词义为之专门造字，大都借用已有字符
来记录，所以这里只对实词造字智慧进行解析。以下依次对名词、动词、
形容词、数词、量词和拟声词的造字智慧进行解析。

第二节　名词造字智慧解析

　　名词是表示人或事物名称的词，根据其意义属性和特点不同，名词可
分为专有名词、普通名词、时间名词、处所名词和方位名词。从造字角度
说，为专有名词和处所名词创造的字符非常少，其造字方法都可被其他词
的造字方法所包含，因此，这里主要对普通名词、时间名词和方位名词的
造字智慧进行解析。

一　普通名词的造字智慧解析

　　普通名词表示一类人、物或一个抽象概念的名称。为了叙述方便，我
们把表示抽象概念的词称作抽象名词，其余的名词统称为具体名词。

　　具体名词又可分为名物词和非名物词。名物词是表示具体特定之物名
称的词，所谓"名物"具有以下三个特征："首先，名物必须是一种具体
特定之物，有具体名称和具体所指。它所指对象的范围特定特征具体，就
概念来说，外延小内涵大。……其次，名物所指必须与物类相关，非物类
的名词不能是名物。……最后，名物具有物类的区别性特征。"① 因此，名
物词大都有具体形象可以描摹，可通过描摹事物外部形态为之创造象形

---

　　① 钱慧真：《"名物"考辨》，《敦煌学辑刊》2010 年第 3 期。

字，且字形取像与词义所指往往具有对等关系。非名物词因词义所指不是具体特定之物，难以直绘其形，为之创造象形字只能借助相关典型意象，因此造字取像与词义所指没有对等关系。为了区别这两种象形字，我们称字形取像与词义所指有对等关系的为象物字；称字形取像与词义所指没有对等关系的为象意字。

抽象名词与非名物词一样，词义所指不是具体特定之物，难以直绘其形，其象形造字取像与词义所指没有对等关系，也属于象意字。可见抽象名词与非名物词在造字方法上一致性较强，因此把这两类词放在一起分析。这样，普通名词的造字智慧解析可以分为两个部分：一是名物词造字智慧解析，二是抽象名词与非名物词造字智慧解析。当然，不管是名物词，还是抽象名词和非名物词，其造字方法都不止象形一种，而是综合运用多种造字方法。正是这多元并存的造字方法，在构件选择角度、方法、组合方式、区别手段等方面体现了造字者高超的创造智慧。

根据《说文解字·叙》，造字方法有先后顺序："仓颉之初作书，盖依类象形，故谓之文。其后形声相益，故谓之字。"李运富先生把这段话解释为"汉字的产生有两个来源：第一个是'依类象形'，即根据客观事物的'类'属特征描画出字形符号，这种反映'物象之本'的原生符号叫作'文'；第二个是'形声相益'，当理解为'形化人声而相互增益'，即将现有的文符（形）跟语言（声）结合，使语言（声）的音义属性形化为可视符号，然后将负载语言音义信息的符号相互组合而创制新的字形符号，这种从原有符号孳生出来的新符号摆脱了客观事物的局限，所以能'孳乳浸多'，所以叫作'字'。"[1] 王贵元先生则把汉字创造分为古今两个阶段，认为"古文字阶段字形构造的依据是物象，今文字阶段字形构造的依据是词的音义"。[2] 因此本书对每一个词类造字方法进行分析时，都按照先"文"后"字"的顺序。这里的"文"主要特点是"依类象形"，可能是独体，也可能是合体；"字"的主要特点是利用已有符号的音或义创造的字符，可能是独体，也可能是合体。

---

[1] 李运富：《汉字"独体""合体"论》，《中国文字学报》第 6 辑，商务印书馆，2015。
[2] 王贵元：《汉字与出土文献论集》，中国社会科学出版社，2016。

（一）名物词创造智慧解析

"名物"一词，最早见于《周礼》等书，是指上古时代某些特定事类品物的名称。我们这里引用这个名称，是因为它与造字方法关系非常密切。为名物词创造的象形字与词义所指关系非常直接，这是名物词独有的特征。当然，名物词的字形结构不止象形一种，还有标志构件＋象形构件，表意构件＋表意构件，表意构件＋示音构件，等等。具体分析如下。

1. 象形字

在创造文字的最初阶段，先民主要采取"依类象形"的造字方法，即依据客观世界的物象创造字符的方法。用象形方法创造的字可能是只有一个构件的独体字，也可能是包含两个或两个以上构件的合体字。① 因此，象形字可根据构件多少分为独体象形字和合体象形字。同时，象形字根据造字取像与词义的关系，分为直绘其形的象物字与借助相关物像的象意字。

（1）象物字

象物字即用"画成其物"的方法直接描摹字形所指事物的典型形状或特征，其特点是"叫人一见就认识这是什么。画出一只虎的形象，就是虎字，象的形状就是象字"。② 不难理解，象物字所记录的语词都是表示具体事物名称的词，即名物词。根据象物字组成构件的多少，可以分为独体字和合体字。

①独体字

通过描摹事物外形为名物词创造独体象物字时，造字者要综合运用观察、分析、选择、判断等创造性思维方法。因为名物词是对一类事物的概括，不是对某一个具体事物的反映；造字所取之像也不是某一具体事物之像，而是事物类属的"共像"。因此，如何选取典型共像、如何用字符表现共像，都需要高超的创造智慧。可见，看似最简单的为名物词创造象形

---

① 李运富认为，把"文"对应于"象形、指事"都看作"独体"，"字"对应于"形声、会意"都看作"合体"，并不符合许慎对汉字形体分析的实际。参见《"形声相益"新解与"文""字"关系辨正》，《语言科学》2017 年第 2 期。

② 唐兰：《中国文字学》，上海古籍出版社，2005，第 66 页。

字符，也包含着丰富的创造智慧。

根据客观事物的性质不同，名物词大致可以分为：与人体相关的名物词、与动植物相关的名物词、与天文地理相关的名物词、与人工造物相关的名物词。对其创造智慧分别解析如下。

A. 与人体相关的名物词

许慎在《说文解字·叙》中说，古人主要采用"远取诸物，近取诸身"的造字方法，因此，我们首先对"近取诸身"的有关人体的名物字的创造智慧进行解析。

人类最熟悉的莫过于人类自身，因此"人"字的创造方法最能体现创造智慧。要为人造字，首先要找出人区别于其他动物的共同类属特征，而不是某一个人的具体特点，可以概括出"直立行走""没有羽或毛""有语言""会制造工具使用工具"等；然后再从这众多特征中选择最容易具象化的特征，显然"直立"不仅是人的显著特征，而且容易用图画的形式进行表现；接着还要继续选择：表现直立特点是选取正面之形，还是侧面之形？是选择动态的行走状，还是静态的站立状？要突出人体的哪些部位，省略哪些部位？等等。然后把设计方案具象化为视觉符号，不同形式的符号又经过实际应用的检验和比较，优胜劣汰，最后才能确定哪个符号成为公众认同的字符，从而完成一个字的创造过程。可见，看似非常简单的一个"人"字，其创造过程包含着丰富的创造智慧：首先，归纳人区别于其他事物的共同类属特征，就需要观察、分析、判断、概括等能力；而后的多次选择，每次选择都是分析、比较和判断等思维方法综合运用的结果；最后不同字符在实际应用中的优胜劣汰，则体现了创造过程中用实践进行检验的环节。① 可见，取像于侧面站立人形的甲骨文"𠆢"或"𠂉"，用最简洁的线条把人的直立特征具象化为字符，其造字过程综合运用了观察、分析、比较、判断、选择、创造、实践检验等创造性思维方法，其中蕴含着丰富的创造智慧。这一点可通过与记录"人"的古埃及文字"𓀀"② 进行比较得到证明。古埃及字形取像呈坐姿的男人形，既用来记录语词

---

① 这一点可以由"牢""牧""子"等字的甲骨文有多个异体字得到旁证，这些词语有多个异构字进入用字系统，说明还没有完成优胜劣汰的选择过程。
② 字形及其构形说解由中国海洋大学陈永生副教授提供，在此表示感谢。

"人"，又用来记录语词"男人"，不仅字形复杂难写，而且同一个字符承担记录两个不同语词的职能；而对应的甲骨文"✦"或"✦"不仅形体简洁，而且职能明确，其优势非常明显。不难理解，汉字传承 5000 年绵延不断，字形简洁易写和区别性强是两个非常重要的因素，汉字的这种优势正是造字者创造智慧的结晶和体现。

同样，"儿"的本义是小儿，甲骨文"✦"突出的是小孩子囟门未闭的特点；"女"的本义是女人，甲骨文"✦"突出了女子两手交叉胸前、屈膝跪坐的典型特征；"子"的本义是小孩，甲骨文字形异体众多，有"✦""✦""✦"等，抓住了小孩子裹在褓褓中只露出两臂的典型状态，有的字形有头发，有的没有头发，说明这些字符到甲骨文还没有完成优胜劣汰的最后选择。可见，造字时不仅要通过分析比较找出特征，还要从众多特征中选择有区别性和易于表现的典型特征作为造字依据。因选取不同特征而出现的异构字，如果这些异构字不是分别承担不同职能，就会在汉字规范中逐渐被统一。

用"近取诸身"方法创造的字符，还包括各种器官名称用字。如"首""面""耳""目""自""口""心"的意义并不专指人体器官，而是泛指所有高等动物的相应器官。为这些词语造字时，都是以人们最为熟悉的人类器官为描摹对象，它们的甲骨文字形"✦""✦""✦""✦""✦""✦""✦"分别抓住了对应器官的典型特征。其中"✦"的尖端向下，与"角"的甲骨文"✦""✦"尖端朝上判然有别，不致混淆。此外，"牙"的本义是大牙，西周金文"✦"抓住了大牙上下相错咬合的特点；"手"的西周金文"✦"像手伸出五指之形；"足"的甲骨文"✦"用小腿连着脚形来表现小腿；"又""止"的甲骨文"✦""✦"分别表示"右手"和"脚"，其中手指和脚趾都简化为三个，体现以简驭繁的造字特点。

B. 与动植物相关的名物词

动物的种类非常多，为每一种动物都造一个象形字符是不可能的，因此只有那些与人类关系比较密切的动物具有象形字符。《尔雅》把动物分为鸟、兽、虫、鱼四类，我们也以此为依据对动物名词的象形字进行分析。

"鸟"的甲骨文字形"✦""✦"都是取像鸟的象形字，清楚地描绘出鸟的喙、首、身、羽、足。"二足而羽"的鸟类动物除了共名"鸟"外，还有一些具体的鸟名采用了象形造字法。首先是被看作百鸟之王的"凤"的甲骨文"🦚"，取像孔雀之形，突出了头部高高耸起的扇形羽冠和丰满美丽的尾羽之形。"燕"的甲骨文"🦜"突出燕子向上张口、双翼张开、尾巴分开像剪刀的特点；"鸡"的甲骨文字形"🐓"抓住了公鸡戴冠、尾巴高高翘起的特点；"乌"的西周金文字形"🐦"抓住了乌鸦嘴形粗壮的特点；"舃"的西周金文字形作"🐦"抓住了鹊鸟展翅飞翔之形。

"四足而毛"的兽类与人类共同生活在陆地上，关系最为密切，因此为兽类创造的名物字最多。"马、象、虎、兔"的甲骨文字形"🐎""🐘""🐅""🐇"分别抓住了马的长鬃毛、大象的长鼻子、虎的血盆大口和兔子长耳朵短尾巴的特征；有角动物"牛""羊""鹿""兕"的甲骨文字形"🐂""🐑""🦌""🦏"分别抓住了牛角上弯、羊角下弯、鹿角分叉、犀牛独角的特征；无角动物"犬""豕"的甲骨文字形"🐕""🐖"抓住了犬瘦而尾长、豕（猪）肥而尾短的特征。"豭"的甲骨文"🐗"像突出生殖器的猪，表示公猪。也许正是由于以上象形字描摹了各种兽的不同典型特点，兽类的共性特点"四足而毛"没有办法再用象形来表现，因此只能用别的造字方法来表现。

水生动物中，"鱼"字的甲骨文"🐟"象形意味很浓，鱼的头、身、鳍、鳞、尾俱全；"贝"的甲骨文"🐚"取像海贝之形，海贝的外形多种多样，这里选取了最典型的形象；"龟"的甲骨文字形作"🐢"或"🐢"，分别取像龟的正面和侧面之形，说明"龟"字到甲骨文字形还没有完成优胜劣汰的最后统一。此外，传说动物"龙"的甲骨文"🐉"像大口长身的一种怪兽，头上所戴之冠与"凤"字的头上之冠相同，可以突出其王者之气。

"虫"类动物外形差别巨大，很难用象形方法表现其共同特征，因此只为对人类有巨大威胁的毒蛇创制了独体象形字。"虺"的甲骨文字形"🐍"或"🐍"，像三角头的毒蛇形。此外，"虹"在古人的心目中是天上巨大的神异动物，其甲骨文"🌈"像两首蜿蜒向下的巨虫之形，这是传说中"虹有两首，能下饮江河"的具象化反映。

兽类动物与人类关系最为密切，不仅表现在有关兽类的象形名物字多上，还表现在与兽类有关的象形名物字多上。“角”的甲骨文字形“”抓住了兽类动物头上的犄角之形，其中的曲线表示角上的纹理。“采”西周金文字形“”取像兽类动物的指爪印；“番”的西周金文“”，本义是兽足，上部是兽的指爪，下部是兽掌。“毛”的西周金文“”像兽毛攒集之形，抓住了兽毛多而攒集的特点。“肉”的形体本是没有固定形态的，甲骨文“”取像祭祀所用肉块之形，即经过加工的兽类之肉。此外，“羽”的甲骨文字形“”“”等取像鸟的羽毛；“甲”的本义是爬行类动物身上起保护作用的硬壳，形状各异，上部常有交错的纹路，或由鳞片排列而成，甲骨文字形“”取像鳞甲的纹路之形。

植物是先民的重要食物来源，给植物名造字时，分别抓住了草本、木本、禾本、竹子四类植物的种类特征。“屮”的甲骨文“”像小草从地面长出之形；“木”的甲骨文“”通过画出树根之形突出树木的高大，并以此与“屮”区别；“禾”的甲骨文“”通过禾穗下垂之形突出庄稼的特点，并以此与“木”字区别；“竹”的甲骨文“”取像竹叶下垂之形。除了这些种名，还为与人类关系密切的几种下位植物名创造了象形字。如“麦”的甲骨文字形“”“”抓住了小麦叶子下垂的特点，前者还有麦根之形，后者主要是地上之麦子形；后来这两个异构字并没有合并，而是分别承担了不同记录职能。“栗”的甲骨文“”“”像栗树结果之形；“黍”的甲骨文“”突出了黍子散穗的特点；“桑”的甲骨文“”取像桑树之形。这几种具体植物都与人类生活关系比较密切：麦子和栗子是重要食物来源；黍子不仅可以作为粮食，还是酿酒的重要原料；当时桑蚕业比较发达，因此桑树与人类的关系也非常密切。

可见，与人类关系密切的动植物是象形字的取像来源。不难理解，每一种动植物的特征都不止一种，创制象形字要经过分析、比较、判断，从中选出最典型特征，然后进一步把典型特征具象化；字符进入使用后，还要对同功能的不同字符进行选择和规范统一，或者让同功能异构字分担不同记录职能。这些字符的创造过程包含着先民丰富的创造智慧。

C. 与取天文地理有关的名物词

日月星辰与风雨雷电都与人类生活密切相关，因此先民也创造了一些相关象形字。“日”的甲骨文“”像圆圆的太阳形，中间的点表示正在放出光亮。然而很多自然现象并不像太阳一样具有固定形态，对于这些没有固定形态的自然现象，先民往往抓住最为典型的形态为其创造象形字。如月亮时圆时缺，圆时少缺时多，因此用缺时的形态作为描摹对象，甲骨文作"☽"，即选取月牙形作为造字依据，不仅表现了月亮的特点，而且可以与"日"形成鲜明的区别。云不仅千姿百态，有时甚至瞬息万变，造字者抓住了云卷云舒的动态特点，甲骨文"δ"正像云朵卷起之形。闪电不仅没有固定形态，而且瞬间即逝，造字者抓住闪电电光激射的特点，创造了"电"的甲骨文"ζ"。同样，气也没有固定形态，小篆字形"气"表现了云气上腾的典型形象；虹也是一种自然现象，但是先民认为虹是天上的神异动物，古代有"虹有两首，能下饮江河"的传说，即认为虹是天上的神异动物能到人间饮水，"虹"的甲骨文"𧆭"取像前后两首蜿蜒向下之状。

与人类生活关系比较密切的事物往往成为造字取像的原料。水、火都是没有固定形态的事物，先民是如何为它们造字的呢？"火"的甲骨文"ڡ"像火苗之形；"水"的甲骨文"水"像水流之形；"川"的甲骨文"川"像两岸之间有水畅流之形；"渊"字甲骨文"𣶒"像潭中水之形。"冰"的西周金文"仌"像冰凌之形；"山"的甲骨文"山"像三个相连的山峰形，"丘"的甲骨文"丘"像两个相连的山峰形，既抓住了丘的典型形象，又能够与"山"相互区别；"石"的甲骨文"石"像山石崖岩之形。

道路的形式比较多样，有的直，有的弯，有的两路甚至多路相互交叉，有的成三岔路口；甲骨文"行"取像十字路口来为本义为道路的"行"造字，抓住了道路四通八达的特点。"田"的形状多种多样，其甲骨文作"畕"或"田"，取像不同，结构相异，最后形体比较简单的"田"取得正体地位。

D. 与人工造物有关的名物词

人与动物的重要区别之一就是能够制造工具和使用工具，因此人类制造的各种器具也是先民造字取像的重要源泉。

"矛"的西周金文"矛"抓住了矛头在柄前端的特点；"戈"的西周金文"戈"像戈头在柄一侧而尖锐的特点；"钺"的甲骨文字形"钺"抓住了

钺头在柄侧而呈圆形的特点；"岁"的甲骨文"钺"抓住了柄侧斧刃向内卷曲成孔之形；"斤"的甲骨文"斤"抓住了斧刃在柄侧而斧柄弯曲的特点。同样，"毕"的甲骨文"毕"像带有木柄的网状捕猎工具之形；"刀""辛""弓""矢""干"的甲骨文"刀""辛""弓""矢（或矢）""干"都是象形字，分别取像各类人工制作的武器，都抓住了事物的典型特点。

"耒"的甲骨文"耒"像远古翻土农具之形，抓住了分叉的特点；"辰"的甲骨文"辰"像远古用于耕地或除草的农具之形，突出了尖头的特点。"豆"的甲骨文"豆"像高脚圈足的食器之形；"壶"的甲骨文"壶"像盛液体的大肚容器之形。古代"皿""鼎""鬲""甗"的甲骨文"皿""鼎""鬲""甗"分别抓住了皿圈足、鼎三足两耳、鬲空足、甗上下两层的特点，"斗"的甲骨文"斗"抓住豆的外形特点并突出了其长柄；"爵"的金文字形"爵"和甲骨文"爵"都取像爵的侧视特点；"匜"的西周金文"匜"像匜口有镏之形；"臼"的小篆字形"臼"像舂米用的里边有沟槽的捣缸形，抓住了内部有沟槽的特点；"几"的甲骨文字形"几"像几案侧视之形；"床"的甲骨文"床"像床侧立之形；"橐"的甲骨文"橐"像盛物时两头扎住的无底口袋之形；"箕"字甲骨文"箕"像簸箕之形。

"墉"的甲骨文"墉"中间的方框表示四四方方一座城，上下部分是城墙上的瞭望楼，整字构意像城墙之形。"仓"的甲骨文"仓"像古代粮仓之形；"舍"的西周金文"舍"像房舍之形；"宀"的甲骨文"宀"像尖顶房的侧面之形；"门"的甲骨文"门"像双扇门之形；"户"的甲骨文"户"像单扇门之形；"窗"的小篆字形"窗"像在屋顶上有天窗之形；"囧"的商代金文"囧"和甲骨文"囧"都像窗牖透光之形，表示在墙壁上开的窗。

"衣"的甲骨文"衣"像上衣之形，突出衣领、衣袖和衣襟各部分；"裘"的甲骨文"裘"突出了其外表带毛的特点，即毛朝外的裘皮上衣；"巾"的甲骨文"巾"像下垂的佩巾之形；"市"的西周金文"市"像古代朝觐或祭祀时遮蔽衣裳前面的一种服饰；"糸"的甲骨文"糸""糸""糸"像一束丝之形，后两个字形分别突出了束余的丝头；"革"的西周金文"革"像一张悬挂的首身尾俱全的兽皮；"网"的甲骨文"网"像纵横交错的网纹之形;"册"的甲骨文"卌"像中间有两道绳编的简册之形。

"车"的甲骨文"車"和西周金文"車"像车形,前者突出两轮、轴、衡主要部分,后者更详细地将衡上的两轭也表现了出来。"舟"的甲骨文"舟"像小船之形。此外,"卜"的甲骨文"卜"或"卜"像兆干与兆枝相交的兆璺之形。"玉"的甲骨文"玉"像一串玉之形,抓住了玉常被做成装饰品的特征。

以上象物字所记录的语词都是表示事物名称的词,即名物词。造字方法都是直接描摹词义所指事物的典型形状或特征。用这种直绘其形法的方法创制汉字,看似简单,但其中也包括多次选择,而每次选择都是反复分析、比较、判断的结果。从词义出发,为之创造视觉符号至少经过两次选择:第一次,选择与词义相关的事物,所选取事物必须为人们所熟悉而且具有典型性,只有这样,读者才容易由字形构意联想到词。比如语词"耳"的意义是耳朵,可以选择人的耳朵也可以选择兔、猫、狗、牛、羊等动物的耳朵作为描摹对象,而最终"近取诸身"地选择人的耳朵,这是因为大家对人耳更熟悉,更容易概括出典型特征。第二次,从选定事物的众多特征中选出典型,事物的外部特征往往不止一个,从不同角度看,事物的外部形态会有所不同,如"龟"字有正面侧面之别,"牛"可以选择表现牛头也可以选择表现全牛,可以选择正面形象也可以选择侧面形象;同一种类事物的不同个体的外部特征也各有特点,如"山""石"等外部形态不是统一的;还有的事物的外部形态是不断变化的,如"月""云""气""水""电"等。显然,从这些纷繁复杂、变动不居的众多特征中选出最为典型而又容易具象化的特征并非易事,要经过反复观察、分析、比较、判断。经过至少两轮这样的选择后,才能把选定事物的典型特征具象化,即创制视觉符号作为语词的字形,如"耳"的甲骨文"耳"选择了耳的轮廓与只有耳根与头部相连的两个特点。至此造字过程还没有最后完成,所创造的字形还要在实际使用中通过实践检验,记录同一个语词的异构字或职能分化,或淘汰部分字形,经过优胜劣汰,最后形成统一规范的字形。可见,用象形方法为名物词造字并非描摹事物外形那么简单,其中包含着复杂的创造性思维过程:第一,要选择典型事物作为表词对象;第二,要从典型事物的众多特征中选择最典型的特征和最适合的表现角度;

第三，把典型意象具象化，创制视觉符号；第四，经过实践检验，对所创造字符优胜劣汰或职能分化。显然，看似简单直绘其形的象物字，其创制过程实际包含着先民丰富的创造智慧，反映了先民在造字过程中不断运用发散思维，进行分析、比较、判断、选择和创造的思维过程。造字过程蕴含着创造性思维的最大特点：从多角度、多侧面、多层次、多结构去思考，去寻找和选择最佳答案。

②合体字

世间事物繁多，有"万物"之说，其实事物的种类绝非"万"字能总括，因此，不可能为每一种事物都创造出相互区别的独体象物字；同时，象形符号又不像图画那样准确地描摹事物的形态，因此，独体象物造字法难以使外形相似的名物字相互区别。可见，独体象物法不能满足记录名物词的需要，于是聪明的造字者用两个或两个以上构件相互组合来拓展造字路径。

用两个或两个以上象形符号按照实际位置关系进行组合创造的字，我们称作合体象形字。字形构意与词义所指事物之间具有对等关系的合体象形字也称合体象物字，其特点是字形构意与词义联系比较直接，字形所表现的词义让人一看就明了。如何做到使人一看就能明白字形构意和词义所指呢？显然，把外形相同或相近的象形符号功能相互区别开是关键。我们的先民非常巧妙地解决了这些问题，即在描摹词义所指的主体象形符号基础上，增加辅助性象形符号来提示主体象形符号的位置、特点、性质、功用、环境等，从而明确主体象形符号的意义所指，与所记录的词语联系起来。根据辅助性象形符号的功能不同，可以分为以下几种情况。

A. 提示主体象形符号的位置或环境

首先，表示人体器官名称的名物词，往往以取像词义所指器官的象形符号为主体，以与之相连的身体器官符号为辅，使本身不具有区别功能的主体象形构件通过辅助构件的提示和陪衬，具备了清晰的区别功能，从而巧妙地把词义所指表现出来。如"元""天"的本义都是"人头"，头的形状大致是圆形的，如果要画出头发、眼睛、口等，一是不够简洁，同时还容易与"面"（甲骨文作"𩊚"）"首"（𦣻）的字形相混；只画一个圆圈形，又容易与"瓜""果"的外形相混。先人于是采用加背景衬托的手法，

"元"商代金文"𗀑"在圆形构件下增加侧面站立的人形，"天"的西周金文"𗁣"增加正面站立的人体形，指出圆形构件的位置在人体的最上端，使人容易明白其所指即头。显然，"元""天"在金文字形中直接表现词义"人头"的构件就是上部的圆圈，下部的人体形构件的作用是指示圆形构件的位置，明确圆形构件的意义所指。同样，"页"的甲骨文作"𗀂"，本义是人头，直接表现本义的构件是上部的人头形，下部跪坐人形构件的作用是提示人头的位置，明确上部人头形构件的意义所指。"舌"的甲骨文作"𗀊"或"𗀋"，上部分叉形构件取像于蛇的舌头，具有象形功能；下部的口形构件提示舌头所在的位置，从而明确上部分叉形构件的意义指向是舌头，反过来说，如果没有下部的"口"形构件提示，人们很难把分叉形构件与"舌"义联系起来，因此，下部的"口"构件虽然不能直接表意，但对上部的象形构件具有提示和补充作用。这个字没有"近取诸身"地用人的舌头作造字依据，而选取蛇的舌头，可能与"蛇""舌"古音相近有关。"齿"的本义是门牙，甲骨文"𗀏"像口中露出四颗门牙之形，显然，外部的"口"形构件提示了中间门牙的位置，提示了其意义所指。同样，"眉"的甲骨文"𗀒"中具有直接表意功能的是上部取像眉毛形的构件，下部的"目"构件主要是衬托眉毛的位置，对其表词功能具有提示作用。"须"的甲骨文作"𗀓"，本义是胡须，具有表意功能的构件是左部的三条曲线，右部取像人头形的"页"主要标记"须"的位置，具有提示和衬托作用。"尾"的甲骨文作"𗀔"，像人体后边有毛茸茸的大尾巴之形，左部的人形构件主要标记尾巴的位置，对尾巴形构件的表意功能具有提示和衬托作用。人是没有尾巴的，造字时不选择有尾巴的动物作陪衬，偏偏用没有尾巴的人形构件作陪衬，目的是使尾巴得到凸显，从而使字形的意义指向得以突出。"身"的本义是人体躯干，甲骨文"𗀕"以侧面站立人形上为背景凸显躯干义。

其次，一些与植物有关的名物词也采用提示主体构件位置的合体象形造字法。如"果"的西周金文"𗀖"，上部像果实之形，中间的几个点表示果实之内的籽粒之形，显然，这个象形构件是对各种果实特点的概括，不同于任何一种具体果实，因此，象形性并不强，如果没有下部的"木"构件标志它的位置在树上，人们很难把这个构件与果实联系起来，因此，下部的木构件虽然不能直接表意，但对主体象形构件的表意功能具有提示和补充作用。同样，"瓜"的战国字形作"瓜"，其中"瓜"取像瓜形，整个字构意像蔓上长瓜之形。显然"瓜"周围的瓜蔓形构件对表现"瓜"的构意具有提示和补充作用。"束"的本义是木芒，甲骨文字形"束"或"束"，都是在树木形构件上增加取像木芒的尖锐之形，中间的"木"构件提示这些木芒的位置，对象形构件的表意功能具有补充和陪衬作用。"叶"字甲骨文"叶"像树上长有树叶之形，具有直接表达功能的是取像树叶的构件，木形构件只是提示树叶的位置，对树叶形构件的表意功能具有提示和陪衬作用。

　　最后，一些人工造物的名称也采用这种提示位置的合体象形法。如"胄"的本义是头盔，西周金文作"胄"，上部是取像头盔的主体象形构件，下部的构件"目"表示头盔的功能和位置，对表现主体构件的意义所指具有提示和辅助作用。"冒"的本义是帽子，甲骨文作"冒"，上部是取像帽子的主体象形构件，下部的"目"提示帽子的功能和位置。"裹"的本义是内衣，甲骨文作"裹"，外部构件取像随人体屈曲的内衣形，内部构件像正面站立的人形，提示内衣的功用和位置。"文"的本义是花纹，甲骨文"文"，像人的前胸或后背刻有花纹形，显然，表现词义的是其中的花纹形，而人形构件主要起到提供背景的陪衬作用。"夬"的本义是拉弦射箭时套在拇指上的骨质器物，甲骨文"夬"中圆形构件是主体象形构件，下部的右手形构件主要提示它在使用时的位置。"经"的本义是经线，金文作"巠"，像织布机上的架子有三道纵线表形，其中三条纵线是主体构件，剩下的取像织布机架子构件提示"经"的位置；"巢"本义是鸟巢，西周金文作"巢"，像鸟巢在树上之形，具有直接表达功能的是取像鸟巢的象形构件，下部的木形构件主要提示鸟巢的位置。这些辅助性象形构件对主体构件的意义所指具有提示和辅助作用。

　　此外，还有一些天文地理类名词采用这种提示位置或环境的象形造字法。如"晕"的本义是太阳或月亮周围形成的光圈，甲骨文"晕"，像云气环日之形；四周的云气形构件是主体构件，中间的日形构件提示"晕"产生的位置或环境。"雹"的本义是冰雹，甲骨文作"雹"，下部的小圈是取像冰雹的主体构件，上部的雨形构件提示冰雹与雨关系密切，往往在下雨环境下产生。"州"的本义是水中可供人居住的岛屿，甲骨文作"𪱷"，像在茫茫水波中间有一个小洲之形；显然，中间的小圈表示小洲，周围的水形构件提示小洲所在的位置。"畴"的本义是耕作的田地，耕作的田地中间往往有水沟相连，甲骨文作"𡿨"，像耕田中沟壑弯曲之形，即两个小方块表示耕田，中间弯曲的水沟凸显耕田周围的环境，这样巧妙地提示了"畴"的词义所指。"泉"的本义是从地下冒出来的水，甲骨文"𤽄"取像洞穴中有水流出之形；显然水流形是主体象形构件，洞穴形构件表现了泉流出的位置和环境，这样既可以与"水"相区别，又巧妙地提示了"泉"的意义所指。"沙"的本义是细碎的石粒，金文"𣲳"左部像沙粒之形，右部是水形构件；显然，沙粒形构件是主体象形构件，水形构件的作用是说明"沙"的常见位置是水边，这样既与"少"的象形字相区别，又巧妙地提示了"沙"的意义所指。

B. 提示主体象形符号的性质或特点

如前所述，"四足而毛"的兽类，外部形象特点非常突出的"象""马""牛""羊""鹿""虎""犬""豕"等都用表现其独特外部形态的象形法为它们创造了独体象形字。有些动物的外形特点虽然也很突出，却难以用直绘其形的方法为它创造独体字，如"鼠"的特点是形体小，难以用大小均等的字符加以表现。那么，造字者是如何为"鼠"造字的呢？"鼠"的甲骨文"𤖤"像竖置的鼠形，突出表现了老鼠尾巴长、门牙发达的特征，与"虎"的甲骨文字形非常相似，为了与"虎"字区分，该字形在鼠的头部周围加了一些小点儿，表示被咬碎的东西。这样，通过老鼠磨牙咬碎东西的习性把"鼠"与"虎"区别开来。同样，"蛛"的本义是蜘蛛，直绘其形的独体象形造字法很难将它与外形相似的昆虫区别开来，于是通过增加蛛网形构件来突出其独有的特点：甲骨文"𧉞"在蜘蛛形构件中间增加了两道横线表示蛛网，利用蜘蛛织网的习性辅助说明其字形意义所指。"蛊"的意思是人工饲养的毒虫，直绘其形的独体象形字很难把它和别的虫类区别开，于是通过增加皿形构件来突出其被人工饲养的特点：甲骨文"𧊶""𧑓"像器皿中养着许多毒虫之形，形象地表现了蛊的特点。甲骨文"𤘘""𧱠""𦍋"分别为雄性牛、雄性猪、雄性羊的专门用字，通过牡器形符号与取像相关动物的象形符号组合，突出其雄性特点，同时与其上位词"牛""豕""羊"区别开。"齲"的意思是蛀牙，也称虫牙，甲骨文" "像齿内有虫之形，形象地表现出"齲"的特点。

　　为人工制造的器具名称造字时，有时也采用主体象形构件与辅助象形构件组合的方式。有时用器具使用者辅助说明主体构件的属性，从而明确主体构件的意义所指。如"矩"的本义是画直角的工形器具，取像矩的甲骨文已经用来记录更为常用的语词"工"，于是通过增加矩的使用者辅助说明它是一种工具，同时与"工"字相区别：西周金文" "，像一个人分腿站立，一手持矩形，显然左部的人形构件凸显"矩"是一种工具，对主体象形构件具有提示和补充作用。"殳"是一种古代兵器，甲骨文" "在象形构件基础上增加了右手形构件，凸显它是一种器具，辅助说明字形的意义所指。"辇"的本义是人力拉的车，西周金文作" "，像人拉车之形，即在车形构件上边增加了两个人形构件，凸显这种车依靠人力的特点。

　　"囿"的意思是古代供田猎用的大园子，里面长满草木，甲骨文" "" "非常直观形象地表现了囿中长满草木的特点。"圂"的意思是厕所，由于古代厕所与猪圈是一体的，甲骨文" "用栏圈形与猪形构件相互组合，表现这种厕所的特点。显然，这两个字的外部轮廓都是主体构件，但概括性太强，不能准确表现词义所指；于是中间分别加上草木形和猪形构件来凸显其特点，提示和补充字形的意义所指。

　　上述字例都是名物词，造字时都用取像词义所指的主体象形构件与辅助性构件相互组合，用辅助性构件表现主体构件所指事物的性质、特点，巧妙提示字符的意义所指。由此可见，古人造字时不仅关注事物的外形特点，也关注其他各个方面的性质和特点，说明了古人造字思路十分开阔，方法非常灵活。

　　C. 提示事物的功能和用途

　　有些人工制造器具名称用字，在主体象形构件的基础上，增加辅助性构件来表现其用途或功能，以明确字形的意义所指。如"磬"的本义是石磬，甲骨文作" "，左部是主体构件，像石磬之形；右部像手持乐槌敲击磬之形，辅助说明磬的功能与用途，明确主体构件的意义所指。"簋"的本义是一种食器，甲骨文作" "，左部是主体构件，像簋之形；右部像手持匕柶从簋中取食物，辅助说明簋的功能是盛放食物，明确主体构件的意义所指。"盘"的本义是食盘，甲骨文作"🥄"，左部是主体构件，像食盘之形；右部像手持匕柶从盘中取食物之形，辅助说明盘的功能和用途，明确主体构件的意义所指。

为容器和建筑物名称造字时，往往在主体象形符号基础上，增加所容纳事物来提示和说明主体象形构件的功能和用途。如"箙"的本义是盛箭器具，甲骨文"🏹"像箭矢在盛器中形，显然，其中的箭矢形构件的作用是明确"箙"的功能和用途。"函"的本义是盛放器物的盒匣，甲骨文"🏹"像箭矢在函中，其中箭矢形构件的作用也是表现"函"的用途是容纳物品。"牢"的本义是关牲畜的栏圈，甲骨文"🐂""🐂""🐂"都是由取像栏圈的"ꓵ"与牲畜形构件进行图形组合，各类牲畜形构件用来提示说明"牢"的用途。"宗"的本义是宗庙，即供放祖先神主的房屋，甲骨文"介"用房屋形构件与神主形构件组成，其中的神主形构件是说明宗庙的用途；"圉"的意思是关押罪犯的牢狱，甲骨文"🏠"外部的轮廓方形构件表示四周封闭的监狱，中间像一个戴手铐的人，凸显监狱关押犯人的功能。

以上记录名物词的合体象物字，两个象形构件在表词作用上有主次之分。主体象形构件取像于词义所指的具体事物，但由于外形相似的客观事物非常多，字符又不能像绘画那样细致表现事物的外形，单个象形符号往往不能让人看出词义所指，于是造字者通过增加辅助性符号，对主体象形符号的表意功能进行提示和补充。从以上分析可以看出，辅助性构件的作用主要有：提示主体构件的位置或背景；提示主体构件的性质特点；提示主体构件的功用；等等，形式多样，非常灵活。因为有辅助性构件的衬托，主体象形构件只要有个大致轮廓即可，因此，这种合体象形字往往构字线条更简洁，更容易描摹，如"元""天"的商代金文"🚶""🚶"中人头形构件只用一个圆表现，而"首"的甲骨文"👁"则通过增加眼睛、头发等来明确表达人头的意思，字形要复杂得多。不仅如此，这种主辅配合的合体象形字，辅助构件可以从多角度、多方面辅助主体象形构件，大大拓展了象形造字法的适用范围；同时，合体象形造字法所用构件大多是已有符号，显然，基础构件的重复使用，不仅易于记忆和书写，而且有助于汉字形成系统。

总之，从合体象形字的创造方法可以看出，古人创造汉字符号的方法不是单一的，而是在多种方案、多种途径中去探索、选择，思路十分开阔，方法非常灵活，所创造的字符不仅具有简洁性、明确性，而且有助于逐渐形成系统性，这正是汉字具有顽强适应性和强大生命力的重要原因，凝聚着丰富的创造智慧。

（2）象意字

有些词语不能用直绘其形法造字，只能借助相关物象来表现它的词义；借助相关物象创造的象形字也称象意字。这里的"象意字"与唐兰《中国文字学》的"象意字"相似。独体象意字与象物字的共同点是通过描摹事物外部形态创造字符，不同点是象意字取像之物与词义所指没有对等关系，而是相关或相似，因此字符的意义"不能一见就明了，而是要人去想的"。①

①独体字

根据我们测查，独体象意字的表现对象大都是非名物词和抽象名词，但也有少量名物词。如"酒"是液体，如果只看外形，与水没有什么区别。如何为酒造字呢？显然直绘其形是不适合的，于是聪明的造字者借助盛酒的典型容器来表现。"酒"的甲骨文"𤮷"正像酒坛之形。同样，"井"的本义是水井，井口有方形、圆形、六角、八角等形状。如果用画成其物的方法来表现，很容易与"口""囗"相混，于是采用与之相关的井栏之形来表现，甲骨文"井"像四木纵横交搭的井口围栏形。不难理解，这种借助相关物象间接迂回表现词义的造字方法表现了解决问题方法的灵活和变通，彰显了高超的创造智慧。

②合体字

名物词所表示的概念具有一定的层级性，有上下位之分。据我们测查，如果已经为某个名物词的上位或下位名物词创造了独体象形字，那就很少再为它创造独体象形字，即便这个名物词所指事物外部特征非常突出，可以创造独体象形字，这个独体象形字也大都会在发展中被替代。如前所述，"凤""鸡""燕""乌""鴞"都是"鸟"的下位概念，其

① 唐兰：《中国文字学》，上海古籍出版社，2005，第67页。

外部特征非常突出，因此为它们分别创造了独体象形字"𠁥""𡸫""𠐬""𠐬""𠐬"。显然，这些象形初文字形都比较繁复，不便书写，而且很容易与"鸟"的字形相混，于是，"凤""鸡""舄"后来都被含"鸟"的合体字取代，"乌"用省略眼睛的"鸟"来代替，只有"燕"字沿承下来。同样，"豭"的本义是公猪，即"豕"的下位词，其象形初文"𧱆"像突出生殖器的猪形，后来被含"豕"的合体字"豭"取代；"黍"是"禾"的下位概念，其象形初文"𥝌"后来被含"禾"的合体字取代；"栗""桑"是"木"的下位观念，其象形初文"𣐄""𣓌"被含"木"的合体字取代。这些名物字都由象形字演变为以上位词字符为部首的合体字，说明造字者已经注意利用事物间的逻辑关系，系统观念已经逐步运用到汉字创造中。

造字者的系统观念不仅表现在字形发展演变中，更多表现在为下位词创造初文字符时。如"雉"的本义是野生的鸟，"彘"的本义是野猪，"雉""彘"分别为"鸟""豕"的下位词。如何为它们创造字符呢？显然，很难为"雉""彘"直绘其形，于是造字者利用上位词"鸟""豕"的字符，通过创设相关典型意象来间接表现词义，为之创造专门字符。"雉"的甲骨文"𫠊"像箭矢射向鸟之形，即用鸟被箭矢射中的典型意象暗示这种鸟不是家养的，而是野生的。"彘"的甲骨文"𧰨"或"𢃇"用豕被箭矢射中意象暗示这种豕是野生的。可见，聪明的造字者利用已有的"鸟""豕"的象形符号与箭矢形组合来暗示野鸟、野猪，这种迂回手法说明造字者思路开阔，方法灵活，具有高超的创造智慧。

人工造物方面，"典"的本义是重要的典型的书册，属于书册的下位概念，甲骨文"𠔓"像两手捧册之形，即用双手捧着书册的典型意象暗示了书册的重要和珍贵，表现了"典"的意义特点。

以上字例，用上位词的象形符号与相关符号图形式组合来为下位词造字，反映了上位词与下位词之间的联系与区别，有助于汉字系统性的形成，体现了造字者的智慧。

2. 含标志符合字

有些词义所指具有高度概括性，难以用具体事物之形来表现。为此，造字者创造了一种具有高度概括性的符号，我们称为标志符号。标志符号具有高度概括性，不追求形似，因此形体十分简洁。其在构字表词时的作用可以分为三种：一种起象征作用，称为象征性标志；一种起指示作用，称为指示性标志；一种起区别作用，称为区别性标志。象征性标志与象形有点近似，但不像确定的某种物体的形状，而是代表不确定的某个事物或没有形象的事物，或者表示从事物中抽象出来的某种特征；指示性标志和区别性标志都不能独立构字，必须附加在另一个构件上，才能起指示作用。名物字中标志符号的作用包括以下两种情况。

（1）指示词义所指的位置

有些用来称谓人或物某个部位的名词，没有办法用直绘其形法为它造字，于是聪明的造字者想出了非常巧妙的办法，即在整体事物符号上用简单符号指出其位置所在。如"刃"的本义是刀刃，没有办法直绘其形，甲骨文"𠚣"在刀形构件上增加一点儿，指出这里是刀刃。"弦"的本义是弓弦，甲骨文"𢎺"在弓弦形符号中弦的部位加一个小圆圈，指出这里是弓弦。"本"的本义是树根，金文"𣎵"在树木形符号的根部用圆点做出标志，指出这里是树根。同样，"亦"的本义是腋下，甲骨文"𡗕"在正面站立人形的腋下部位增加两点，指出这里是腋下。"叉"的本义是指甲，西周金文"𠂇"在右手形的指甲部位增加两条半圆弧线，指出这里是指甲。"厷"的本义是肱，即大臂，甲骨文"𠂤"在整个手臂形的大臂部位加一个圆弧，指出这里是大臂。"臀"的本义是臀部，甲骨文"𡱂"在侧面站立人形的臀部加一圆弧，指出这里是臀部。这些词的意义所指都是人或物的局部，造字者用标志符号在整体象形符号上指出词义所指的位置。

（2）象征没有固定形态的事物

有的名词所指事物没有固定形状，比如水、酒、血都是液体，没有固定形状，如果用直绘其形法给它们造字，相互之间很难区别，于是分别采用不同方法为它们造字。"水"取像水流之形，"酒"借用酒器之形，而"血"的甲骨文"𥂝"由皿形构件和代表血的小圆点或小圆圈构成，这样用祭祀牲血意象把"血"的意义表现出来，同时与皿字相互区别。"丹"的意思是丹砂，甲骨文作"𠁼"，外部像盛丹砂的柈形，内部的短横代表丹砂，像这样，用容器形与象征性标志符号组合的造字方法，造字能力十分有限，因此，这种形式的名词字很少，却体现了先民造字方法的多样性、思路的开阔性。

3. 利用已有字符的音或义所造字

先民在造字实践中逐渐摸索出一种更便捷、更具系统性的造字方法，即利用已有符号的读音或意义来创造新字符。与新造字的意义相关联的构件为表意构件，与新造字的读音相关联的构件为示音构件。表意构件的功能可能来自其独立成字时的本义，也可以是引申义，还可以是没有进入文献使用的相关意义特点，因此，同一个构件可能具有多种表意功能；反过来，作为造字依据的语词，其意义往往不止一个，因此，可以从多个角度为之选择表意构件。同样，示音构件不仅可用来标示同音字的读音，也可用来标示近音字的读音，大大拓展了标音构件的适用范围；反过来，为某词造字时，可以用同音字作示音构件，也可以用近音字作示音构件。可见，具备一定数量的字符以后，利用已有字符音或义创造新字的方法，适用范围广，能产性强，很快成为强势造字法。同时，这种造字法用已有符号独立成字的读音或意义参与构字，符号相似要求大大降低，构件位置更加灵活，书写难度大大降低。因此说，这种造字法是造字史上具有里程碑意义的重大进步。

利用已有符号的音或义创造的名物字，其结构主要有两种：表意构件 + 表意构件、表意构件 + 示音构件。

（1）表意构件 + 表意构件

有些名物词，外形特征具体而鲜明，却不容易用象形符号来表现。如"雀"的本义是麻雀，特点是小而善跳跃、顶冠及颈背呈褐色等，这些特点都难以用象形法来表现。造字者如何解决这个问题呢？"雀"甲骨文作"𠁥"，由"小"和"隹"组成，"小"以其单独成字的意义把无法用象形表达的意义特点"小"表现出来；"隹"的本义是鸟，也可以看作以本义参与构字，因此，"雀"的甲骨文字形属于表意构件 + 表意构件。"豚"的甲骨文"𠃓"由"肉"和"豕"组成，"肉"和"豕"都以独立成字的意义参与构字，表示为了供祭肉而饲养的小猪。有的利用构件单独成字的引申义来组构新字，如"闲"的本义是木栅栏，金文"𤣩"由"门"和"木"两个构件组成。其中"木"表示栅栏是木制的，即用"木"的引申义参与构字；"门"以其引申义"形状或作用像门的"参与构字。

后出新字大都是利用构件独立成字的意义或读音参与构字，如"夯"本义是砸实地基用的一种工具，构件"大""力"以独立成字的意义参与构字，暗示"夯"需要很大力气才能使用。"灶""岩""泪"都是后出简化字，其繁体字都比较繁复，这些简化字的构件分别以独立成字的意义表现"灶""岩""泪"的意义。

有的古字形本来是合体象形字，由于字形演变，丧失象形功能的构件变为以独立成字的意义参与构字，整字结构变为表意构件＋表意构件。如"雄"的甲骨文"𦏽""𦏾"为合体象意字，隶变后丧失象形功能，两个构件都以独立成字的意义参与构字，组合方式由图形式组合变为左右结构。有的象形构件变为形近的其他构件，如"牢"的甲骨文"𡘷""𡘸""𡘹"等都是合体象形字，外部的构件取像关牲畜的栏圈形，在字形演变过程中被表示房屋义的"宀"代替，内部的牛、马、羊形构件统一作"牛"，整字结构变为表意构件＋表意构件。有的独体象形字由于象形功能弱化而增加表意构件，如"床"的甲骨文"𣕚"是独立象形字，后增加"木"构件，小篆"牀"结构为表意构件＋表意构件。

（2）表意构件＋示音构件

音义合成法是从词的音、义两个角度造字的方法，无疑与词的音义两要素特点相吻合、相适应，可以说是最科学的造字方法。这种方法具有能产性强、构件位置灵活、字形均衡整齐等诸多优势。

A. 表意构件用本义参与构字，如"木"的本义是树，"桃梨柿橘柑榴樱椰橄榄杜柠檬橙松柏杉杨榆柳槐椿枫桦梧桐桂桔梅楷柒棉棕棠榕樟檀椒榔橡"的本义都是各类树木的具体名称，"木"构件以其本义"树木"表现这些字的意义类属。显然，为这些名物词造字时，用记录上位词的"木"表明这些名物词的意义类属；同时分别用"兆""利""市"等同音近音符号标示词的读音。同样，"草芋芝芥苏芙苇苦芯芦芭茉苛苹苟茅苔莲茶药荔莱莉荷菱菲萝菌菊菩萍萧葫葛葵蓝蒲蒙蓉蓬蕉藻藕蒋蔗蔚薯薛薇藐莱蔬芹菠菇蘑葱蒜荤"的本义都是草本植物名称，为它们造字时，以记录上位词的"艹"表明这些名物词的意义类属；用"早""于""之"等同音近音符号标示其读音。有的表意构件本义与所造字意义没有上下位关系，但表示相互之间有一定关联。如"荐茵藉"本义是用草加工成的物品，"吻唇咽喉咙吭嗓"本义是与口相关的器官，"灯炬炕炉烛烟灰炭"本义是与火有关的事物，它们分别用"艸""口""火"作表意构件，提示这些词的意义关联，再用同音近音符号提示读音，这样从意义和读音两个角度为它们创造了新字符。由于表意构件与所造字的意义关联具有约略性和多向性，同一个语词可以选择不同符号作表意构件，如"唇"有"唇""脣""䫃"三种写法，表意构件"口""肉""页（取像人头形）"分别从不同角度对"唇"的意义进行说明。

B. 表意构件用引申义或意义特点参与构字，如"榜杭桨梳椎棋杠架校框枢槽案桌椅柜杯桶桥栈极栋梁柱栓檐楼槛柄梯桝机械检梭棍杖棒棚棺概模榨横椭枪枕档栏杆柴棱板"本义都是以木材为原料制成的物品，其中"木"以引申义"木质的"参与构字，表明这些词的意义类属；"旁""亢"等构件标示词的读音。"根桩株枝枚格条梗梢标荣核"本义是植物比较坚挺的部位，"芒花英蕊蕾萌芽苞蒂蔓茎藤"本义是植物相对柔软的部位，分别用"木""艸"为表意构件，利用了木相对坚挺和草相对柔软的特点，另一构件表示词的读音。

从以上分析可以看出，音义合成造字法科学高效，能产性极强。同时，表意构件和示音构件分别从意义和读音两个角度表现汉字的系统性和规律性。而且，音义合成字的构件位置不受实际物象关系限制，具有灵活性，字形因而更整齐，具有均衡对称美。如"梧""桐""柳""桃""根"等字的示音构件呈竖长形，适宜与"木"左右组合，构成方块字；"梨""桑""柔""荣""桨""架""案""桌""梁""柴"和"查""李""杏"中与"木"组合构件呈横宽形，适宜与"木"上下组合，构成方块字；"條（条）""床""栽"中与"木"组合构件呈半包围结构，"木"放在右下角或左下角，构成方块字。可见，"木"作为表意构件，位置非常灵活，与实际物象没有关系，整个字形匀称、均衡、平稳是决定表意构件位置的主要因素。

不仅构件位置可以调整，构件形体也可以根据位置产生变化，如"火"构件，当与之组合构件笔画较少或呈竖长时，往往作左旁，且最后的捺笔向内收缩为点，如"灯灶灿灼炬炒炊炕炉炼炸烂炮炫烘烤烧烛烟烁烙焊焕焰煽煤煌熄熔燃燥爆"；当与之组合的构件为半包围结构或下端中间较空时，往往处于空白处，如“灰炭烫焚荧灸炎”；当与之组合的构件呈横宽形时，“火”构件往往变形为“灬”，如“热烈然照煞煎熬熙熊熟蒸点熏焦黑煮”等。“火”构件的位置及形体变化，主要目的是使字形匀称整齐美观。

总之，音义合成字由于构件位置不受实际物象位置关系的限制，可灵活调整其位置，甚至改变形体，有助于汉字形成方正、均衡的特点。

（二）抽象名词与非名物词造字智慧解析

普通名词可以分为抽象名词和具体名词。抽象名词是表示动作、状态、品质或其他抽象概念的名称；具体名词可以分为名物词和非名物词，非名物词主要指具体名词中除去名物词之外的部分。由于非名物词和抽象名词的意义都具有一定概括性，词义所指都没有具体的外部特征，无法直绘其形，因此把它们放在一起进行解析。根据字形结构分为以下三个部分：象意字、含标志符号字、利用已有字符的音或义所造字。

1. 象意字

抽象名词和非名物词的意义都具有概括性，造字时无法直绘其形，因此其象形字都是借助相关典型意象的象意字。根据构件多少分为独体象意字和合体象意字。

（1）独体象意字

“皇”“王”“士”“巫”“妇”“工”“卒”“臣”“尸”等表示人物身份地位的名词，意义具有一定的抽象概括性，无法直绘其形，于是造字者采取迂回曲折的办法，分别借助标志人物身份的典型工具、典型服饰、典型动作神态等来间接表现。如“王”的身份是最高军事统帅，不论是指挥战争还是对内镇压都要用具有威慑力的斧钺，因此，斧钺成为王的身份象征，其商代金文作“”和甲骨文“”正像斧钺之形。“士”的身份是治理刑狱的司法官，斧钺是典型的行刑器具，因此，西周金文也用斧钺形“”代表其身份。“巫”的甲骨文“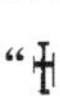”“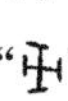”像巫师作法用具，“工”的甲骨文“”“”像画直角所用之矩，都是用相关用具表示其身份。又如“三皇五帝”的“皇”本义是原始部落酋长，“皇”字甲骨文作“”或“”，其中“”像孔雀羽毛形（“”增加了“王”加强字形的表词功

能），即借助原始部落酋长冠上所插羽毛来表现"皇"的身份。再如"臣原来专指负监工之责的奴隶头子而言，是一种特殊的奴隶，后来便成为一般奴隶的统称"①，睁大眼睛监工是其身份的典型特征，甲骨文用睁大眼睛的竖目形"𝄞"表示"臣"的身份。

先民观念中有一个鬼神世界，鬼神是什么样子，谁也不知道，因此造字时无法直绘其形，只能借助相关典型物象。如"鬼"的甲骨文"𝄞"像头戴巨大面具的人形，即借用巫术或傩舞中鬼的形象为之造字。神在人们心目中是天地万物的创造者与主宰者，西周金文"𝄞"像闪电之形，借用被看作神之化身的闪电现象为之造字。"帝"在卜辞中的身份是天帝或祖先神，甲骨文"𝄞"像束茅之形，借用"束茅"形象表现其为祭祀对象的特点。同样，"祖"的甲骨文"𝄞"借助神主意象来表现祖先的意义；"社"的甲骨文"𝄞"借助高大土坛或巨石意象来表现土地神的意义。

有的非名物词所指称的事物没有具体特定的特征，造字时也只能借助相关意象。如"京"的意思是大都城，无法用直绘其形法为之造字，甲骨文"𝄞"用高大建筑物形来表现"京"拥有高大建筑物的特点。"灾"的意义比较抽象概括，甲骨文"𝄞"借助洪水横流之形把灾的意义具象化。"力"的意思是力气，甲骨文"𝄞"借助使用时需要用力的翻土农具耒形将"力"的词义具象化。"世"的本义是世代，西周金文"𝄞"借助枝叶之形将人类世代相传如开枝散叶的特点具象化。

总之，以上借助相关物象迂回曲折的造字方法，体现了造字者面对问题时能够灵活变通，彰显了造字者的高超智慧。

（2）合体象意字

合体象意字与合体象物字一样，由两个或两个以上象形构件组合而成。其不同在于，合体象物字的字形构意与词义所指具有对等关系，让人一看就明白；而合体象意字的字形构意与词义之间没有直接联系，需要辗转牵合才能把两者联系起来，即"不能一见就明了，而是要人去想的"。根据合体象意字的词义类属，这里分别对非名物词和抽象名词两类合体象意字的造字智慧进行解析。

---

① 汪宁生：《释臣》，《考古》1979 年第 3 期。

A. 非名物词

非名物词是指没有具体的特定外部特征的具体名词，比较典型的是表示身份地位的名词。为表示身份地位的名词造字，无法直绘其形，只能借助相关意象，前述"皇""王""帝"的象形初文为独体结构；而"后""侯""卿""尹""丞""卒""兵""民""仆""奚""羌""寇""匠"等表示身份地位或职业的名词字，其初文都是合体象意字。"后"的本义是母系氏族社会始祖母，其甲骨文"🦌"或"🦌"像女人产子之形，即借助"女人产子"意象表现母系社会中始祖母的重要贡献。同样，"侯"是古代爵位名称，甲骨文"🏹"用张布射侯意象表现其身份与射箭有密切关系；"卿"是古代高级官吏名称，甲骨文"🍽"用宾主相向而食意象表现其身份地位；"尹"也是古代官名，甲骨文"🖐"用手拿权杖意象表现其身份；"丞"是帮助帝王或主要官员办事的官吏，甲骨文"🙌"用双手向上拽陷阱中的人表现其帮助作用；"民"的本义是古代没有文化的底层庶民，金文"🔪"用一刃物刺向眼睛形表现其奴隶身份，也可以理解为用"睁眼瞎"意象表现其身份；"仆"的本义是仆隶，甲骨文"🧍"用人戴有头饰尾饰而双手捧粪箕执贱役的意象表现其身份；"奚"的本义是奴隶，甲骨文"🧍"用人被绳索捆绑意象表示其身份；"羌"是西部少数民族名称，甲骨文"🐏""🐏"用人头戴羊角意象表示西部牧羊人，增加绳索或刑具之字形突出表示他们作为战俘或奴隶的身份；"寇"是外来入侵者，西周金文"🏠"用手持棍棒支击房内人形表现入侵者身份；"匠"的本义是木工，用斧子在工具箱的典型意象表现其身份。"旅"的意思是师旅，即有军事组织的民众，甲骨文"🚩"像众人集合在旗帜之下，即借助旗帜下众人聚集意象表现"旅"的特点。以上表示身份地位的名词，意义比较概括，没有与词义所指对等的具体意象，因此，造字者借助相关典型意象间接表现其词义所指，非常巧妙。

还有一些名词意义所指是家庭中的身份，如"父"在甲骨卜辞和西周金文中的主要意义是父亲或父辈，后来传世文献中有用来指称"成年男子"的用例。怎样表现父亲身份呢？商代金文"🪓"像手拿石斧之形，即手拿石斧意象代表重体力劳动，这样就通过典型形象非常巧妙地表现了"父"在家庭中的身份和职责。同样，"母"的主要意义是母亲或母辈，甲骨文"🜚"像一个女人而突出两个乳房之形，突出母亲哺育子女的身份和职责。"妻"的本义是妻子，甲骨文"🜚"左部是长发女人之形，右部是一只手，表示抢掠女子为妻，即通过抢掠婚俗表现妻子的由来，巧妙地暗示妻子身份。"孟"的意思是首生子，即对排行老大的称谓，商代金文"🜚"像小孩子在食器中形，是远古时期杀食首子习俗的反映①，也就是利用远古风俗将首生子意义具象化为字符。以上"父""母""妻""孟"都表示家庭中的身份，造字者通过相关意象巧妙地将其具象化为字符。

动物名称中也有概括性较强的非名物词。如"兽"主要指野生的"四足而毛"动物，其下位词"象""虎""兕""鹿"的初文都是象形独体字，无法用直绘其形法再为它造字。"兽"的甲骨文"🜚"由狩猎工具和猎犬组合而成，既可以直接表现动词义"狩"，也可以用来间接表现狩猎对象"兽"。同样，"畜"主要指家养动物，具有一定概括性，甲骨文作"🜚"，上部像用来拘系的绳索，下部是长满草的田猎之所，整字构意表示把田猎获得的动物用绳索拘系来豢养，暗示这是家养的动物。

器具名称中也有概括性较强的非名物词。如"器""具"都是对人工制造器物的概称，无法直绘其形，只能借助相关典型意象来表现。"器"的西周金文"🜚"由周围四个"口"与中间的"犬"组合而成，整字构意表示用犬守护器具，即借用犬守护器具意象把"器"的贵重特点表现出来。"具"的甲骨文"🜚"像双手端着鼎的样子，借助鼎被使用意象把其工具性特点表现出来。

行政区划名称也没有具体的特定外部特征，属于非名物词。如"邦"和"国"的本义是古代诸侯封国，难以直绘其形。"邦"的甲骨文"🜚"用在土界上植树意象表现古代诸侯国之间用植树来划分疆界的特点；"国"的甲骨文"🜚"用以戈守卫的区域意象表现国家有武力守卫的特点。"邑"指城邑，"鄙"指比较边远的城邑，都难以直绘其形。"邑"的甲骨文"🜚"用人群聚居意象表现"邑"的特点，"鄙"的甲骨文"🜚"用粮仓所在之地暗示边远的地方。"野"的本义是郊外，甲骨文"🜚"用森林和土地意象

---

① 夏渌：《评康殷文字学》，武汉大学出版社，1991，第322页；张玉金：《当代中国文字学》，广东教育出版社，2000。

表现"野"的特点。

此外，"间"的本义是缝隙，其甲骨文"𣆕"借助月光从两扇门之间照进来的意象表现其义。"原"的本义是水流起源的地方，金文"𡵉"借助从山崖下流出泉水来表现其义。"声"的本义是声音，甲骨文"𩏊"的中间是耳朵，上部像用乐槌击石磬之形，下部是口形，即用耳朵听到磬和口发出声音意象把无形可象的声音具象化。"光"的本义是光亮，甲骨文"𤆍"用人在火下将光亮义具象化。

以上非名物词没有具体的特定外部特征，为之造字无法直绘其形。造字者借用相关典型意象来间接表现词义。这些典型意象都是通过两个或两以上象形构件相互组合来创设的，比起独体象形造字法，表现力更强，可选择余地更大，方法更灵活，因此能产性也更强。

B. 抽象名词

抽象名词指表示动作、状态、品质、情感等抽象概念的词。抽象概念无形可像，无法用直绘其形法为之造字，因此借助相关意象间接表现词义成了为其造字的重要方法。如"辟"的意思是刑法，意义非常抽象，要用字符把这个抽象概念表现出来，需要高超的创造智慧。甲骨文"𨐔"由两个构件组成，左部构件是跪踞人形，右部构件是刑具形，整字借用以刑具施刑于跪踞之人意象间接表现了"辟"的意义，为"辟"创造了字符。"福"的本义是富贵寿考等齐备，意义高度抽象概括，甲骨文"𥛶"用两手捧酒樽在神主前祈求福佑将其词义具象化。"戎"的本义是"军事，战争"，西周金文"𢦏"用盾与戈组合将其意义具象化。同样，"疾"的甲骨文"𤕫"用人腋下中箭表示容易治愈的伤病；"病"的甲骨文"𤕺"用人卧床表示难以治愈的大病。

综上所述，合体象意字通过两个或两个以上象形构件相互组合创设一种典型意象，将难以直绘其形的名词意义巧妙表现出来，由于词义所指与所创设的意象没有对等关系，字与词之间的联系方式和角度可以有多种，如何从多种可能中选择最简洁、最有代表性的意象需要高超智慧，因此，这类字是我们学习和模仿先民创造智慧的重要案例。

2. 含标志符号字

"夫"的本义是成年男子，是"人"的下位概念，属于具有一定概括性的非名物词；其甲骨文"🧍"通过正面站立人形构件与指示某一高度的"一"组合而成，即由上位词的象形符号与标志符号组合而成。"位"的意思就是位置，属于非名物词，甲骨文"🧍"用人站立在某处将其词义具象化，下部标志站立位置的横线，具有高度概括性。"雷"是一种自然现象，无形可像，甲骨文"🌩"通过闪电形与象征雷声的标志符号组合将雷的意义具象化为字符。

3. 利用已有字符的音或义所造字

（1）表意构件 + 表意构件

为非名物词造字时，有时直接利用已有符号的意义，即通过不同符号的意义组合表达一个新的意义。如"孙"的本义是儿子的儿子，甲骨文"🧒"由"子"和取像束丝的"糸"组成，其中"糸"以其独立成字时的意义"小"参与构字，"子"以其独立成字时的意义参与构字。"君"的本义是拥有土地的各级统治者，甲骨文"🖋"由"尹"和"口"组成，"尹"的本义是治理，管理，"口"是发号施令的器官，整字表示发号施令的治理者。"体"的本义是人体，其异体字"骵""躰""軆""髀"都是表意构件 + 表意构件，"骨""身""本"分别对"体"的意义从各个方面进行说明。同样，"里"的本义是人居住的地方，金文作"🌾"，由"田"和"土"组合而成，表现人类"恃田而食，恃土而居"的特点。"道"字本义是人所走的道路，金文"🛣"，由"行"和"首"组成，《郭店楚简》"🛤"，由"行"和"人"组成；"行""首""人"都以意义参与构字。"卉""艸"的本义都是百草的总称，战国文字分别作"🌿"和"🌱"，其中"屮"以其独立成字的意义参与构字。隶书以后新造字中，使用这种造字法比较典型的是"尖"，"小"和"大"都以独立成字的意义表现参与构字，都是表意构件。

为抽象名词造字，有时也用表意构件组合的方式。如"德"的本义道德、品行，其初文"悳"由"直""心"两个构件组成，分别以其引申义"正直""心意"参与表意。"意"的本义是心意、意愿，其组成构件"音"和"心"分别以其意义声音和内心参与构字。"狱"的本义是争讼，其金文"獄"由"言"和"狱"组成，狱的意思是两犬相咬，比喻"狱"的意义特点，"言"表示"狱"的意思与言论有关，两个构件都以意义参与构字。

（2）表意构件 + 标志构件

"音"的意思是声音，无形可像，造字者如何为之创造字符呢？"音"的春秋金文字形作"𤲸"，即在"言"字中增加一短横。这样，既能表现"音"与"言"在意义上有一定联系，又能把它们彼此区别开，非常巧妙，体现了造字者高超的创造智慧。

（3）表意构件 + 示音构件

音义合成法能产性极强，不仅可以为大量名物词造字，也可以为大量非名物词造字。"朴材"的本义属于木材名称，属于非名物词；表意构件"木"以引申义"木质的"参与构字，表明这些词的意义所属；"卜""才"从读音角度把它们与其他以"木"为构件的字区别开来。人体的"体"的异体字更多，除前文所述"表意构件 + 表意构件"的几种字形外，还有"體""軆""軆"等音义合成字，其表意构件分别为"骨""身"以及"己""身"，分别对"体"的意义从各个方面进行说明，"豊"为示音构件。可见，表意构件可选择的空间大，弹性强，表现同一词义可以选择不同的表意构件，其利用已有符号组构新字的特点，有助于形成汉字构形的系统性。

音义合成法还可以为大量抽象名词造字。如"誓"本义是誓言；"谚"本义是谚语、古语；"谜"本义是谜语；"谣"本义是不用乐器伴奏唱的歌谣；"谶"本义是征验，即将要应验的预言、预兆；"谎"本义是假话；"诀"本义是诀窍、秘诀；"词"本义是虚词；"诗"本义是一种文学体裁；"该"本义是军中戒约；"谊"本义是正确的道理、合理的原则；等等。这些词的意义都比较抽象，但都与"说话"有一定关联，因此以"言"为表意构件，再用示音构件标明其读音，这样从音义两个角度与所记录的词联系起来。再如"情"本义是感情、情绪，"性"本义是人的本性，"志"本义是心意、意念，"恉"本义是意旨、意图，"恩"本义是恩惠，都是抽象名词，均以"心"为表意构件；"心"本义是心脏，古人认为心脏是思维器官，显然这些字以"心"的引申义参与构字，用示音构件提示读音，从音义两个角度为这些抽象名词创造了音义合成字。还有的表意构件以其所指事物的特点参与构字，如"法"的本义是刑法，金文"𤉡"由"水""廌""去"三个构件组成；"水"有平的特点，表示"法"要公平如水；"廌"是一种传说中能够辨别是非曲直的动物，表示"法"要辨别是非；又用"去"表示读音，这样从多个角度表现"法"，为它创造了内涵丰富的字符。

符号以独立成字的意义或读音参与构字时，符号位置关系不受物象关系限制，因此字形更加整齐匀称。这对于字符由笔意性的古文字过渡到笔势性的今文字的变化趋势也有一定影响。如"疾"的甲骨文"𤶠"，箭矢形符号呈倾斜状，整个字给人的感觉左轻右重，不够平稳；随着象形意味的逐渐消失，构形符号变为以独立成字的音义参与构字，组合关系不再要求具有图形性，于是正面站立人形的"大"演变为形体相近的"疒"，"疒"在构形系统中的意义与疾病有关，具有表意功能；另一个构件"矢"则进入"疒"内，整个字形变得平稳匀称。

（4）用整个字符记录相关语词

词的数量非常大，如果为每一个词都造一个专用字，字数将不胜其多，大大增加书写和记忆负担。为此，先民采取了灵活变通的记词方法，不再为有些词专门造字，而借用已有字符来记录它，从而大大降低了汉字总量，减轻了书写和记忆的负担。借用字符的方法有两类：一是借用与词义有关的已有字符；一是借用与词音有关的已有字符。

①借用与词义有关的字符

"令""长"都是古代官名，无形可像，于是借用意义与之有一定关联的字符来记录。"令"的甲骨文作"𠙵"，上部是倒口形，下部是跪踞的人形，本义是命令；古代官名"令"与"令"的本义"命令"之间有引申关系，于是借用本义为命令的"令"字来记录官名"令"。"长"的甲骨文"𠃊"像手拄拐杖的老者披着长发之形，与字形相切合的本义有两个：一是空间或时间距离大，读作"cháng"；一是年纪大的，读作"zhǎng"。官名"长"借用与之意义有关联、读音相同的"长"来记录它。同样，"弟"是对同父母或同族同辈而比自己年龄小的男子的称谓，没有为之专门造字，借用意义与之有一定关联而本义为"次第"的"弟"字来记录它。"土"的本义是土地，难以直绘其形，于是借用本义为土地神的"𤳉"字来记录它（因为"土"使用频率非常高，后来又为本义为土地神的"社"通过增加表意构件重新造字）。

②借用与词音有关的字符

"哥"是对同父母或同族同辈而比自己年龄大的男子的称谓，难以直绘其形，先民没有为之专门造字，借用同音字来记录它。《说文解字》"哥，声也"，"哥"的本义是歌声，用来记录"哥哥"之"哥"属于同音借用。"哥"被借用之后，通过增加表意构件为其本用职能重造本字"歌"。天干地支名词用字大都是假借字，如"子"本义是小孩，用来记录地支"子"属于同音借用；"午"本义是杵，用来记录地支"午"属于同音借用；"丁"本义是钉子，用来记录天干"丁"属于同音借用。

二　时间名词造字智慧解析

时间名词的造字法可以分为象意字和利用已有字符的音或义所造字两种。

（一）象意字

时间名词的意义所指是时间，客观世界中没有与之对应的具体事物，为之造字无法直绘其形，只能借助相关典型意象间接表现词义，即为之创造象意字。根据构件多少，时间名词象意字可分为独体象意字和合体象意字。

1. 独体象意字

时间名词"秋"的本义是秋季，词义所指与任何具体事物都没有对等关系，无法直绘其形，于是造字者通过创设典型意象为之造字。"秋"的甲骨文"𧕟"像蝗虫形，古代秋天收割之后要大规模灭蝗，因此造字时借助蝗虫形象来表现秋季的特点。同样，"冬"的本义是冬季，即一年最后一个季节，甲骨文"𠀐"用丝绳两头打结之形表示终了义，用来表现"冬"象征一年将要终结的特点。

2. 合体象意字

古人判定时间，往往借助天象，一天中时段的划分与判定，主要依据太阳位置，因此借助太阳位置表现时间是其主要造字方法。如何用字符表现太阳的位置呢？聪明的造字者利用参照物巧妙地解决了这个问题。如"旦"的本义是清晨，如何表现这段时间呢？"旦"的甲骨文作"𣄼"，上部的构件取像太阳之形，下部的构件是对地面或海平面的描摹，整字构意表示太阳刚刚升起，这样以地面或海平面为参照物，巧妙地通过太阳位置把"旦"的意义所指表现出来。同样，"暮"的本义是傍晚，甲骨文"𦱤"像太阳在草莽或林莽中之形，即以草莽或林莽为参照物衬托太阳位置，从而将"傍晚"义表现出来。"朝"的本义是早晨，甲骨文"𣄰"或"𣄼"也用草木为参照物，表示太阳升至一树高的时间，值得注意的是，字形中还有一个月牙形，表示太阳已经升起而月亮还没有落下，因之与"暮"字相区别。可见，先民造字不仅构意清晰简洁，还特别注意相互之间的区别。"昃"的本义是正午过后的一段时间，甲骨文"𣅈"采用太阳形与歪斜的人形相互组合表示太阳偏斜之意，也是通过太阳位置特点巧妙地把词义表现出来。

甲骨文中还有一个表示早晨的时间名词"晨"，甲骨文"𦥑"像两手持除草工具在劳作之形，"古人晨作和暮息，所以以双手持农具'辰'开始劳作表示'早晨'义，'辰'也表示读音"。① 可见，"晨"用古人下地干活意象表示这个时间段，从中可以看出农业劳动在当时生活中的重要性。同时，甲骨文中用"旦""朝""晨"三个不同字分别记录早晨不同的时段，可见造字时非常重视这个时段，"一天之计在于晨"由来已久。

"秋"还有一个甲骨文字形"𧒸"，像火烧蝗虫形，即借用火烧蝗虫意象来表现秋季的特点。为"春"造字时，也采取借用典型意象的方式，甲骨文有"𣎜"和"𦮼"等多种异形，前者取像树木、萌芽和太阳之形；后者取像小草、萌芽和太阳之形，构意可以概括为草木萌发、阳光明媚，这正是春天典型的特点。"昔"的意思是往昔，也是时间名词，难以直绘其形，甲骨文"𣈙"像太阳之下全是茫茫洪水之形，即用传说中的洪水意象非常巧妙地将抽象的"往昔"义具象化。

从以上分析可以看出，由于时间名词与客观物象之间没有直接对应关系，为时间名词创造象形字符只能借助相关意象。为表示一天内各时段的名词造字，主要借助参照物来表现太阳位置，通过太阳位置表现相应的时间；为季节名词造字主要借助相关季节的典型意象；为意义比较宽泛的"昔"造字时，借助了洪水传说意象。可见，先民为时间名词造字时，非常巧妙地利

---

① 参见李守奎说，见李学勤主编《字源》，天津古籍出版社，2012，第 207 页。

用了时间与客观世界的关系把概括词义具象化；在具象的选择上，根据相关时间名词的特点，选择适当的角度和方法，具有一定的规律性。由此可见，先民对客观世界的观察与分析概括能力，体现了造字者的创造智慧。

（二）利用已有字符的音或义所造字

1. 表意构件 + 表意构件

"冬"的象形初文"⌒"取像丝绳两头打结之形，用"终了"意象表现"冬"为一年最后一个季节的特点；后来，记录"冬"的字形增加取像冰的"仌"，突出冬季寒冷的特点。两个构件分别以其独立成字的意义"终了"和"寒冷"参与构字，结构模式为表意构件 + 表意构件。"昏"的本义是日暮，天刚黑的时候，甲骨文"昏"由"日"和"氐"组成，"日"的意思是太阳，"氐"的意思是底下，两个构件的意义组合表示太阳落到地平线底下，表示日暮时分。"时"意思是时间，具有概括性，其最大特点是不断变化，从不停留。如何表现这个意义呢？聪明的造字者选用已经独立成字的"日"和"之"进行组合，用它们的本义"太阳"和"往，到……去"组合表示太阳不断运行，从而把具有高度概括性的时间特点表现出来。

2. 表意构件 + 示音构件

"昼""夜"的本义分别是白天和黑夜，"昼"的甲骨文"昼"由"日"和"聿"组合而成；"夜"的甲骨文"夜"由"月"和"亦"组合而成。可见，造字者分别选择与"昼""夜"意义密切相关的"日""月"作表意构件，选择音近的"聿""亦"分别作示音构件，即从已有符号中选择与词的意义和读音相关的构件进行组合，为之创造音义合成字。同样，"昨""翌""晚""暂""曩""朔""霸"的本义都是时间名词，造字方法都是选择"日"或"月"作为表意构件，用同音字符号表示词的读音，这样从音义两个角度组构字形，既能体现汉字系统的规律性，又能使彼此相互区别。

如前所述，"晨"最初的甲骨文字形"晨"是合体象意字，后来为之重造从日辰声的音义合成字"晨"，表意更明确。

3. 用整个字符的音或义

借用整个字符记录时间词的情况有两类，一是借用与词义有关的已有字符，一是借用与词音有关的已有字符。

（1）借用与词义有关的字符

借用与词义有关的已有字符来记录时间名词，比较典型的是"日""月"。"日"作为时间名词，意思是一天，一昼夜，即地球自转一周的时间；在古人心目中，一日就是太阳东升西落的一个周期，于是用与之相关的太阳的名称"日"称呼它，字符也借用取像太阳之形的"日"字。同样，"月"作为时间名词，与月亮圆缺变化周期关系密切，于是用月亮的名称"月"称呼它，字符也借用月亮之"月"字。同样，时间名词"旬"的意思是十天，古人计时把十天看作一个小循环，因此用本义为循环周匝的"旬"称呼它，字符也用本义为循环周匝的"𠫔"字（后增加表意构件"日"重造本字"旬"）。同样，时间名词"年"用本义为"丰收，收获"的"年"称呼和记录，因为当时农业一年收获一次，二者密切相关；时间名词"岁"用本义为木星的"岁"来称呼和记录，因为"古人认识到木星约十二年运行一周天，因将周天分为十二分，称十二次。木星每年行经一次，即以其所在星次来纪年，故称岁星"。①

（2）借用读音有关联的单个字符

这种借用的特点是造字对象的意义与被借字的意义没有任何关联。如时间名词"今"的意思是"现在"，借用本义是"吟"的字形来记录它。"今"的甲骨文"𠓛"在倒置的"口"形构件下加一短横，表示长吟之义，为"吟"的本字。时间名词"今"与"吟"意义上没有任何联系，只是读音相近。后又通过增加表意构件为其本用功能重造"吟"字，而"今"成为时间名词专用字。

三　方位名词造字智慧解析

（一）含标志符号字

标志符号的特点是不重外形，无法指实为某种具体事物，具有高度概

---

① 参见李学勤主编《字源》，天津古籍出版社，2012，第110页。

括性和抽象性。方位词意义比较概括，与标志符号特点相适应，因此为方位词造字最常用符号是标志符号。如"上""下"意义具有相对性，只有通过比较才能表现相应的位置关系，因此为它们造字既要有参照标准，还要有指示位置的符号。"上""下"的甲骨文"ᵕ""ᵔ"用长线条作为参照标准，在参照物的上方和下方用短线指出了"上"和"下"的位置所在，徐灏《说文解字注笺》"上下无形可像，故于一画作识，'－'于上为上，缀于下为下"。显然，"ᵕ""ᵔ"中长线条不是对任何具体事物的描摹，具有一定的抽象概括性，属于标志符号；其中短线分别指示"上""下"的位置，也属于标志符号。方位词"中"甲骨文作"中"或"𣃾""𣃾""𣃾"，第一个字形"中"的竖线与中间的圆圈互相标志中间位置，不指向任何具体事物，属于概括性标志构件。方位词"内"的甲骨文作"𠁥"，中间的"人"像有锐锋的楔形符号，不对应任何具体事物，属于标志符号；外部"冂"表示"人"进入的事物或区域，具有概括性，也属于标志符号。方位词"外"的甲骨文"𠁥"与"卜"的甲骨文似乎没有什么区别，但构意却大不相同："卜"的甲骨文取像卜兆之形，"外"的甲骨文中间长竖线为参照物，旁边的短斜线指出"外"的位置。两者在卜辞中判然有别，即"卜"字的兆枝总是指向龟甲兽骨的内侧，"外"字中的短斜线总是指向龟甲兽骨的外侧，可见，"外"的甲骨文属于两个标志符号的组合。

总之，方位词的意义具有较强的概括性，与任何具体事物没有直接对应关系；标志构件也具有高度抽象概括性，与任何具体事物都没有直接对应关系。两者的共同特点决定了标志符号是方位词的最佳造字构件。以上方位字都通过两个标志构件相互组合来表现具体方位，为方位词创造了简洁而构意明确的字符，由此可见，造字者为方位词造字时选择了与词义相适应的最佳造字法。

（二）利用已有用字符的音或义所造字

借用字符的音或义来记录相关语词有两个途径。

1. 借用与词义有关的字符

这种借用的特点是造字对象的意义与被借字的本义有引申关系。如

"後"的甲骨文作"𢔶"，上部的构件是像束丝或者绳索形，下部的构件像脚形，整字表示脚被绳索系住，"後"的本义是动词，意思是行走迟后；引申为"在后面"的意思，即方位词"後"。先民没有专门为方位词"後"造字，而借用本义为"行走迟后"的字来记录它。"前"的甲骨文"𦥑"，像脚在舟上形，本义是前进，引申为方位词，与"後"相对；先民没有专门为方位词"前"造字，借用本义为"前进"的字来记录它。同样，"西"的甲骨文"𠧓"和西周金文"𠧢"取像鸟巢之形，鸟巢是鸟类栖息之所，与字形相切合的本义是鸟类歇息；由于鸟类歇息是太阳从西方下落的时候，因此引申出"西方"的意思。先民没有专门为方位词"西"造字，借用本义为"鸟类歇息"的字来记录它。为了相互区别，又为本义"鸟类歇息"重造本字"棲"和"栖"，简化后统一作"栖"。"南"的甲骨文"𣥚"像一种乐器形，本义是南方少数民族音乐名，方位词"南"为其引申义；先民没有专门为方位词"南"造字，借用本义为"南方少数民族音乐名"的字符来记录它。"裏"的本义是衣服内层，引申为广义的"在内或在中"，即方位词"裏"。先民没有专门为方位词"裏"造字，借用本义为"衣服内层"的字来记录它，后来简化为"里"。"左""右"的甲骨文"𠂇""𠂇"分别借用本义为左手、右手的已有符号来记录，使意义比较概括的方位词意义得以具象化。

2. 借用与词音有关的字符

这种借用的特点是造字对象的意义与被借字的意义没有任何关联。如方位词"北"的意思是北方，借用本义是"违背"的字符来记录它。"北"的甲骨文"𠦃"像二人背对背之形，本义是违背；显然，方位词"北"与"违背"意义上没有任何联系，只是读音相近，可见，方位词"北"没有专用本字，只能借用一个同音字来记录。"东"的意思是东方，很难直接为它造字，借用本义是"橐"的字形来记录它。"东"的甲骨文"𤔔"或"𠧢"像两头用绳索扎住的橐形，本义是橐。

四　名词造字智慧总结

以上造字智慧解析主要涉及普通名词、时间名词和方位名词三大类。

普通名词又可以分为具体名词和抽象名词；具体名词又可以分为名物词和非名物词。不同种类的名词，其意义所指各有特点，与之对应的造字方法也呈现不同的特点。

（一）名物词造字智慧总结

名物词意义所指是具体的客观事物，有具体的外部形态可以描摹，因此，直绘其形的象物字最多。然而，由于客观事物数量巨大，造字者不可能为每个名物词都创造象物字，往往只为那些与人类关系非常密切的名物词造象物字。很多事物的外形是多种多样的，并没有统一的形状，如"山""石""木""牛"等；有些甚至是变动不居的，如"月""气""云""水"等。因此为名物词造字，首先，要从纷纭复杂甚至变动不居的事物中概括出最有代表性的典型形象，这需要造字者具备观察、分析、概括、判断、选择等创造性思维能力。其次，对于已经选定的典型形象或状态，如何简洁地把它描摹出来，仍需要造字者创造性解决问题的方法和能力，因为描摹一个事物的角度，可以从正面，也可以从侧面，甚至可以从反面；可以表现局部特征，也可以对整体全面描摹。可见，为名物词创造象形字符，造字者要思路开阔，善于选择适合的角度和方法。

不仅如此，由于象形符号不能像图画那样准确描摹事物的外形，有的独体象形符号表意不够明确或者易与形近符号相混。为了解决这个问题，造字者往往在描摹词义所指的主体象形符号基础上，增加辅助性象形符号，因而构成合体象形字。这些辅助性符号的作用主要是提示主体象形符号的位置（眉、瓜、巢）、特点（蛛、蛊）、性质（辇、圈）、功用（磬、簋、箙）等，从而明确主体象形符号的意义所指。名物词常用的造字方法还有象形符号与标志符号组合，有的在取像事物整体的象形符号上用标志符号指示词义所指（刃、本、臀）；有的用容器形符号与象征词义所指的标志符号相互组合（血、丹）。

名物词的造字方法还有一种通过相关意象来表现词义的象意字，可以是独体结构（如酒、井的甲骨文），也可以是合体结构（如雉、麤、典的甲骨文）。

除了上述象形造字法，为名物词造字还有一种方法，即根据名物词的音义造字。其特点是用已有符号的音或义来表现语词的音或义，从而创造新字符；这种造字法极具能产性和系统性。最常见的是用上位字或下位字为表意构件，通过与示音构件组合来创造音义合成字（桃、草、管、盆），或用两个或多个表意构件组合创造义义合成字（雀、泪）。

（二）抽象名词与非名物词造字智慧总结

抽象名词和具体名词中的非名物词，词义所指都具有一定概括性，无法直绘其形，只能借助相关意象为之创造象意字。象意字可以是独体结构，也可以是合体结构。如表示人物身份、地位的"皇""王""士""巫"等是独体象意字，"后""侯""妻""父"等是合体象意字；非名物词中还有"京""禽""灾""世""力""鬼""神""帝"等的初文符号是独体象意字，"旅""邦""国""邑""野""声""光""器""具""畜"等的初文符号是合体象意字。抽象名词"辟""戎""疾""病"等都是合体象意字。象意字不管是独体还是合体，其共同特点是字形表现的意象与词义没有对等关系，但有一定的关联，通过联想和想象能够把二者联系起来。可见，象意字中蕴含着联想和想象等创造性思维必备的思维形式。造字时如何选择相关事物形象？首先要通过联想和想象，从各个角度找出与词义相关的各种事物，然后从众多相关事物中选出最有代表性而且容易具象化的事物。这个过程需要造字者发挥联想、想象、分析、判断和选择能力。

造字者为非名物词造字，还常用象形符号与标志符号组合的办法。有的用具有象征性的标志符号标志词义所指，象形符号起衬托或补充说明作用（位、雷）；有的用象形符号表现词义，而标志符号对象形符号具有限制或提示作用（夫）。

当然，最常用的方法还是利用已有字符的音或义来创造新字符或记录语词。有的用表意构件与示音构件组合创造音义合成字（词、诗、法），有的通过两个或多个表意构件组合来创造义义合成字（孙、君、里、德、狱），有的借用与字义有引申关系的已有字符（令、长）记录语词，有的借用与字音有关联的已有字符（哥、子、午、丁）记录语词。

（三）时间名词造字智慧总结

时间名词造字主要有两种。首先是借助典型意象为时间名词造字：有的通过"日"（或"月"）与参照物图形式组合来表现太阳位置（旦、暮、朝、昃）进而表现时间；有的通过创设典型意象来表现时间词（秋、冬、晨、昔）。第二是根据利用已有符号的音或义来创造新字或直接记录语词：有的用"日"与另一表意构件组合创造义义合成字（时、昏）；有的用"日"或"月"与示音构件组合创造音义合成字（昼、昨、翌、晚、暂、曩、夜、朔）；有的借用与字义有关字符（日、月、年、岁）来记录，有的借用与字音有关字符（今）来记录。

（四）方位名词造字智慧总结

方位词常用造字法主要有：用两个具有高度抽象概括性的标志构件相互组合来创造字符（上、下、中、内、外）；借用与词义有关的已有字符（前、后、西、南、左、右）；借用与字音有关的字符（北、东）。

可见，造字者根据各类名词的词义特点选择了适宜的造字方法，其中蕴含着丰富的创造智慧，这些智慧可以为训练学生的创造性思维能力提供丰富的材料和依据。

第三节　动词造字智慧解析

动词是表示人或事物动作行为、心理活动、存现变化的词。如何为动词创造字符？"汉语早期表示动作的一些字大多与特定的名物相联系，使它们只适用于一些特定种类的名物。"[①] 这种说法不一定十分准确，但是却说明一个事实，即一些动词字符尤其是早期字符常常依托特定种类的事物之形，即通过具体的事物形象，将动词意义具象化。此外，最常用的方法

---

① 徐通锵：《语言论——语义型语言的结构原理和研究方法》，东北师范大学出版社，1997，第 338 页。

是利用已有字符的音或义从词的音义两个角度为之创造字符。以下按照造字方法的不同，依次对动词造字智慧进行解析。

一 象形字

根据现代语义学理论，每个动词尤其是行为动词的意义都构成一个语义场景，其中涉及的语义成分不仅包括动作状态、行为主体和动作对象三种主干成分，还包括行为处所、所用工具等辅助成分。因此，"一个原始动词就可以反映原始人劳动生活和日常生活的一个情境。在原始动词的意义中，不但包含着某种行为，而且包含着行为的主体、客体、方式、工具、时间、地点等等。总之，原始动词有两个特点：（一）从词汇学角度来看，原始动词的意义中不但包含有行为，而且包含着整个的情境和画面；（二）从语法学角度来看，原始动词是最原始的语法结构。其他句子成分（宾语、主语、状语、定语等），是逐渐从其中分化出来的"。[①] 显然，一个动词意义场景中包含这么多要素，为之造字时不可能把所有的要素都表现出来，而是从构成语义场景的各种成分中选择其中一种或几种要素组构成字。哪些成分成为组字构件，不是随随便便决定的，而是造字者经过认真分析、选择、比较、判断乃至联想和想象；同时，字符创造出来以后，还要经过用字实践检验，最后通行的字符一定是优中选优的结果，而且随着社会的发展和语言音义的变化，字符还要不断调整，日益完善。

根据我们测查，先民为动词创造象形字选择构件的方法，与西方语言学中"透视域"理论高度一致。"所谓透视域指人们看待一个场景的角度，因为人们总是从一个特定的角度去考虑一个场景；更确切地说，在考虑整个场景时，我们只是集中注意那个场景的某一部分。通过透视域的选择，一部分参与者进入透视域并成为句子的核心成分，每一个核心成分都带有一个（深层的）语法关系。其他参与者不一定能进入句子，即使出现在句子中也只能成为句子的外围成分。"[②] 透视域理论同样适用于行为动词象形

[①] 张今、陈云清编著《英汉比较语法纲要》，商务印书馆，1981，第337～338页；又见李景源《史前认识研究》，湖南教育出版社，1989，第118页。

[②] 袁毓林：《汉语动词的配价研究》，江西教育出版社，1998，第27页。

造字规律。为动词创造象形字符时，因为字形要力求简洁，不可能将语义场景中的所有成分都纳入"汉字构图"，而往往从中选择显要性高的成分作为构字材料。为了表意明确，大多数动词象形字用两个或两个以上成分进行图形式组合来表现语义场景；但也有极少数象形字只包含一个显要的语义成分，即由一个构件组成独体象形字。

因此动词象形造字智慧解析可从独体象形字和合体象形字两部分进行解析。

（一）独体象形字

初文为独体象形结构的动词都是表示具体动作行为的行为动词。这些独体象形字又可以根据造字取像与动词意义的关系分为独体象形字和独体象意字。

1. 独体象形字

从古文字资料看，能够直接表现动词意义的独体字只有一种创造方法，就是描摹语义场景中具有显要性的动作状态。承载动作状态的事物都是行为主体，如"走"的本义是跑，为它造字时，首先要选取能够"走"的行为主体，然后选择典型的动作状态，最后将呈动作状态的行为主体具象化为字符。"走"的甲骨文"𧺆"正是对这种典型动作状态的反映，像一个人迈开大步摆动两臂形，表示奔跑的状态。后来为了字形表意更为明确，增加了取像脚形的"止"，西周金文作"𧺆"，凸显脚在"走"中的作用。同样，"垂"的本义是下垂，造字者选取植物花叶作为行为主体，通过花叶下垂的典型行为状态为之创造了象形字"𠂹"（甲骨文）。由于大多动作行为具有连续性，很难用一个静态的视觉符号表现其典型动作特征，因此，这种造字方法能产性不强，用这种方法创造的字非常少。

2. 独体象意字

还有一些借助相关物象间接表现动词意义的独体象意字。所借助的物象有的是语义场景中具有显要性的用具或凭借，如"擒"的本义是捕捉，其语义场景中具有显要性的成分不止一个，比如行为主体、行为对象、行为工具等都具有显要性；但造字者只选择行为工具作为造字依据，甲骨文"毕"像古代捕捉鸟兽的长柄网；显然，字形"毕"与"擒"的意义之间没有直接联系，要经过一番联想才能把它们联系起来，属于象意字。同样，"发"的意思是发射，其甲骨文"ﾑ"像弹丸弹射后弓弦颤动形，即通过描摹发射工具弹弓的典型状态来暗示发射义；"釆"的意思是辨别，甲骨文"ﾐ"像兽的指爪之形，古代猎人凭借野兽留下的指爪印来判定猎物的种类、大小、多少、方向等，即用指爪印对与猎物有关的信息进行判定和分辨，可见造字者选用"釆"所凭借的依据来为它创造象形字符；"止"的意思是停止，甲骨文用脚形符号"ﾑ"来记录它，因为停止的典型意象是脚原地不动，因此用一只脚来表示，并与"步"的字形相互区别。所借助的物象有的是动作场所，如"享"的本义是享献鬼神，甲骨文"ﾑ"或"ﾑ"像享献鬼神的宗庙，即用动作处所形象为之创造象形字符。以上动词的造字方法都是从动词语义场景中选择一个显要成分作为造字取像依据，这些独体象意字与动词意义的联系是单方面的、非直接的，不能一看就明了，是需要去"想"的；同时字形易与相关名词字形重合，影响区别功能，因此，用这种造字方法创造的动词字形也很少。

（二）合体象形字

初文为合体象形字的动词主要包括行为动词、心理动词和存现动词三类。绝大多数合体象形字的造字依据是行为动词，也有少量合体象形字的造字依据是心理动词和存现动词。这里从以下两个方面对动词造字智慧进行分析阐释。

1. 行为动词

为行为动词创造象形字符，最常用的方法是从语义场景中选取两个或两个以上显要成分，通过图形式组合将动词语义场景简单再现出来。行为动词的语义场景中除了包含主干成分动作状态、行为主体、动作对象外，还可能包含动作用具、动作处所等辅助成分，这些要素都可能成为动词字符的表现对象。但字符不同于绘画，其记录语言的工具性特点决定字符要简易，因此不能把所有要素都反映到字符中。这样，造字时选择哪些成分作为造字原料，舍弃哪些要素，选中的相关成分如何组合，都需要造字者做出选择，这些都体现了造字者的主观能动性，体现造字者的选择智慧与创造智慧。因此，通过对古字形的分析，可以了解蕴含在字形中的创造性思维，实现与造字者的心灵对话，将古人的创造智慧揭示出来，为培养创造性思维提供借鉴、依据和案例。

在行为动词的语义场景中，主干成分具有显要性的概率最大；用显要成分组合而成的合体象形字中，一般至少包含一个动作状态以外的主干成分。据此，根据字符包含主干成分的情况，合体象形字可分为以下三种类型：行为主体＋动作对象（＋其他）；行为主体＋其他；动作对象＋其他。

（1）行为主体＋动作对象（＋其他）

在表示具体行为动作的动词语义场景中，行为主体和动作对象两类主干成分大都具有显要性，因此，包含这两类主干成分的合体象形字数量最多。

①以手为动作主体器官

人是"天地之性最贵者"，是世界的主宰者，也是汉字的创造者，因此，为动词造字时，人形或人的动作器官是动词字形中最常用的行为主体；手是人最主要的劳动器官，因此手形符号成为动词合体象形字中的最常见构件。动作对象则不像行为主体这么集中，有的动词意义中包含明确的动作对象，但大多数动词对动作对象没有限定，需要根据生活经验去创设典型动作对象。

A. 手＋动作对象

有些动词的意义本身就包含明确的动作对象，正如杨荣祥所说："先秦有一批'对象自足'动词，这些动词具有综合性的特点……所谓综合性，是从后代的语言看，由两个成分构成的句法结构表示的内容，古代用一个词（一个概念）表示。"① 毋庸赘言，对象自足动词的动作对象要进入"构图"，与手形或双手形构件进行图形式组合，表现动词的语义场景。如"刍"的本义是"打草、割草"，词义中包含动作对象"草"，甲骨文"𠦪"像以手将草折断之形，是行为主体"手"与动作对象"草"的图形式组合。同样，"皮"的本义是剥皮，"启"和"开"的本义都是开门，词义中都包含动作对象；"皮"的甲骨文"�"（像手剥削取兽皮形）、"启"

---

① 杨荣祥：《"大叔完聚"考释——兼论上古汉语动词"聚"的语义句法特征及其演变》，载《语言学论丛》第二十八辑，商务印书馆，2003，第133～134页。

的甲骨文"𦥑""𦥔"（像以手开门形）、"开"的战国字形"𨳿"（像双手拉开门闩形）都是手形构件与动作对象的图形式组合。

那些词义中不包含明确动作对象的动词，如果动作对象具有显要性，造字时往往要根据生活经验创设典型动作对象，与代表行为主体的手形构件进行图形式组合，表现动词语义场景。如"采"的本义是采摘，词义中不包含采摘对象，造字者根据生活经验从众多可采摘对象中选择树叶作为代表；甲骨文"𡬠"像手采摘树叶之形，两个构件的位置关系与现实生活中采摘图画完全一致，属于图形式组合。同样，"系"的本义是系联，甲骨文"𦃟"像手联聚众丝之形；"秉"的本义是秉持，甲骨文"𥝌"像手持禾之形；"俘"的本义是俘获，甲骨文"𤔔"像用手抓获小儿之形；"及"的本义是追赶上，甲骨文"𠬝"像用手抓着前边的人之形；"羞"的本义是进献，甲骨文"𦍌"像手持羊形；"获"的本义是猎获，甲骨文"𤥀"像手持鸟形；"得"的本义是得到，商代金文"𠧢"像手持贝形；"服"的本义是制服，甲骨文"𠬝"像一只手按着跪踞的人形；"妥"的本义是安抚，甲骨文"𡚬"像用手抚女人形；"解"的本义是解剖，甲骨文"𦥑"像两手解牛角之形；"承"的本义是承托，甲骨文"𠬝"像一个跪踞的人形被两手托着之形；"拔"的本义是连根拽出，战国字形"𢫦"像两手向上拔草木之类的事物；"闢"的本义是开启，打开，金文"𨳿"像双手打开大门形；"争"的本义是争夺，甲骨文"𤔔"像两手争夺某个东西之形；"取"的本义是获取，甲骨文"𠬝"像手拿着耳朵之形，这是古代战争中割取俘获敌人左耳习俗的反映，耳朵在这里代表俘获对象。这些动词意义本身都不包含明确的动作对象，而动作对象在语义场景中具有显要性，于是，造字者根据生活经验创设了典型动作对象，通过动作对象与代表行为主体的手形组合，把动词语义场景明确表现出来。

教、授类动词的受动对象一般有两个，即通常说的可以带双宾语。为这类动词造字时，往往把施动者和两个受动对象都反映在字形中。如"授""受"的甲骨文"𠬝"，像一只手把盘或舟教给另一只手，显然上部的手是施动者，下部的手是受动者，中间的构件表示"授予"或"接受"的事物，即动作对象。从"授"的角度说，"𠬝"把行为主体，两个动作对象都反映到字形中了，图画感很强。

B. 手 + 工具 + 动作对象

有的动词，用行为主体和动作对象图形式组合来表现构意，还不够明确，且易与其他字形相混，于是通过增加用具来补充说明构意，这样的合体象形字包含三种语义成分，图画感更强。如"鼓"的本义是击鼓，词义中包含动作对象"鼓"；甲骨文"𪔲"像手拿鼓槌击鼓之形，在行为主体"手"和动作对象"鼓"之外，还有鼓槌形构件；不难理解，如果没有鼓槌形构件，字形构意就不太明确，可见，鼓槌在字形中的作用。"舂"的本义是舂米，词义中包含动作对象"米"，甲骨文"𦥑"像双手持杵在臼中舂米之形，字形中不仅有行为主体"双手"和动作对象"米"，还有工具"杵""臼"；显然，如果字形去掉"杵"和"臼"，构意就不明确了，就无法表现出"舂"的意义。同样，"渔"的本义是捕鱼，"灭"的本义是灭火，熄灭，"段"的本义是捶石，"沫"的本义是洗脸，这些词义中都包含动作对象；"渔"的甲骨文"𩵋""𩼊"（像手拿钓竿或双手持网之形）；"灭"的甲骨文"𤎩"（像手拿扇子灭火之形）、金文的"𣪊"（像手持椎击打山石之形）、"沫"的甲骨文"𩙿""𩜵"（像人在盆上双手洗脸之形），这些字都是手形、用具形和动作对象的图形式组合，其中钓竿、扇子、石椎、盆等用具都在动作场景中具有显要性，对表现词义具有补充说明作用。

有的动词意义不包含受动对象，造字时要根据生活经验为之创设典型受动对象。如"牧"的本义是放牧，词义中不包含动作对象，根据生活经验，放牧的对象大多是牛、羊等，因此造字时选择牛或羊作为动作对象，同时在行为主体"手"中增加了放牧工具"鞭子"，其甲骨文"𤛇"或"𤘘"正像手持鞭子驱赶牛或羊之形。可以想象，如果手中没有鞭子作工具，放牧的意义就不明确了，由此可见，鞭子在"牧"的动作场景中非常重要，是表现构意不可缺少的成分。同样，"焚"的本义是焚烧，甲骨文"𤏳"像两手持火把焚烧林木之形；"弃"的本义是抛弃，甲骨文"𡘽"像双手持簸箕将小孩扔掉之形；"画"的本义是绘画，甲骨文"𦘒"像手拿毛笔绘画之形，下部的花纹代表所画的图画。这些动词的意义中都不包含动作对象义素，造字者不仅为之创设了典型动作对象，同时在行为主体手中都增加了工具形构件，字形构意十分明确。

“教”与“授”一样，属于可以带双宾语的动词，其甲骨文作“”或“”，前者像手拿教鞭与教的内容“爻”的组合，后者像手拿教鞭、教的对象“子”、教的内容“爻”三个部分的组合，显然其中“子”是教的对象，“爻”是教的内容，可见“教”的字形构意把行为主体和两个动作对象以及工具都反映到字形中，生动表现了“教”的意义特点。

②其他动作主体器官＋动作对象

动词意义非常丰富，行为主体器官不限于手，还有口、耳、脚、肩以及身体的其他部位，这些在字形中都有所反映。如“听”的主体器官是耳朵，动作对象是声音；显然声音是无形可像的，造字者怎样解决这个问题呢？甲骨文“”由“耳”和“口”组成，耳是“听”的行为主体，“口”是声音的发出器官，用来代表声音，即“听”的动作对象。因此，“听”的甲骨文字形也属于行为主体与动作对象的组合，只是对无形可像的声音采用了替代的方法，体现了造字者灵活变通的创造智慧。“食”的本义是“进食”，甲骨文“”像张口就食物而吃之形，上部的三角形表示正在动的口，下部是器皿中装有食物形，属于行为主体与动作对象的组合。同样，“令”“命”甲骨文都作“”，上部的三角形表示正在说话的口，下部是一人跪跽而受命，表示命令义；“讯”的甲骨文作“”，左部的口表示审讯的行为主体，右部的像反缚其手的人形表示审讯对象，表示讯囚义。“逐”的本义是追逐，甲骨文“”像追逐野猪之形，上部的豕是追逐对象，下部的人脚是追逐的行为主体；“卫”“围”的商代金文“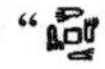”像众多脚围绕一个区域之形，表示保卫或包围之义，中间的方框表示被保卫或包围的地方，四周众多的脚表示实施保卫或包围的行为主体。

有的行为主体用整个人形来表示，如“何”的本义是负荷，甲骨文“”像人肩膀上扛着东西之形，施动部位肩膀没有作为构件出现，而是以整个人形来表示施动者，肩膀的作用主要通过人形与戈形构件的位置关系来表现。同样，以人形构件为行为主体的字还有：“育”的本义是生育，甲骨文“”“”像女人生小孩之形；“从”的本义是跟随、随从，甲骨文“”像后边的人紧跟着前边的人；“保”的本义是背着，商代金文“”像一个人背着孩子；“乘”的本义是登上，甲骨文“”像人登上树形；“即”的本义是靠近，甲骨文“”像人靠近并面对食物；“既”的本

义是完成，甲骨文"🀄""🀄"像人背对食物而坐或将头扭向后边；"飨"的本义是飨食，甲骨文"🀄"像两人面对食物相向而坐；"夹"的本义是辅助，甲骨文"🀄"像两个人从左右两边搀扶中间的人；"尿""屎"的本义分别是撒尿、屙屎，甲骨文"🀄""🀄"分别像人撒尿、屙屎之形。这些动词的语义场景中，行为主体和动作对象都是显要成分，因此成为合体象形字的构字成分，其中行为主体取像整体人形（有的人形还呈动作状态）。

有的行为主体不但有呈动作状的人形，还特别突出施动器官，图画性很强。如"艺"的本义是栽种，甲骨文"🀄"像双手持禾苗或树苗栽种的样子，后来双手形构件又被省略而成"🀄"形；"临"的本义是俯视，西周金文"🀄"像人俯视众物形，其中上部的人形突出了其中的施动器官眼睛，下部的构件代表俯视对象；"乳"的本义是喂奶，甲骨文"🀄"像母亲抱着孩子喂孩子奶形；"孕"的本义是怀孕，甲骨文"🀄"像人腹中有胎儿之形。这些字形因为不仅是行为主体和动作对象的图形式组合，而且突出了具体的动作器官，画面感很强。

（2）行为主体 + 其他

有的动词是不及物动词，没有动作对象；有的虽为及物动词，但动作对象不具有显要性。这两种情况造成一些动词的合体象形字不包含动作对象，而由行为主体与处所或用具组合而成。具体包含以下三种情况：一种由行为主体与动作处所组成；一种由行为主体与动作用具组成；还有一种只包括行为主体。

①行为主体 + 动作处所

"古汉语的动词概念之内包含有结果、地点、方向等方面的信息，现代汉语则是把这些信息与动作行为分开。"① 这说明"自足动词"不仅有"对象自足动词"，还有包含其他成分的自足动词，这些自足成分往往作为动词语义场景的显要成分而成为合体象形字的重要构件。如"集"的本义是鸟在树上栖息，其中已经包含动作的处所"树上"；其甲骨文"🀄"像鸟停在树木上之形，由行为主体"鸟"与栖息之所"树"按实际物象关系

---

① 石毓智：《古今汉语动词概念化方式的变化及其对语法的影响》，《汉语学习》2003 年第 4 期。

组合而成。同样，"臽"的本义是落入陷阱，"泳"的本义是游泳，"涉"的本义是徒步过水。这些动词意义中都包含明确的处所义素，为之创造的合体象形字都是行为主体与处所的图形式组合："臽"的甲骨文"㲋"像人落入陷阱中，陷阱表示处所；"泳"的甲骨文"㳂"像人在水中游泳，水表示处所；"涉"的甲骨文"㳉"像两脚在水中行走，水表示处所。显然，这些字形中表示处所的构件对表现词义有十分重要的作用，不可或缺。

然而，大多数不及物动词不具备"处所自足"特点，造字时要根据生活经验为具有显要性的处所创设典型意象。如"休"的本义是息止，词义对于息止的处所没有限定，于是造字者选取古代田间劳动者到树下休息的典型意象，设定"树下"为"休"的处所，甲骨文"㐱"像人倚靠着树木之形。"陟""降"的本义分别是升登、下降，词义中都不包含处所义素，其甲骨文"㩱""㩲"都以山阜为典型处所，分别用双脚向上登山和向下下山意象表现"陟""降"的意义。"出"的本义是外出，"各"的本义是来到，词义中都不包含处所义素，其甲骨文"㞷""㕚"都以穴居之地为典型处所，分别用脚向外形和脚向内形表示"出""各"的意义。同样，"宿"的本义是过夜，词义中不包含处所义素，甲骨文"㝛"像人躺在室内席上之形，用房子和席子两个构件表现动作处所。"梦"的意思是做梦，甲骨文"㝱"像人卧床上双手舞动之形，用床表现做梦的处所；"坠"的本义是坠落，金文"㒸"像豕从山上掉落之形，其中山阜形构件表示处所；"益"的本义是满溢，甲骨文作"㿿"像水在皿中满溢之状，其中器皿形构件表示处所。

以上不及物动词不仅没有动作对象，而且都不能使用工具，因此，用行为主体与处所组合来表现动作场景成为创造合体象形字的唯一选择。

②行为主体＋动作用具

有些动词的语义场景中，所用工具显要性非常强，成为合体象形字的重要成分；而动作对象不具有显要性，不能进入合体象形字"构图"。这样，行为主体与所用工具的图形式组合成为这类合体象形字的常见形式。如"射"的本义是开弓放箭，词义中包含所用工具"弓箭"，因此"弓箭"在"射"的语义场景中显要性很强，而"射"的对象或目标则不具备显要性。"射"的甲骨文"㔾"像一个人拉弓射箭形，金文"䠶"像手持弓箭发射形，均由行为主体与所用工具组合而成，动作对象没有进入字形。"铸"的本义是把金属熔化后倒在模子里制成器物，词义中包含模子等工具义素，因此所用工具在"铸"的语义场景中显要性很强。西周金文"🝩"像双手持倒置的熔器将熔液倒入下部的模子里，中间的火形构件凸显熔器中倒出的是被火熔化的熔液，整个字形由行为主体双手与熔器、火、铸范等工具图形式组合而成。"监"的本义是照镜子，词义中包含的工具"镜子"在语义场景中具有显要性，其甲骨文"🝪"用突出眼睛的人形与代表镜子的器皿形组合而成。"占"的本义是根据甲骨卜兆推测吉凶，词义中包含的用具"甲骨"在语义场景中具有显要性，其甲骨文"🝫"用行为主体"口"与带有卜兆的肩胛骨组合而成。以上行为动词都具有"工具自足"的特点，工具在语义场景中具有显要性，成为造字构图要素。

　　有些动词意义不具有工具自足性，但是在动词语义场景中，工具成分却具有显要性。为这样的动词造字，要根据生活经验创设能够表现词义的具体意象，其中典型用具的设置是词义具象化的关键。如"具"的本义是备办，词义中不包含用具义素，甲骨文"🝬"像双手持鼎之形，表示备办饭食，将"备办"义具象化，其中鼎形构件是造字者创设的典型用具。"吊"的本义是祭奠死者，词义中不包含用具义素，甲骨文"🝭"像人身上缠绕着弋射用的缯缴之形，用古人背着弓箭看护死者尸身的习俗将词义具象化，其中缯缴是造字者根据词义创设的典型用具。"舞"的本义是跳舞，词义中不包含舞蹈道具义素，甲骨文"🝮"用两手持牦牛尾意象将"舞"的意义具象化，其中牦牛尾是造字者创设的典型舞蹈道具。"戍"的本义是戍守，词义中不包含所用武器义素，甲骨文"🝯"用人扛着戈意象将"戍"的意义具象化，其中戈是造字者创设的典型用具。同样，"对"的本义是核对，"戒"的本义是戒备、警戒，"祭"的本义是祭祀，"为"的本义是做，"耤"的本义是耤田，这些动词意都比较概括，词义中不包含所用工具义素；造字时根据生活经验为之创设具体语义场景，通过行为主体与典型用具的图形式组合将词义具象化："对"的甲骨文"🝰"用手拿带齿的券契形把词义具象化，"戒"的甲骨文"🝱"用双手捧戈形把词义具象化，"祭"的甲骨文形"🝲"用手持往下滴血的肉块形把词义具象化，"为"的甲骨文"🝳"用手牵象形把词义具象化，"耤"的甲骨文"🝴"用人持耒耕作将词义具象化。从这些甲骨文可以看出，造字时通过行为主体与典型用具的图形式组合将动词意义具象化，其中典型用具的选择和设定是词义具象化的关键。

③行为主体

有的行为动词语义场景中，具有显要性的是行为主体和动作状态，因此，为这类动词创造合体象形字时，应该把行为主体和动作状态作为主要依据；然而动作状态不具有独立性，只能依附于行为主体，这样，就形成了这类动词如下的造字特点：如果行为主体是两个事物，就通过两个行为主体的图形式组合来为之创造字符，如"斗"的意思是打斗，"斗"的行为主体至少涉及两个人，甲骨文"𩰚"用两人徒手相搏来表现打斗状态，为"斗"创造了合体象形字符。"冓"的意思是遭遇，其语义场景中只有两个行为主体具有显要性，甲骨文"𡚬"用两条鱼头对着头来表现"遭遇"状态，其中两条鱼在所创设的典型场景中代表行为主体，通过相互位置关系表现其遭遇状态。行为主体的动作器官大都是成对的，如果成对动作器官的相互位置可以改变，也可以通过成对器官的图形式组合表现动作状态，为之创造合体象形字符。如"步"的本义是步行，其语义场景中不包括动作对象和动作工具，动作场所也不具有显要性，只有行为主体和动作状态具有显要性；因代表行为主体的动作器官是位置关系可以变化的双脚，因此造字时用两脚形的图形式组合来表现动作状态了，甲骨文"𣥔"像左右两脚一前一后形，既是两个动作器官的组合，又是对步行状态的描摹。

如果行为主体的动作器官位置不能改变，如眼睛、耳朵等，则用行为主体与放大或增多的动作器官组合来表现动作状态。如"闻"的本义是"听见，听到"，语义场景中不涉及行为用具和处所，动作对象"声音"也难以直接表现，具有显要性的只有行为主体和动作状态；于是用行为主体与放大的动作器官动态组合来为之创造字符，甲骨文"𦕢"像人跪踞而手附耳倾听的样子，其中耳朵被放大，突出了"闻"的具体动作器官，暗示"闻"的意思。"望"的本义是往远处看，甲骨文"𢍰"由站在土堆上的人形和竖立的眼睛组成，其中主体器官眼睛不仅被放大，而且呈竖立状被放到人形构件的上边，突出了"望"的动作状态和意义特点。"企"的本义是踮起脚后跟，甲骨文"𨀥"用人形与放大的脚形图形式组合，通过突出主要动作器官脚，暗示"企"的意思。"奔"的本义是猛跑，金文作"𡺄"，上部像奔跑的人形，下部是三个脚形，用多个脚形构件突出跑得快的特点。此外，"霝"的本义是雨降落，甲骨文作"𩁹"，上部的构件是雨，属于行为整体；下部的构件是被放大的雨点，其作用与行为器官一致，即动作的具体执行者，因此，我们把"霝"的造字方法也归为这一类。

（3）动作对象＋其他

在有的动词语义场景中，动作对象具有显要性而行为主体不具有显要性，因此，为之创造合体象形字时，动作对象被纳入"构图"范畴，而行为主体不能纳入"构图"范畴。当然，动作对象不能独立表示动词意义，一般要与语义场景中的其他成分组合。根据与动作对象组合成分的不同，这类合体象形字可以分为两类：一是动作对象＋处所，一种是动作对象＋用具。

①动作对象＋处所

有的动词语义场景中，具有显要性的语义成分是动作对象与处所，因此，这两种语义成分被纳入造字"构图"范畴，成为合体象形字的组成构件。如"薶"是一种祭祀方式，即埋牲祭祀，词义中包含动作对象"牺牲"；动作对象和处所在其语义场景中具有显要性，成为合体象形字的"构图"成分，其甲骨文"𤓰""𤓱""𤓲"等像牛、羊、豕等牺牲在坎穴中，是"埋"的对象与处所的图形式组合。同样，"沉"的本义是沉祭，即一种把牺牲投入水中的祭祀方式，甲骨文"𣲐""𣲑"等像牛在水中之形；"渔"的本义是捕鱼，甲骨文"𩾌""𩾍"等像很多鱼在很少的水中，是对竭泽而渔这种捕鱼方式的反映；"封"的本义是植树封疆，甲骨文"𡉚"像树被种植在土地上。这些动词都具有自足性，词义中包含动作对象；同时，语义场景中的动作对象和处所都具有显要性，成为合体象形字的构图成分。

有些非自足动词，词义没有限定明确的动作对象，造字时要根据生活经验创设选择具体的动作对象，如"贮"的意思是贮存，词义中不含动作对象，造字时只能根据语义场景中的显要成分，创设典型意象，甲骨文

"㡙"像贝在匣子中，其中贝和匣子是根据生活经验创设的典型贮存对象和贮存处所。同样，"区"的本义是隐藏，甲骨文"匜"像众多器物隐藏在曲形器中，也是根据生活经验选取典型隐藏对象与处所而创设典型场景，从而将动词意义具象化。

②动作对象＋用具

这类动词的特点是，其语义场景中，动作对象与所用工具显要性较强，因此，在为之创造合体象形字时，这两种语义成分被纳入造字"构图"范畴，成为合体字的组成构件。

有的动词本身具有自足性，词义中既包含动作对象又包含动作工具，这两种成分在其语义场景中具有显要性，成为创造合体象形字的重要"构图"成分。如"罗"的本义是用网捕鸟，词义中既包含动作对象"鸟"又包含动作用具"网"，"鸟"和"网"在"罗"的语义场景中具有显要性，因此成为创造合体象形字的重要依据，其甲骨文"罗"像用网罩罩住鸟形，即用捕鸟工具与捕获对象组成的合体象形字。"炙"的意思是烤肉，词义自足性很强，既包含动作对象"肉"又包含动作用具"火"，这两个成分在动词语义场景中具有显要性，成为象形合体字"炙"的构字成分，这个字形虽是战国字形，但其用火烤肉的意象十分明晰。

有的动词不具有自足性，词义对语义场景中具有显要性的动作对象和动作工具都没有明确限定，因此，为之创造合体象形字时要根据生活经验创设典型意象。如"绝"的本义是断绝，词义不具有自足性，对语义场景中具有显要性的动作对象和动作用具都没有明确限定，因此造字时要根据生活经验创设典型意象，其甲骨文"绝"像以刀断丝之形，这是根据生活经验创设的典型意象，其中丝和刀是创设的典型对象和典型用具。同样，"则"的意思是效法，西周金文作"则"，左部是上下两鼎，上一鼎是所比照的器样，下一鼎是比照器样仿制出来的模型母胎，右部的刀是比照器样进行雕饰的工具，整字构意是用刀比照模型雕饰器具，由动作对象与动作用具组成。"析"的意思是分开，甲骨文"析"像用曲柄斧砍树木形，由工具"斤"（曲柄斧）与动作对象"木"组合而成。"折"的本义是折断，甲骨文"折"像用曲柄斧砍断树木形；"农"的本义是农耕，西周金文"农"像用蜃壳形的农具铲除杂草状；"契"的本义是契刻，甲骨文"契"

像用刀契刻券契形；"伐"的本义是杀伐，甲骨文"🝞"像戈砍断人头形；"杀"的本义是杀戮，甲骨文"🝞"像戈截断散发之人头形；"执"的本义是拘捕，甲骨文"🝞"像人双手被铐形。显然，这些动词都不具有自足性，语义场景中具有显要性的动作对象和动作用具都没有明确限定具体事物，因此，造字时要根据生活经验创设典型意象，通过典型对象和典型用具的图形式组合把其词义具象化。

有些动词，如果只用具有显要性的动作对象和动作用具组合为之创造合体象形字，构意还不够明确，或者容易与其他字形混淆，这时往往需要增加一些不具有显要性的成分，以使字形构意更为明确、更具区别性。如"浴"的本义是洗澡，具有显要性的语义成分主要是动作对象"人"和所用之水，但如果只用这两个构件进行组合，很容易与"泳"混淆，于是增加另一用具"皿"来增强字形的明确性和区别性，甲骨文"🝞"像人在浴缸类器皿中洗浴形，由动作对象"人"和所用之"水""皿"组合而成。再如"盥"的本义是洗手，春秋字形"🝞"像在承盘之上洗手之形，由动作对象双手与所用之"水""皿"组合而成。"悬"的本义是悬挂，西周金文"🝞"像倒首被绳索悬于树木之形，由"悬"的对象人头与所用之绳索以及处所树组合而成。显然，像这样包含三个构件的合体象形字，对动词语义场景的表现更丰富、更直观，图画性更强，但构字线条或笔画比较多，因此往往成为汉字简化的对象。

③动作对象＋动作对象

有的行为动词语义场景中，具有显要性的是动作对象的状态或结果，因此，为这类动词创造合体象形字时，往往把动作对象的状态或结果作为主要依据。然而动作状态或结果不具有独立性，只能依附于动作对象，因此其合体象形字往往是动作对象的图形式组合。如"合"的意思是闭合、合拢，可以闭合、合拢的事物很多，甲骨文"🝞"像器盖相合之形，即以带盖器物为典型动作对象，用盖子与器物相合的状态来表现词义。"比"的意思是比并，可以比并的事物很多，甲骨文"🝞"选择两个长柄勺子状东西并列在一起，表现了典型的比并状态。有的在动作对象基础上，通过增加辅助符号凸显动作状态，如"闭"的意思是关闭，可以关闭的事物很多，西周金文"🝞"像两扇门闭合且上闩之形，不仅选取"门"为典型对象，还用中间的小"十"符号突出门闭合的状态。显然，金文字形中的小"十"符号不仅可以凸显闭合状态，也使字形与"门"的字形相互区别开。彰显了造字者的变通能力和创造智慧。

从以上分析可以看出，先民为行为动词创造合体象形字的方法，与现代动词语义场景理论完全相合。根据动词语义场理论，行为动词的语义场景中除了包括动作状态、行为主体和动作对象三类主干成分外，还包括所用工具、处所或位置等辅助成分；具有显要性的成分可以是主干成分，也可以是辅助成分。先民创造合体象形字符时，选用的材料大都是动词语义场景中具有显要性的语义成分，而且其中至少有一种成分属于主干成分。同时，与动词意义特点的丰富多彩相适应，动词造字方法也灵活多样。为某个语义成分自足的动词造字时，往往将该语义成分直接纳入造字"构图"范畴；为某个语义成分不自足的动词造字时，需要根据生活经验创设典型意象，为该语义成分选取具有代表性的具体物象。可见，先民为行为动词创造合体象形字的方法是符合语义规律的，具有科学性、合理性、灵活性，字形中蕴含着先民对生活的观察和认识，蕴含着先民的思维方式，体现了先民解决问题的变通能力与高超智慧。

2. 心理动词和存现动词

一些心理动词和存现动词的初文也属于合体象形字，下面对其造字智慧进行解析。

心理动词的意义是心理活动，其意义不能直接构成具体语义场景，没有办法像行为动词那样通过语义场景中显要成分的图形式组合为之造字，只能通过创设典型意象间接表现词义。如"畏"是心理动词，意思是害怕，造字者通过创设典型的可畏意象来间接表现其意义；甲骨文"𤕫"像鬼手持杖，这是一个令人畏惧的典型意象：鬼就够可怕了，手中再拿上一个大棒子当然就更可怕了。可见，"畏"的造字方法是根据生活经验为"畏"的动作对象创设典型意象，从而将"畏"的意义具象化。"忧"也是心理动词，意思是忧愁，与"畏"侧重表现动作对象的造字角度不同，"忧"的造字角度是侧重表现行为主体，金文"𢝊"像以手掩面形，通过描摹人忧愁时的典型动作状态将词义具象化。同样，心理动词"疑"的意思是疑惑，为它造字时也是通过创设典型意象来表现行为主体的动作状态，甲骨文"🜲"像一个人手拄拐杖在路口东张西望，好像不知道往哪里走的样子，即通过描摹人疑惑的典型状态将词义具象化。可见，因为心理动词不能构成具体语义场景，为之创造象形字只能通过创设典型意象来表现行为主体或动作对象的典型状态，从而迂回地将词义具象化。

存现动词是表现事物存在、变化、消失的动词，这类动词也不像行为动词那样可以直接构成具体语义场景，所以，为存现动词创造象形字也只能通过创设典型意象将词义具象化。如"死"的本义是失去生命，它的意义不能构成一个具体的语义场景，因此为之造字只能通过创设代表死亡的典型意象："死"的甲骨文"🜲"，像一个人对着残骨跪拜，其中残骨表示死者，跪拜人形符号对残骨意义指向具有衬托和提示作用。可见，造字者充分利用生活经验，通过创设典型意象迂回地将难以表达的死亡义具象化，使字符与词义联系起来。再如"化"的意思是变化，它的意义不能构成一个具体的语义场景，为之造字只能通过创设相关典型意象。甲骨文"🜲"像一正一倒两个人形，分别代表"变化"前后的两个典型状态，组合在一起表示"变化"义。

二　含标志符号字

利用标志符号为动词创造的字符，既有直接描摹动作状态的标志符号构成的独体字，又有用标志符号与其他构件组成的合体字。

（一）标志独体造字

有的动词语义场景中，最具显要性的语义成分是动作状态，而其他无论是主干成分还是辅助成分都不具有显要性。为这类动词造字，往往主要把动词所表现的动作状态表现出来。如"纠"是动词，意思是相互纠缭，缠绕，甲骨文"🜲"非常形象地表现了"纠"的动作状态，即对相互纠缭、缠绕的典型状态进行概括反映。像这种直接描摹动作状态的造字方法，与取像具体物象的象形造字方法具有本质不同，这种具有高度抽象性和概括性的符号是一种标志符号。典型的标志独体字，还有动词"回"和"入"的初文字形，"回"的本义是运转回绕；造字者没有借助任何具体物象，而是对该动作的典型状态进行描摹；甲骨文"‌己"和《说文解字》古文"@"都抓住了回环旋转的典型状态。显然，"回"与"纠"的造字方法相同，即通过表现具有概括性的动作状态来创造字符，字形与词义之间的联系非常直接。动词"入"的意义是"进入"，这个意义很难用具体形象来表现；其甲骨文"∧"用一个尖锐符号概括表现"进入"义，至于这个符号具体取像什么很难说；但有一点可以肯定，尖锐的东西容易进入别的事物，可见造字者借用容易进入别的事物的尖锐符号来迂回表现"进入"义，这个符号不取像任何具体事物之形，是对事物特征的概括和抽象，因此属于标志独体字。这种用简洁符号概括表现动词意义特点的造字方法体现了造字者的高超智慧。

（二）标形合体造字

动词语义场景中包含多种语义成分，为之创造象形字时，往往从中选择具有显要性的成分进行"构图"。如果某个显要成分不以物象进入造字"构图"，而以概括性的标志符号进入造字"构图"，所创造的字符就是标形合体字。其中标志构件的功能可以分为以下两种情况。

1. 标志位置或处所

有些动词语义场景中，表示处所或位置的辅助性成分具有显要性，但是这个成分不容易用具体物象来表现，于是用一条横线作概括标志。如"立"的意思是站立，其语义场景中，呈站立状态的动作主体和站立位置具有显要性，但站立位置难以用具体物象来表现，于是用一条横线来概括标志；甲骨文"‌立"像一个人站立在某处，下部的横线标志站立的位置，具有一定的抽象概括性，同时可用来与"大"字相区别，与上部正面站立的人形组成标形合体字。同样，"生"的本义是生长，甲骨文"‌生"像小草从土地上生长出来，上部小草是造字者根据生活经验创设的典型行为主体，下部的横线代表小草生长的地方；"至"的意义是到来，甲骨文"‌至"像箭矢从远处射过来，其中下部的横线表示箭矢射向的目标或位置；动词"雨"是下雨的意思，甲骨文"‌雨"是对下雨状态的描摹，上部的横线标志着天，表示雨来的地方；"并"的意思是并列，甲骨文"‌并"和"‌并"都像二人并列站立之形，下部的横线标志它们站立的位置或处所。这些动词的造字方法都是用行为主体与位置处所两种语义场景中的显要成分进行图形式组合，其中位置处所用一条横线来标志，既不影响字形的表意功能，同时使字形非常简洁。"囚"的本义是囚禁，甲骨文"囚"像人被关在四周封闭的区域中，外部的方框是对囚禁处所的概括，属于标志符号。

"奠"的意思是祭奠，甲骨文"奠"像酒樽放置在祭台上，酒樽是祭奠用具，下部的横线标志酒樽放置的处所。显然，该字的创造方法是用行为用具与位置处所图形式组合来创造与词义密切相关的典型意象，从而间接表现词义。其中位置处所用一条横线来标志，既不影响字形的表意功能，又使字形非常简洁。

2. 表示抽象事物或意义

有些动词的语义场景中，具有显要性的成分没有具体形象，无法用象形符号来表现；造字者往往用抽象符号来标志该成分，通过与其他成分的组合创造合体字符。如"曰"和"言"的意思都是说，其语义场景中具有显要性的成分都是行为主体和动作状态。行为主体可以用动作的主体器官"口"或"舌"来表示，但动作状态无形可像，于是用概括性的标志符号来表示。"曰"的甲骨文作"曰"，在口形构件上加一短横，显然，这里的短横是对说话声气的概括，与动作器官"口"组合表示张口说话的状态。同样，"言"的甲骨文作"言"，在舌形构件上加一短横，即用动作器官"舌"与标志性符号组合，表示言说的意思。"曰"和"言"的造字方法都用简单的标志符号代表无形可像的事物，通过与其他符号的图形式组合创造字符；这种造字方法既可以使所造字符形体简洁，又可以与"口""舌"等动作器官的字符相区别。

总之，以上动词字形，大都用一条横线代表动词语义场景中的某个成分，通过与其他成分的图形式组合表现字形构意；这种用概括性的标志符号参与造字的方法，既能使汉字形体简洁，又不影响字形的表词功能，彰显了造字者的高超智慧。

三　利用已有字符的音或义所造字

利用已有字符音或义创造新字符的方法可以分为以下几种情况。

（一）表意构件 + 表意构件

表意构件以独立成字的"实义"参与构字，"实义"包括本义和引申义。用引申义参与构字的构件，表意性质最为明确；用跟构意明显不同的本义参与构字的构件，表意性质也很明确；但用跟构意等同的本义参与构字的构件，表意性质则不很明确，需要借助其他条件来确定其表意功能。因此，判定一个具有象形意味的构件在参构字中的功能是表意还是象形，主要依据字符中各构件的关系：如果构件组合关系是与实际物象关系一致，属于图形式组合，则该构件以象形功能参与构字，属于象形构件；否则不能看作象形构件，而看作以独立成字的意义参与构字的表意构件。

1. 两个构件都以不同于构意的词义参与构字

有些字的构件都以引申义参与构字，其结构形式为表意构件 + 表意构件，如"穿"的本义是"破，透"，战国文字"窬"由"牙"和"穴"组成，其中"穴"的字形构意是"洞穴之形"，在这里以其引申义"窟窿，孔隙"参与构字，表示"穿"的动作结果；"牙"的金文字形"𠃌"像上下牙交错之形，本义是大牙，曰齿；这里以其引申义"牙齿"参与构字，表示"穿"所用的动作器官或用具。因此，"穿"的造字法是两个表意构件的拼合。同样，"武"的本义是征伐，甲骨文"𤳊"由脚形构件与戈形构件组成，其中"止"以其引申义"行走"表现"武"的本义与"行走"有关联，"戈"在这里代表武器，即以引申义表明"武"的意义关联。

2. 一个构件以不同于构意的词义参与构字

有些字的构件组合关系不同于实际物象关系，同时，其中一个构件以引申义或不同于构意的本义参与构字，这样的造字方法也属于表意构件 + 表意构件。如"鸣"的本义是鸟叫，"吠"的本义是犬叫；"鸣"的甲骨文作"𪚻""𪈈"，右部的构件像鸡形或鸟形，左部的却不是鸟类的嘴，而是人的口；"吠"的小篆字形"㹜"也是由犬构件与取像人口的构件组合。显然，"鸣"和"吠"中的"口"构件不是用其造字取像"人口形"参与构字①，而是用其独立成字时的意义"各种动物之口"参与构字。"鸣"

---

① "口"的甲骨文"𠙵"取像人口之形，本义是人口，引申泛指各种动物之口。

和"吠"古文字形体中的另一个构件虽有象形特点，但由于构件组合关系不属于图形式组合，因此也属于表意构件。同样，"嗅"的本义是用鼻子闻，其甲骨文"🐕"由取像人鼻子的"自"与"犬"组合，其中"自"不以形参与构字，而是以其意义"动物的鼻子"参与构字，同时两个构件的组合关系不具有图形式特点，因此其造字方法也属于两个表意构件的拼合。

再如"到"的本义是到来，金文作"🐕"，由"人"和"至"两个构件组成，其中"至"的构意是"箭矢从远处射到目标"，本义是"到来"，字形构意与本义不同。"至"在"到"字中不以造意"箭矢从远处射到目标"参与构字，而以本义"到来"参与构字，因此，"至"是"到"的表意构件。由于构件组合方式不具有图形式特点，另一构件"人"也属于表意构件。同样，"进"的本义是前进，甲骨文"🐕"由取像鸟形的"隹"和取像人脚形的"止"组成。其中"止"以其实义"行走"参与构字；另一构件"隹"以本义参与构字。"先"的本义是动词，意思是"走在前面"，甲骨文作"🐕"。其中"止"以其实义"行走"参与构字；另一构件"人"以本义参与构字。

3. 构件以同于构意的本义参与构字

有的组字构件的构意与独立成字的本义相同，且构件具有较浓厚的象形意味，如果构件之间不是图形式组合，我们仍判定其结构为表意构件＋表意构件。如"息"的本义是呼吸，春秋文字"🐕"由"自"和"心"组成，两个构件都具有象形特点，且构意与其参与构字的本义相同，但由于组合方式与实际物象关系不符，因此，"自"和"心"属于以独立成字的本义参与构字。同样，"狩"的本义是打猎，甲骨文"🐕"由猎犬和狩猎工具形组合而成，两个构件都有象形特点，但组合方式不是图形式，因此其造字方式属于表意构件＋表意构件；"礼"的意义是祭祀行礼，甲骨文"🐕"由两串玉和带装饰的鼓组成，鼓和玉是古代祭祀行礼常用之物；组字构件都有象形特点，但组合方式不是图形式，因此其造字方式属于表意构件＋表意构件。

总之，表意构件的功能是与所造字的意义取得关联，表现所造字的意义指向；它参与构字时，可以凭借其独立成字的本义，也可以凭借引申义；而且取得关联的途径和方式多种多样，因此，表意构件的适用范围非常大，构字能力非常强。

从为语词创造字符的角度说，根据词义创造字符的方法，除了描摹语义场景的象形法，又开辟了一条更广阔更便捷的造字途径，即利用已有符号的意义创造新字符的方法。显然，运用这种造字方法，可以避免专门再为鸟嘴、犬嘴创造象形符号，避免基础构件的无限增多，便于识记和书写，因此有利于汉字构形系统的形成。

（二）表意构件 + 示音构件

表意构件以独立成字的意义参与构字，示音构件以独立成字的读音参与构字。表意构件与示音构件组成的音义合成字从音义两个角度来表现词；与词的外在形式和内在意义两个要素密切结合，是非常科学有效的造字方法。

同一个构件可从多个角度表现与词义之间的关联，从而成为各类不同词的表意构件。如"水"可以作为相关名词字、动词字、形容词字的表意构件，其中作动词字的表意构件时，与词义的关联角度可以包括：从行为主体角度表现意义关联，如"沥沁泄泻注沸流涨涌渗淌溅滥溢滚漫滴漾滞激"；从动作对象角度表现意义关联，如"泌泼治漏洒"；从动作处所角度表现意义关联，如"泛沉泊沿泡泳漂浮游溶溯溺潜浸淹渐渡"；从动作凭借或工具角度表现意义关联，如"沐汰沃沾灌溉浇洗涤淘涮漱澡滤染涂"；从动作成因或结果角度表现意义关联，如"涝渴滋溃"；等等。可见，同一构件可作多种动词的表意构件。同样，"口"作表意构件的动词字中，"叮号叫召叨叹吁吃问吱吵呐吟吩咨吼呻咒呼咏哄咄咐唤喧哮哼唠唱啸喊啼喧嘲嘱嘹嚷唆嚎占吓唬"的意义与说话或口中发声有关，"呀吐唾呕喷吃喝吸吮含吞吹咬啃嚼啄咳嗽喂哺喘哈咧"的意义与口部其他动作有关。以"手"作为表意构件的动词字"挚摹摩擎攀"和"扎打扑扒扔扛扣托扫扬扶抚扰抠抠扯抄拒扮抡抢扳抗抖护扭批把拟抹拓拢押抽担拐拖拍拎拥抱抵拆拄拉拌拦拧招披拂抬拗拱挂拷拭挎挟挠拽挡拴挑挤拼按挖挥拯挣挪捞捕振捂捆捍捐捡挫挽换捣捎捅捧措描捺掩排掉捶推掀授掏掐接掂控掷据掘掺揍搭捻揽提揭揣揪插搜援搀搁搓搂搅揩握搔揉摸摄摆搏携搬摇搞摊摧撖摘捽撵撒撕撩撬播撞撑撤撰撼揰操擒擅擦"的意义都与手的动作有关。可见，同一表意构件可以通过与不同示音构件组合，构成不同的音义合成字，能产性很强；同时从音义两个角度表现词的意义和读音，既符合词本身包括音义两个要素的规律，又能够体现词义之间的相互联系和同音词近音词之间的语音关联。

反过来，同样的意义关联也可用不同的构件来表现，如表示言说类的动作除了可用"口"作表意构件外，还可用"言"为表意构件，"订讥让讨训讯讳讲议论讼讽访诀证评许诈诊译试诡询诬诚诲诱说诵请读诽谈谓谤谭谴"等都用"言"作表意构件；"咏"有"詠""咏"两种写法，表意构件"言""口"从同一个角度（与言语有关）选择了不同的符号作为表意构件。与手的动作有关的动词，除了可用"手"为表意构件，也可用"攵（攴）"为表意构件，如"攻敛敌救放收敆"等。像这样，多个构件可以表现相同的动词意义关联的还有"走""足""辶""彳"都可用来表现行走或奔跑义；"见""目"都可用来表现眼睛的相关动作。

从以上分析可以看出，表意构件只对动词的意义关联进行提示，既有规律性又有灵活性；表音构件对字音的提示也比较灵活，既可以是同音符号，也可以是近音符号。这样，音义合成造字法从音义两个角度与所记录的词相互联系，与词具有音义两个要素的性质相符合，同时提高了字形的区别度，具有科学性和能产性。同时，这种造字法把汉字基础构件数限制在一定范围内，降低了字符书写和记忆的难度，增强了汉字的系统性；从读音和意义两个角度提示和制约所记录的词，提高和增强了字形的区别度和表达功能。因此，当基础构件发展到一定程度，这种方法就成为强势造字方法。

（三）用整个字符记录相关动词

以上表意构件＋表意构件、表意构件＋示音构件两种造字法，都是把已有字符作为造字原料来使用，通过不同构件的相互组合创造新的字符。还有一种不创造新符号的方法，就是直接用已有字符来记录词语：有的是利用已有字符记录意义没有关联的同音近音词；有的是利用已有字符记录读音相近、意义也有关联的同源派生词。

1. 借用同音近音字符

动词"贞"在甲骨卜辞中十分常见，意思是"占卜，卜问"；但殷商时期，还没有为"贞"创造专门用字，卜辞中记录动词"贞"时借用同音的"鼎"字；到西周时期才通过增加表意构件"卜"为它创造了专用本字"𪔂"，后演化为"贞"。同样，"祀"的本义是一种祭祀，最初写作"𢀛"，借用同音字"巳"来记录；动词"在"甲骨卜辞中作"才"，借用同音字"才"来记录；"无"在甲骨卜辞中作"𣎵"，即借用同音字"舞"来记录；动词"祐"在卜辞中最初假借同音的"又"来记录；动词"观"在甲骨文中借用取像鹳鸟形的同音字"雚"来记录。这些动词最初都借用同音字来记录，后来才通过增加表意构件为它们创造了专用本字。

此外，动词"花费"的"花"借用本义为"花朵"的"花"来记录，动词"来"借用本义是"一种麦子"的"来"记录，也都属于借用已有同音字符现象。

2. 借用同源字符

《释名·释姿容》："两足进曰行"，"行（xíng）"的意义"行走、步行"具有一定的概括性，既包括慢走，也包括快跑。汉字系统中已经有表现"慢走""快跑"的象形字符（"步""走"的甲骨文），很难再为"行"创造象形符号，于是借用本义为"道路"的"行（háng）"字记录它，"行（háng）"的甲骨文"𘞉"像四通八达的十字路口，"道路"是用来"行走"的，二者有密切关系，古音也比较相近，即利用音义都有关联的已有字符记录动词。同样，动词"溢"的甲骨文"𥁋"像水从器皿中满溢之形，本义是"漫溢"，引申为"增加"义；但没有为"增加"义专门造字，而借用本义是满溢的"益"字来记录。当然，为了区别，后来通过增加表意构件为本字重造了"溢"字。"禘"的本义是一种盛大的祭祀，甲骨卜辞中作"帝"，即借用读音和意义都与之有关联的"帝"来记录。"令"和"命"具有同源关系，初文均作"令"，即两词共用一个字形，后来为了区别而为其中一个字形增加了表意构件"口"。像这样，两个同源词最初共用一个字形，可以看作其中一个词借用读音和意义都与之有关联的同源字来记录。

四　动词造字智慧总结

为动词创造字符的方法主要有三类：一是表现动词语义场景的象形法，二是用具有概括性的标志符号参与表现动词意义的造字方法，三是利用已有字符的音或义为动词创造字符的方法。

（一）象形造字智慧小结

每个行为动词的意义都可以构成一个语义场景，动词语义场景中既有动作状态、行为主体和动作对象这样的主干成分，又有行为处所、所用工具等辅助成分。为行为动词创造象形字符时，最常用的方法是从语义场景中选择两种或两种以上具有显要性的成分进行图形式组合；也有少数动词字形是由一个显要成分构成的独体象形字。

依据动词语义场景中单个语义成分创造独体象形字，主要有两种方法：一种是对动作状态的描摹，依托行为主体动作状态的独体象形字，形义联系比较直接，如"走""垂"的甲骨文。另一种是借助与动词意义相关的典型物象，即通过描摹相关动作工具、动作器官、动作处所等物象或动作状态来间接表现词义，其特点是需要经过联想才能把形义联系起来，如"发""擒""采""止""享"的甲骨文。由于动词独体象形字的形义联系大都不是直接的，而且容易与字形取像相似的名词字形混淆，能产性很弱，字例很少。

大多数行为动词的象形字符，由语义场景中两个或两个以上具有显要性的语义成分图形式组合而成；而具有显要性的成分中，至少包含一项主干成分。由于动作状态不具有独立性，常常要依附行为主体或动作对象等具体物象，因此，造字常用的主干成为主要行为主体和动作对象。行为主体主要由人或人的动作器官来承担。动作对象有两种情况：一种是词义本身已明确动作对象的对象自足动词，只需在字符中把它反映出来；一种是词义本身不包含动作对象的非对象自足动词，需要根据生活经验创设典型意象以代表动作对象。

根据显要成分的不同，动词合体象形字有以下几种类型。

一是由行为主体与动作对象图形式组合构成的合体象形字，如对象自足动词"刍""启"等，非对象自足动词"采""秉""争"等；有的动词字形在两种主干成分基础上又增加用具成分，如"鼓""灭""牧""弃"等的甲骨文字形都是由三种语义成分构成的合体象形字，图画感更强。

二是由行为主体与辅助性成分组成的合体象形字。这类字所对应的词或为不及物动词，或虽为及物动词但动作对象不具有显要性，因此，造字"构图"都没有纳入动作对象成分。有的由动作主体与处所组合而成，如"集""降""休"等；有的由动作主体与用具组合而成，如"射""具""舞"等；有的由两个行为主体或行为主体与夸大的动作器官组合而成，前者如"斗""步"等，后者如"望""闻""奔"等。

三是由动作对象与辅助性成分组成的合体象形字。有的动词语义场景中，行为主体不具有显要性，为之造字时，常常用动作对象与具有显要性的辅助性成分进行组合。有的是动作对象与处所组合，如"沉""囚""贮"；有的是动作对象与动作工具组合，如"罗""析""悬"；有的由两个动作对象或动作对象的两个部分组合而成，如"比""合""闭"。

除了行为动词可以根据语义场景中的显要成分创造合体象形字外，心理动词和存现动词也可以创造合体象形字。为心理动词和存现动词创造合体象形字的方法，主要是根据生活经验创设典型意象，将词义具象化，如"忧""疑"通过行为主体的状态将词义具象化，"畏"通过动作对象的状态将词义具象化；"死"借助凭吊者形象将"死"的意义表现出来，"化"通过变化前后两个不同意象的对比，将抽象的"变化"义用字符表现出来。

（二）用标志符号参与造字智慧小结

有些动词语义场景中，只有动作状态具有显要性；先民为这类动词造字时，只用极具概括性的标志符号把动作状态表现出来，而其他任何成分或事物都不出现在字符中。用这种方法创造的字符特点是形体简洁，概括力强，如"纠""回""入"的甲骨文字形都是由一个标志符号构成的独体字。

有些动词的语义场景中，具有显要性的成分不止一个，其中一个成分没有具体物象或难以用具体物象来表现，于是造字者用概括性的标志符号来代表它。也就是说，该成分不以取像具体事物的象形符号进入造字"构图"，而用简单的标志符号参与造字，即通过与其他象形符号的图形式组合创造标形合成字。这种造字方法，既能使字符形体简洁，又不影响字符的表词功能，同时有助于与形近字符相互区别，彰显了造字者的高超智慧。

标形合成字中，用标志符号概括表现的语义成分，最常见的是处所或位置，如"立""并""生""至""雨""奠"等甲骨文中的横线分别代表动作的位置或处所；也有的用来表示没有具体形象的语义成分，如"曰""言"等甲骨文中的短线用来代表说话的声气。

（三）用已有字符的音或义造字智慧小结

利用已有字符的音或义来为动词造字，在具备一批基础构件的条件下，是最能产、最强势的造字方法。

首先，利用已有字符的意义参与构字，可以选择动词的一个意义特点作为表现角度；同一个语义成分也可以选取不同的字符作表意构件，因此，表意构件的选取方法和途径非常灵活，具有多样性。反过来，同一个符号可以作不同字的表意构件，作为与参构字联系纽带的符号意义可以是其独立成字的本义，也可以是引申义，因此，表意构件的适用范围非常大，构字能力非常强。

其次，利用已有字符的读音参与构字，可以选择同音符号，也可以选择近音符号；汉语中大量存在的同音字、近音字，为示音符号提供了多种选择。反过来，同一个字符可以作不同字的示音构件，可以作同音字或近音字的示音构件。

表意构件和示音构件选择的多样性和强大的构字能力，注定音义合成造字法成为最具优势的造字法。这种造字法从音义两个角度与所记录的词相联系，与词在音义两个要素上的性质相吻合。用这种方法创造的音义合成字，从读音和意义两个角度提示所记录的词，具有较强的区别功能和表达功能。

借用整个字符记录动词，不管是借用已有字符读音记录动词的假借字，还是用音义都有关联的同源字符记录动词的同源借用，后来大部分通过增加表意构件或变异字形等方法创造了专用本字，因此动词字中借用情况比较少。

总之，利用已有字符的音义造字的方法，不管是利用已有符号进行拼合，还是把已有符号作为整字使用，其重要特点是不再创造新的基础符号，这样，就把汉字基础构件数限制在一定范围内，降低了字符书写和记忆的难度，增强了汉字的系统性。

第四节　形容词造字智慧解析

形容词是对事物性质、状态的概括和抽象，它的意义不针对任何具体事物，与任何具体事物都没有直接对应关系，无法直绘其形，因此，形容词性的象形字都是象意字。此外，为形容词造字还可以利用标志符号和利用已有字符的音或义。

一　象意字

形容词意义是对事物特点的概括和抽象，不针对任何具体事物，因此，用象形法为它造字只能借助相关典型意象。形容词象意字可以是独体结构，也可以是合体结构。

（一）独体象意字

有的形容词意义主要用来形容单个事物的外形特点，造字时往往以具有这个外形特点的典型物象作为造字依据。如"高""大"都是对事物外形特点的抽象和概括，无法直绘其形，于是造字者借用具有"高""大"特点的典型事物形象来表现词义，"高"的甲骨文"髙"像在高台上筑起高高的亭楼之形，"大"的甲骨文"大"像双脚双手张开的正面站立的人形，像这样用典型事物形象将概括性的形容词意义表现出来。同样，"丰"的甲骨文作"丰"或"丰"，借助根茎丰满肥大的植物形把"丰满，丰硕"

义表现出来；"幺"的甲骨文作"🜔"，借助一束丝的形象把"细小"义表现出来；"逆"的甲骨文作"🜚"，借助头朝下脚朝上的人形把"倒着"义表现出来；"矢"的甲骨文"🜚"和西周金文"🜚"，借助歪斜着脑袋的人形将"侧歪"义表现出来；"交"的甲骨文作"🜚"，借助双腿交叉正面站立的人形把"交叉，交错"义表现出来。以上形容词都可用来形容事物的外形特点，造字者利用具有相关特点的典型物象为之创造了独体象意字。有的形容词义不是用来形容事物外形特点的，如"伯"的意思"长也"，即老大的意思，其甲骨文"🜚"像大拇指形，即根据人们用大拇指表现"老大"的习惯而为"伯"创造了象意字符。这种借助相关典型物象辗转表现词义的造字方法彰显了先民的创造智慧。

（二）合体象意字

有的形容词意义不是对单个事物外形或性质的概括，无法用单个象形符号为它创造字符。如"齐"的意义"整齐"，是众多事物一起表现出来的外形特点，无法用单个符号为它创造字符。什么事物能给人整齐的感觉呢？在农业已经比较发达的殷周时期，大片整齐的庄稼最为典型，于是借用众多谷穗形象表现整齐义："齐"的甲骨文"🜚"和西周金文"🜚"都取像大片谷穗形。同样，"众"的本义是人多，甲骨文"🜚"用太阳下边三个人形表示人多义；"森"本义是树木茂密，甲骨文"🜚"用三棵并排的树形来表现其意义。这些形容群体事物特点的形容词，都采用多个相同的构件来表现其意义。同样，"品"和"多"都表示众多的意思，"品"的甲骨文作"🜚"，由三个"口"组成，有学者认为"以'口'表示人，三'口'表示人的众多，与'众'字表示'人'的众多构字原理相同"。[①]"多"的甲骨文作"🜚"，学界通常把它解释为由两块肉构成，有的学者进一步解释为"古代祭祀后要分胙肉，两块肉者为'多'"。[②]

有的形容词字符虽取像某个具体意象，却包括多个象形构件。如"美"的意思是"好看，美好"，甲骨文"🜚"像头戴角羽装饰的正面站立

---

① 李守奎说，详见李学勤主编《字源》，天津古籍出版社，2012，第 157 ~ 158 页。
② 王志平说，详见李学勤主编《字源》，天津古籍出版社，2012，第 624 页。

人形。可以想象，先民眼中的美好事物肯定不止这一种，造字者为什么单单选定这个形象表现美呢？这是因为，狩猎时代，擅长捕猎者在人们心目中的地位是崇高的，形象是美好的，在巫术或舞蹈中头戴兽角毛羽的狩猎者形象在人们心目中不仅代表英武聪敏，而且形象也十分漂亮，因此，用它作"美"的字符，可以涵盖更广泛的"美"的意义，既包括外表美，还包括内在美。形容词"长"的意思是"空间距离大"，甲骨文"𧰧"像手拄拐杖的老者首披长发形；古人认为"身体发肤，受之父母，不敢毁伤，孝之始也"，除非特殊仪式需要，否则不会剪发，因此，年龄大的人头发都很长。可见，用老人长发意象表示"长"非常典型，不仅可以表现"空间距离大"，也可以表现"年龄大"的特点。可见，"美""长"二字形体蕴含着丰富的远古文化信息，也反映了先民的创造智慧。

形容光线明暗特点的形容词，大多由日形、月形或火形构件与其他构件组合，体现了造字的规律性。如"明"的本义也是明亮，甲骨文"𩲆"像月光照到窗户上；"爽"的意思也是明亮，甲骨文"𡙞"像正面站立人之两腋下各有一盆火形；"杲"的意思是明亮，战国字形"𣇵"像太阳在树上形；"晶"的本义是光亮，甲骨文"�"像众星闪耀形。这些字用看上去能够发光的月（实际不能发光）、火、日形与其他构件进行图形式组合，以表现明亮、光亮的意思。相反，表现暗的特点时，造字者往往通过"日"在下被遮盖的形式来表现，如"冥"的本义是幽暗，战国文字"𡨺"像人在太阳被覆盖的环境下；"杳"的本义是昏暗，战国字形"𣐩"像日在树下形。

有的形容词用来形容事物的内在性质，有较强的抽象性，为这样的形容词造字，常常需要通过创设典型意象来表现词义。如"安"的意思是"安静，安定"，意义比较抽象，甲骨文"𡧗"像女人坐在屋内之形，即用女人坐在屋内意象把"安静，安定"义表现出来。"吉"的意思是"吉利，吉祥"，甲骨文"𠱼"和西周金文"𠱾"，上部的构件分别取像戈头和斧钺，下部的构件表示搁置兵器的器具，整字表示兵器搁置起来不使用，暗示没有战争，进而表示吉利、吉祥。"圣"的意思是知识广博，无所不通，甲骨文"𦔻"像一个侧面站立的人形而耳朵特别大，耳朵是信息接收器官，耳朵特别大暗示接收的信息非常广博，旁边的"口"代表信息传播者，这样通过构件大小的改变非常巧妙地把抽象的意义具象化。"膻"用来形容一种气味特点，其意义无法用具体物象直接表现，其甲骨文作"羴"或"羼"，即通过很多羊在一起的意象来暗示其意义特点。同样，"专"的本义是单纯、专一，甲骨文"叀"像手转动纺砖形，用纺砖转动紧紧围绕中轴的特点表示其意义特点；"微"的意思是细微，西周金文"𢼸"用像人披长发形，头发具有细微的特点，再攴击使之断开，来表示细微义。"老"的意思是年龄大，甲骨文"耂"用一个长发驼背老人拄杖形；"寡"是指人丧偶的状态，金文字形"寡"像屋内只有一个人；"若"的意思是顺，甲骨文"若"像双手梳理长发形；"懿"的意思是美好，西周金文"懿"像人张口就饮于壶侧形；"重"的意思是分量大，金文"重"像人负橐形；"显"的本义是显明、明显，西周金文"显"像人在日光下视丝形；"乱"有杂乱、混乱义，西周金文"乱"像用上下两手整理丝形；"尽"的本义是终尽，甲骨文"尽"像手拿炊帚洗刷器皿形；"敝"的意思是破败，甲骨文"敝"像手拿棍棒抽打巾形，还有被打落的碎屑；"旨"的意思是味道甘美，甲骨文"旨"取像用勺子往口中送食物形；"利"的本义是锋利，甲骨文"利"像用刀割禾形，等等。

　　总之，形容词的意义都具有概括性，无法直绘其形，因此造字时往往借助典型物象或创设典型意象来暗示或间接表现词义。选择或创设典型意象时，人的主观能动作用显得尤为重要，因此，这类合体象形字是分析造字者思维方法的珍贵材料，也是阐释汉字蕴含的历史文化信息的重要资源。

二　含标志符号字

　　含标志符号的形容词字符，可以分为独体标志字和合体标志字。

（一）独体标志字

　　形容词的意义具有概括性，造字时往往用借助相关物象或创设典型意象来间接表现词义。但也有少数形容词的字形比较特殊，其字形不是对某种具体事物的描摹，而是对事物特征的概括表现。如"小"的甲骨文

"Ⅶ"或"ҷ"，有人认为取像细小的沙粒形，有人认为取像细小的尘埃形，有人认为像细小的米粒形……我们认为不必把其字形与任何具体事物直接联系起来，而应把它看作对众多微细之物的概括和抽象，属于独体标志字。同样，"曲"的意思是弯转，甲骨文"ℒ"没有选用具体事物形象来表现这个意义，而是通过对典型曲折性状进行概括描摹，表现了"曲"的意义。"凹""凸"分别形容四周高中间低、四周低中间高的状态，字形没有借助具体事物形象，而是通过描摹典型状态概括表现词义特点。

（二）合体标志字

要把形容词意义具象化，首先要选择与词义有密切关系的典型意象；如果用标志性符号代替典型意象中某个成分，则可以创造出形体简洁的标形合体字。如"甘"的意思味道美，怎样表现这个意义呢？首先要将这个意义具象化，即选择能够表现这个词义的典型意象；甲骨文"ᗺ"说明造字者选取的典型意象是口中含着美味食物，其中"口"中的短横代表口中所含的美味食物，属于标志构件，整字为标形合成结构。同样，"直"的意思是不弯曲，从甲骨文"↓"看，选取的典型意象是具有不弯曲特点的视线；造字者用在眼睛形构件上增加一笔直竖线象征从眼睛发出的视线，简洁生动地表达了词义。"恒"的意思是恒常，从甲骨文字形"Ɗ"看，造字者选取了月在天地之间圆缺往复而永恒的意象，这正与《诗·小雅·天保》中"如月之恒"相印证。其中月的上下各用一条横线代表天和地。这种象形符号与标志性符号相组合的造字方式，简洁明了，易于书写和记忆，彰显了造字者高超的创造智慧。

三　利用已有字符的音或义所造字

用已有字符的音义参与构字的形容词，其结构类型主要包括以下三种。

（一）表意构件 + 表意构件

"赤"的本义是红色，甲骨文作"ᛪ"，上部是正面站立的人形，下部是火，如果按照合体象形字来解释，字形构意就是火烧人，显然与"赤"

的词义不合；上部正面站立人形符号即"大"字，如果用"大""火"的意义解释"🔥"的两个构件，则其字形构意就是大火，大火的颜色是红色，因此与词义"红色"相合。由此可以判定，"赤"的甲骨文中"大""火"都是表意构件。同样，"幽"的本义是昏暗，甲骨文作"🔥"，上部像两束丝形，下部是火形，如果按照合体象形字来解释，字形构意就是火烧丝，显然与"幽"的词义不合；上部的两束丝形"🧵"独立成字时有"微小"义，如果用"微小"义来解释"🔥"中的"🧵"，则整字构意是微小的火，火微小当然就昏暗了。"协"的意思是"和谐，融洽"，甲骨文"劦"由三个耒形构件组合而成，如果按照合体象形字解释，字形构意就是众多耒在一起，辗转表示众人一起劳动，进而把"协"义表现出来，非常迂曲；如果用耒形构件独立成字的意义"力"来解释，则字形构意是"合力，同力"，与"协"的意义联系更为直接。像这样，字形本身具有象形特点，但合体象形意象与词义联系比较牵强；而按照构件独立成字的意义理解却可以使字形与词义密切结合，因此将其结构形式归为"表意构件＋表意构件"。同样，"好"的甲骨文"好"由"女"和"子"组成，表示"女有子"为好，"女""子"都以独立成字的意义参与构字，属于义义合成结构。

一些出现较晚的字，显然通过构件独立成字的意义组合来表现词义，如"鑫""磊""淼""姦"分别由三个"金""石""水""女"组成，其意义都与"金""石""水""女"的意义有关联，结构形式属于表意构件＋表意构件；因为构件的摆放位置不受实际位置的影响，都采用"品"字形结构，这样，不仅字形给人的感觉非常稳，形成了一定的规律性，而且便于书写和记忆。

（二）表意构件＋示音构件

形容词意义的概括性决定了利用已有字符从音义两个角度来造字的方法更为适合。据测查，形容词义符与词义的联系有以下五种情况。

第一，以具有形容词特点的典型事物字符为义符，如"芜荒芬芳苍茂茸萎蔼"都是形容草的气味、颜色、状态等特点的形容词，都以"艸"为义符。"愚憨慧惠慈恩恕慷慨慎惕恭慌忙愉快怡恬悦愕恍忽惑怔闷悍惨悖懒懈懦憔悴惫愣恒"都是表现心智、心理特点的形容词，都以"心"为义符；同样"枯柔朽枉"形容树木特点的词以"木"为义符；"屹峻峭崎岖巍峨崔崇崛嵝""陡险"形容山外在特点的形容词分别以"山""阜"为义符；"锐钝"以金为义符；"污汪沛汹沧浅泞洁洪浊浓浩涣清澈淑混淫淳深渺湿满滔潇澄澎湃漓"以"水"为义符；"聋聪聋"以"耳"为义符；"窄窘究空"以"穴"为义符。这些形容词的义符都用具有形容词特点的典型事物来表明词的意义指向。

第二，有的形容词所表现的特点不是某种事物所具有的，但与之有密切关联，往往也用代表该事物的字符为义符。如"贪贫贱贵"等形容词是用来形容人的，而不是"贝"这种事物的特点，但它们的意义都与"贝"有密切关系，因此都以"贝"为义符。同样，"定宠宴"以"宀"为义符，但并不表示房屋特点，但意义与房屋有关联；"饱饶"以"食"为义符，但并不表示食物特点，但意义与食物有关联；"暖暑晰昭暗昧晴晃旷旺暇"以"日"为义符，并不表示太阳的特点，但意义与太阳或阳光有关联；"酣醉"以"酉"为义符，并不表示酒的特点，但意义与酒有一定关联。

第三，形容词义符的选择，与感情色彩也有一定联系，比如具有贬义色彩的形容词往往以"犬"为义符，如"狂狞狭独狰狠猖狡猾"，或以"女"为义符，如"奸嫉妒妄娈"；表现女子美丽、柔顺、安稳的褒义形容词，大都以"女"为义符，如"妖媚妙娇婉娜嫩娃姿娥娟"。从"女"作义符的形容词意义特点，可以看出造字时期女子在社会中的地位和形象特点。

第四，以表现词义特点的标志符号为义符，如形容词"团固圆"都以表现四周封闭特点的符号"囗"为义符，表现这些词的意义都具有四周封闭的特点。

第五，有的形容词以相关动词字符为表意构件，如"迟迅速"是形容行走快慢的形容词，以本义为"乍行乍止"的动词"辵"为义符；"通达迢遥辽远近逞"都是形容路途特点的形容词，也都以"辵"为义符。

正是由于为形容词造字时，表意构件有多种选择途径，因此音义合成法也是形容词造字最常用、最能产、最高效的方法。

（三）用整个字符记录相关形容词

有些形容词没有专门用字，而是用同音近音字或同源字来记录。

1. 借用同音近音字

有些形容词没有专用本字，只能借用同音近音字来记录，如形容词"盛"的意思是"兴旺，繁荣"等，没有专用本字，用读音与之相近的"盛"字来记录；"盛"的本义为"用容器装东西"，与其形容词意义没有任何联系。同样，形容词"笨"的意思是愚笨，借用本义为"竹子内层，竹白"的"笨"字来记录；形容词"足"的意思是"充足，足够"，借用本义为"脚"的"足"字来记录；形容词"雅"的意思是"合乎规范的，不粗俗的"，借用本义是"乌鸦"的"雅"字来记录；形容词"简"的意思是"简单"，借用本义是"竹简"的"简"字来记录；形容词"熊"的意思是"胆小，怯懦"，借用本义是"火势猛烈"的"熊"字来记录；形容词"果"的意思是"果断"，借用本义是"果实"的"果"字来记录；形容词"快"的意思是"速度大"，借用本义是"高兴，喜悦"的"快"字来记录；形容词"漠"的意思是"冷淡，冷落"，借用本义是"沙漠"的"漠"字来记录；形容词"泊"的意思是"恬静无为"，借用本义是"停船"的"泊"字来记录；形容词"泼"的意思是"蛮横，凶悍"，借用本义是"泼洒"的"泼"字来记录；形容词"常"的意思是"经久不变的"，借用本义是"裙子"的"常"字来记录；形容词"帖"的意思是"安定，稳妥"，借用本义是"字帖，画帖"的"帖"字来记录；形容词"莽"的意思是"鲁莽"，借用本义是"丛生的草木"的"莽"字来记录；等等。这些形容词都没有专门用字，因此借用同音近音字来记录。

2. 借用同源字

有些形容词没有专用本字，借用与之音近义通的同源字符来记录，如形容词"英"的意思是"才智杰出，卓越"，没有为之专门造字，借用本义为"花朵"的"英"字来记录；花朵是植物的精华，与"才智杰出，卓越"具有一定的相似性，二者意义上有一定关联。形容词"浪"的意思是"不受约束，放纵"，没有为之专门造字，借用本义为"波浪"的名词"浪"来记录；波浪自由漂荡，具有"不受约束，放纵"的特点，二者具有引申关系。同样，形容词"骄"的意思是"傲慢自大"，借用本义为"六尺高的马"的"骄"字来记录；形容词"神"的意思是"特别高超或出奇，令人惊异的"，借用本义为"天神"的名词"神"字来记录；形容词"鬼"有"躲躲闪闪,不光明"的意思,用本义为"人死后离开身体而存在的精灵"的名词"鬼"字来记录;形容词"魔"有"神秘,奇异"的意思,借用本义为"魔鬼"的"魔"字来记录;等等。以上形容词都没有专门用字,借用与之音近义通的同源字符来记录。

四 形容词造字智慧总结

(一) 象意造字智慧

形容词是对事物性质、状态的概括和抽象,它的意义不针对任何具体事物,与任何具体事物都没有直接对应关系。因此,给形容词创造象形字符,无法直绘其形,只能借助与形容词意义有关联的典型意象间接表现。所以,为形容词创造的象形字符,字形构意与词义之间没有对等关系,只与词义具有间接联系,都属于象意字。象意字的造字方法主要有以下两类:一是用具有形容词意义特点的典型物象来表现形容词的意义,所借助的典型意象可以是单个事物,也可以是多个事物的组合;所创造的字符可能是独体字,如"高""大"的甲骨文;也可能是合体字,如"齐""森""众""品""多""美""长"的甲骨文。二是创设一个能够表现形容词意义的典型意象,往往由多个构件组合而成,因此都是合体字,如"明""爽""晶""安""吉""圣"的甲骨文。不管哪种方法,所选择事物与词义都没有对等关系,因此造字者的主观创造性显得尤为突出。

(二) 含标志符号造字智慧

有些表现事物外形特点的形容词,无须借助具体物象,可以直接利用构字点线特点来为之造字,这样创造的标志独体字不仅形体简洁,而且表意能力强,如"小""曲"的甲骨文字形。

有时表现形容词义的典型意象中,某个事物难以用具体物象来表现,因此采用标志性符号代替,这就构成了标形合成字,如"甘""直""恒"的甲骨文字形都包含标志符号。含标志构件的字形体简洁明了,易于书写和记忆,彰显了造字者高超的创造智慧。

（三）利用已有字符的音或义造字智慧

利用已有字符的音或义为形容词造字时，可以选择具有形容词特点或相关事物的字符作表意构件，在组合方式上，可以与示音构件组合，如"枯""萎""芬""芳""贵""贱""暖"等从音义两个角度表现形容词；也可以用两个不同字符的意义拼合表达形容词意义，如"赤""幽""协""好"等字的甲骨文；还可以由三个相同字符组合表现相关形容词的意义，如"羴""淼""姦""鑫""磊"等。

利用已有字符的读音参与构字，可以选择同音符号，也可以选择近音符号；汉语中大量存在的同音字、近音字，为示音符号提供了多种选择。反过来，同一个字可以作不同字的示音构件，可以作同音字或近音字的示音构件。

此外，还可以借用整个字符来记录形容词，可以借用只有读音相同或相近的同音近音字，也可以借用音近义通的同源字。

第五节　数词、量词、拟声词造字智慧解析

名词、动词、形容词是数量最大的三类实词，是解析造字智慧最重要的依据。剩余的词类中，可以直接据以造字的词主要有数词、量词和拟声词。这些词类的字数都比较少，因此把它们合为一节来分析。

一　数词造字智慧解析

数词的意义是对事物数量的抽象和概括，它不针对任何具体事物，因此无法用具体事物之形来表现数词，即没有办法用象形法创造字符。那么，汉族祖先采用了哪些方法为数词造字，与其他民族数字的创造方法有什么不同？我们以个位数字以及十、百、千、万作为分析对象，并通过汉字创造方法与阿拉伯数字、埃及楔形文的数字写法进行比较，分析汉民族独特的数字创造智慧。

根据目前发现的最早的成熟文字——甲骨文，汉字中数目字的创造方

法，主要包括标志法、记号法、记音法＋标志法、象意法。具体分析如下。

（一）标志法

较小的个位数字"一""二""三""四"的甲骨文分别作"—""二""三""三"，其中的横线代表什么？一个手指？一根蓍草？一根棍子？一条扁担？似乎都有一定道理，但又都不准确，因为它不像任何一个具体事物，而是对众多"一个"事物的概括和抽象，这种用具有概括性标志符号来创造汉字的方法就是标志法。数词"一""二""三""四"的甲骨文都是用标志法创造的。与之类似，埃及古文字中，数字"一""二""三""四""五""六""七""八""九"依次作"｜""｜｜""｜｜｜""｜｜｜｜""┉""┉""┉""┉""┉"①，即一至九的数目词都是用标志法创造的，显然，数字越大字形越繁复，写起来越不容易，而且容易混淆。可见，标志造字法的好处是字形能够表现词义，即具有表词功能，然而用于较大数字时，写起来就显得不够简便。汉字中只有数目较小的"一""二""三""四"的最初字形用这种方法创造，后来为了避免"三""四"两个字混淆，数目"四"也不再用"三"作为字符。

同样，"十"字甲骨文作"｜"，也没有办法说明其造字取像，只能看作一种标志符号；而且这种标志符号成为构造新字的部件，如表示"二十"的"廿"字作"Ｕ"，表示"三十"的"卅"字作"Ｗ"，都是由相应数目的"｜"组合而成，下端连在一起凸显其为一个整体的特点。显然，"廿""卅"的造字法与"二""三"的造字法异曲同工，体现了古人造字的规律性和思维特点。

标志性符号是对客观事物的概括反映，它不针对任何具体事物，形体非常简洁；标志符号对词义的反映具有象征性、概括性和抽象性。

（二）记号法

由于标志造字法用于较大数目时，字形不够简便，于是聪明的汉字创

---

① 古埃及数目字形是由中国海洋大学陈永生教授提供，特致谢忱。古埃及一至九数字都是由相应数目的点点或杠杠组成。

造者对"五""六""七""八""九"这些数目较大的词不再采用标志造字法，而是突破形义关联限制，直接为它们规定形体简便的记号。"五""六""七""八""九"的甲骨文依次为"Ⴟ""∧""十"")("ⴟ"，都由两条线组成，字形比较简洁，书写方便，而且不易混淆。显然，这些数目字跟对应的埃及古文字相比，形体更简洁，区别性更强，表现了造字者更强的变通性和创造力。

（三）记音符号 + 标志符号

除了标志法和记号法外，对于更大的数词，造字者采用的造字方法主要是记音符号 + 标志符号。如"百"的甲骨文作"ⴟ"，上部的"ϑ"即甲骨文"白"字，具有表音功能；上部的短横具有区别功能，把数字"百"与同音字"白"区别开来。"千"的甲骨文作"ⴟ"，由人形构件与中间的横线组合而成，其中"人"具有表音功能，横线具有区别功能。"万"的甲骨文作"ⴟ"，取像蝎之形，即假借同音字来记录。可见，"百""千""万"都利用了已有符号的读音来造字，其中"百""千"通过增加一短横与已有字符相区别。在埃及古文字中，"十"作"∩"，"百"作"ℓ"，"千"作"ⴟ"，"万"作"ⴟ"，"十万"作"ⴟ"①，这些数词的造字方法都是借用同音字，与甲骨文"万"的假借方法一致。

显然，用近音符号加区别符号为相关数词造字，这种办法既能使字形有一定表词功能，又能与原词字形相区别，彰显了华夏先民高超的创造智慧和变通能力。

（四）象意法

汉字中除了常用的数词外，还有一些特殊的数词，为它们造字时所采用的方法明显不同于基础数词的造字法。如"两"的意思与"二"相近，但更侧重成双成对的意思，显然这个意义很难直绘其形，于是造字者借助生活中典型的成对出现的事物来表现这个意义。"两"的金文字形"ⴟ"正像古代车衡上的左右两轭之形，这样借助相关事物巧妙地实现了抽象词

---

① 中国海洋大学陈永生教授提供，特致谢忱。

义的具象化，体现了造字者的智慧。

不难理解，阿拉伯数字是与词的音义没有任何联系的记号，符号简单，但字形本身没有表词功能。埃及古文字中，个位数都采用标志法，"十""百""千""万"则是借音字，也就是说，其数字都具有表词功能，或者表意，或者表音。但个位数字中较大的数字形体显得繁复，且容易混淆。汉语数字综合运用了标志法、记号法、记音符号＋标志符号法、记音法等多种方法，巧妙地避免了阿拉伯数字与古埃及数字的缺点，显示了先民丰富的创造智慧和灵活的变通能力。

二　量词造字智慧解析

量词是用来表示人、事物或动作的数量单位的词。量词一般由名词或动词引申而来，如"一本书""一尾鱼""一车煤""踢一脚"中的量词"本""尾""车""脚"都是由名词引申而来；"头一回""跑一趟""看两遍"中量词"回""趟""遍"都是由动词引申而来。我们这里只针对作为计量单位的名量词的造字方法进行分析。

作为计量单位的名量词，即度量衡单位词，其字形来源涵盖了各种情况，这里只对常见度量衡单位词的造字智慧进行解析。具体分为象意字、含标志符号字、利用已有字符的音或义所造字三个类别。

（一）象意字

计量单位词的语义所指不是具体事物，因此不能用直绘其形法为它创造本字，只能辗转借助与词义相关的意象，为之创造象意字。如"寻"是一种长度单位，一寻等于八尺，很难直绘其形；用什么意象来表现它呢？一寻的长度大概相当于古代中等男子的身高，"寻"的甲骨文"𝼁"或"𝼂"像平伸两臂测量事物长度的样子，表示一个人平伸双臂从一只手的中指尖到另一只手的中指尖的距离，这个长度与人的身高相同，因此用这个意象迂回地将长度单位"寻"表现出来。

（二）含标志符号字

"寸"是长度单位，无法直绘其形，造字者根据常人手腕下端到动脉的距离正好是一寸的特点，用指出寸口位置的方法来暗示长度单位"寸"，战国字形"才"和小篆字形"彐"均在取像右手形构件下增加一短横，指出寸口位置，来表示一寸的长度。同样，"尺"的本义也是长度单位，小篆字形作"尺"，由取像人体之形的"尸"和标志符号"乙"组成，《说文解字》："尺，周制，寸、尺、咫、寻、常、仞诸度量，皆以人之体为法"，则"尺"造字取像与"寸"相似，即用人体的某个部位来表示长度单位，但构意已不清楚。"升"是容积单位，十升为一斗，甲骨文"叐"在"斗"形构件基础上增加区别性符号，既表现"升"与"斗"的联系，又突出相互之间的区别。

（三）利用已有字符的音或义所造字

利用已有字符为计量单位词造字主要包括音义合成法和借用整个字符记录量词的方法。

1. 音义合成

"咫"是长度单位，相当于妇女的手的长度，造字者从音义两个角度来给"咫"创造了音义合成字。同样，"仞"也是长度单位，《说文解字》："仞，伸臂一寻，八尺"，"仞"的长度与"寻"的长度是一样的，但两者造字方法不同，"寻"是合体象意字，而"仞"是以人为表意构件、刃为示音构件的音义合成字。"亩"是地积单位，西周金文"畮"以田为表意构件，"每"为示音构件，从音义两个角度为它创造本字。

"斛"是容积单位，意思是十斗，以"斗"为表意构件，"角"为示音构件，从音义两个角度为它创造音义合成字。

2. 借用整个字符记录量词

用整个字符记录量词包括两种情况：一是量词与所借字之间有音近义通的同源关系；一是量词与所借字义之间毫无关联，只是音同音近。

①借用音近义通的同源字记录量词

"斗"是一种容积单位，与量器"斗"关系十分密切，具有同源关系，于是利用已有的量器"斗"的字符来记录它。同样，根据《孙子算经》卷上："度之所起，起于忽。欲知其忽，蚕吐丝为忽。十忽为一丝，十丝为一毫，十毫为一厘，十厘为一分，十分为一寸。""忽""丝""毫""厘"

与"分""寸"一样，都是长度单位。根据"忽"的本义"忽略，不经意"，可知"忽"作为最小长度单位，因量太小而往往被忽略，因此，长度单位"忽"与"忽"的本义之间有引申关系。同样，"丝"本义是蚕丝，"毫"本义是"长而尖的毛"，用来记录微小长度单位也属于引申。"厘""分"都有"分开"义，用作比寸小的长度单位，可以看作"寸"继续划分的结果，因此，"厘""分"作长度单位也是词义引申的结果。

②借用音同音近字记录量词

"里"字由"田""土"组成，本义是"人所居住的地方"，用来记录长度单位属于同音借用；"常"从巾尚声，本义是"下裙"，用来记录长度单位"两寻为常"也属于同音借用。"顷"是地积单位，十五亩为一顷，借用本义是"头不正"的"顷"字来记录。同样，重量单位"石"借用本义为岩石的"石"字来记录。重量单位"斤"、"两"和"钱"分别借用本义为斧子的"斤"，本义为数词的"两"和本义为农具的"钱"来记录。

三 拟声词造字智慧解析

拟声词是模拟自然界声响的词，是世界上所有语言都具备的成分。拟声词虽然模拟声响，却有很强的主观性。为拟声词创造字符也有各种不同的方法，汉民族为拟声词创造字符的方法主要有以下三类。

（一）借助典型意象

拟声词是对声音的模拟，没有视觉形象，无法直绘其形。聪明的造字者通过描摹发出声音的典型意象来为它造字，如"霍"是拟声词，如"磨刀霍霍向猪羊"中"霍霍"模拟磨刀声；造字者在为拟声词"霍"造字时，创设了发出"霍霍"声的典型意象，甲骨文"𩇕""𩇌""𩇜"像群鸟在雨中飞的样子，巧妙地表现出鸟儿冒雨疾飞发出的"霍霍"声。"轰"也是拟声词，用来形容很大的声响，造字者创设了发出"轰轰"声的典型意象，小篆字形"𨊷"像很多车在一起的样子，暗示群车齐动发出巨大"轰轰"声响。

（二）标志符号 + 发声主体

声音具有无形可像的特点，造字者常用抽象符号来标志声音，通过标志符号与取像发声主体的象形符号组合，为象声词创造专用字符。如"彭"是拟声词，甲骨文"🥁"由取像鼓的象形符号与象征鼓声的标志符号组合而成；"芈"的本义是羊叫声，甲骨文"🐏"在羊形构件上增加一个象征声气的标志符号；"牟"的本义是牛叫声，战国字形"🐂"在牛形构件上增加一个象征牛叫声的标志符号。从以上字例可以看出，先民在为象声词造字时，有一定的规律性，即用取像发声主体的象形符号与象征声音的标志性符号进行组合。这种利用已有象形构件创造新字的方法，可以展现词义之间的联系，有助于汉字系统的形成。

（三）利用已有字符的音或义所造字

用这种方法为拟声词创造的字符有以下两种情况。

1. 表意构件 + 示音构件

音义合成字往往以表示发声主体的字符为表意构件，以音同音近字符为示音构件。如"飕"以"风"作表意构件，用读音相近的"叟"作示音构件，共同构成模拟风声的专用本字。"砰"以典型发声主体"石"作表意构件，用读音相近的"平"作示音构件，共同构成模拟声音的专用本字。"玲珑"也是拟声词，主要模拟玉器相互碰撞发出的声音，因此以"玉"为表意构件，用读音相近的"令""龙"作示音构件。"活""浑"本义都是模拟水声的拟声词，"活"用于模拟水流的声音，"浑"用于模拟水喷涌的声音，都以发声体"水"为表意构件，以同音近音字符为示音构件。

很多拟声词是对人口发出声音的模拟，因此"口"成为拟声字最常用的表意构件。如"哄堂大笑"的"哄"是对许多人大笑或喧哗声音的模拟，"嘿嘿"的"嘿"是对人笑声的模拟；"叽叽""鸣""叽喳""嘀咕""嘻嘻""嗡嗡"也常用于对人口发生声音的模拟。以"口"为表意构件成为拟声字的重要特点，于是，一些发声体比较宽泛的拟声词也都以"口"为表意构件，如"叮咚""哗""唧唧""唰唰""喵""咪""呱呱"等都以"口"为构件。这样,逐渐形成了拟声词大部分都有"口"作为表意构件的规律和特点,对汉字系统的形成有所促进。

2. 利用整个字符记录相关拟声词

有的所借字符的意义与拟声词没有任何联系,如"丁当"是拟声词,用来模拟玉石、金属等撞击的声音;"丁""当"只是作为一个音符来模拟和记录相关音响。有的所借字符的意义与拟声词之间有一定联系,"梆梆响"中"梆梆"是拟声词,主要用来模拟敲击、碰撞木头的声音,与其本义"梆子"在意义上有一定关联。"心突突跳"的"突突"是拟声词,用来模拟节奏较快的声音,与"突"的本义"忽然,猝然"在意义上有一定关联。

3. 通过变异字形创造新字符

汉字中还有一个特殊的拟声词"乒乓",这两个字符是对"兵"字的变异和改造,显然,"乒乓"与"兵"在形体和读音上都有密切联系,同时相互区别,这对于识记和使用新造字都有帮助。

四 数词、量词、拟声词造字智慧总结

(一) 数词造字

数词的意义是对事物数量的抽象和概括,它不针对任何具体事物,因此无法用具体事物之形来表现数词。先民为数词造字的方法比较多样,包括用抽象符号概括象征的标志法,如"一""二""三""四""十""廿""卅"的甲骨文;用与词义没有关系的记号法,如"五""六""七""八""九"的甲骨文;记音符号+标志符号法,如"百""千"的甲骨文;借音法,如"万"的甲骨文。

阿拉伯数字与汉字数字相比,阿拉伯数字笔画虽少,但与词的音义没有任何联系,字形都是不具有表意功能的记号。古埃及数字与汉字数字相比,其数字都具有表词功能,或表意,或表音;但较大的个位数字形体显得繁复,且容易混淆。汉语数字综合运用多种方法,巧妙地避免了阿拉伯数字与古埃及数字的缺点,显示了先民丰富的创造智慧和灵活的变通能力。

（二）量词造字

量词是用来表示人、事物或动作的数量单位的词。专门表示计量的名量词，即度量衡单位词，字数不多，却综合运用了多种造字方法。有的借助与量词相关的意象来为量词造字，如"寻"的甲骨文；有的用象形符号与标志符号组合，如"寸""尺""升"等字的古文字形；有的借用已有字符组合创制新字符，如"咫""亩""斛"；还有的借用整个已有字符，如"忽""丝""斗""里"等。

（三）拟声词造字

拟声词是模拟自然界声响的词汇，为拟声词创造字符的方法十分丰富：创设声音发出的典型意象来间接表现拟声词，如"霍""轰"的古文字形；用发声体与象征声音的标志符号组合来表现拟声词，如"彭""芈""牟"的甲骨文。以表示发声体的字符为表意构件，以声音相近的字符为示音构件，组成音义合成字，如"飕""砰"等；以"口"为表意构件，以声音相近的字符为示音构件，组成合成字，如"哗啦""叽喳"等；有的借用同音词来模拟声音，如"丁当"；有的拟声词用字在表音的同时兼有表意功能，如"突突"；还有的通过变异已有字符创造新字，如"乒乓"。

第六节　本章小结

从以上分析可以看出，华夏先民创造汉字符号的途径非常多，方法非常灵活，彰显了高超的创造智慧。

首先，象形符号是创制汉字的基础。象形符号的取像范围十分广泛，可以"近取诸身"地描摹与人体相关的物象，也可以"远取诸物"地取像动植物、天文地理等自然事物、人造事物，乃至人们想象中的事物。取像方式不拘一格，可以取像事物的整体，也可以取像事物的局部；可以取像事物的正面，也可以取像事物的侧面、反面甚至倒形；可以描摹事物的静态，也可以描摹事物的动态。组合方式上，可以用一个象形符号独立成字，也可以用两个或两个以上象形符号图形组合成字。表现对象上，可以表现事物的名称，也可以表现具体的动作场景，还可以通过意象表现事物的性质特点乃至计量单位等。形义关系上，造字意象可以与词义有对等关系，也可与词义没有对等关系，而需要通过联想才能把字形与词义所指联系起来。象形造字方法的丰富多样，体现了造字者解决问题的灵活多样性，彰显了丰富的创造智慧，可作为培养学生创造性思维能力的素材。

其次，标志符号也是创制汉字的基础。标志符号形体最为简单，往往是一条线或一个点。其功能可以分为以下三种：①用象征手法概括表现事物或动作状态或形状特点；②标志词义所指事物的位置或动作处所；③区别形近字。标志符号把难以绘形的事物或动作状态或形状特点用简单符号标记出来，具有化繁为简的特点，体现了造字者从纷繁事物或现象中抽绎和概括关键特点的能力，可用来启发学生掌握以简驭繁、巧妙解决问题的思路和方法。

第三，以象形符号和标志符号为基础，组合创造新字符。可用已有字符的形参与构字，也可用已有字符的意义或读音参与构字。由于构件独立成字的意义比其造字取像外延更大，范围更广，而且可以从不同角度参与表现所造字的意义，因而构字能力十分强大；同样，由于构件的读音与所参构字的读音可以相同也可以相近，构字能力很强大。示音构件和表意构件分别对词的音义进行表现，与词的音义两个要素相吻合，因此音义合成字具有科学性、系统性和能产性，很快成为强势结构。音义合成造字法可用来培养学生认识事物的客观规律，并用来训练学生的系统性思维和创造能力。

此外，还可以直接利用已有字符或变异已有字符来记录语词，这又增加了记录语词的新途径。

先民的创造智慧还体现在"一石二鸟"的造字实践上，有的合体象形字中，同一个字符有两个与字形相切合的本义，每一个本义都有文献用例证明，且各自都形成了词义引申系统。这是因为合体象形字包含多个构件，从不同的构件角度看，与字形构意相切合的本义不同，因此同一个字形有多个与字形相切合的本义。如"兵"的甲骨文像双手拿斧钺之形，从斧钺的角度看，本义是"兵器"；从双手的角度看，本义是手拿斧钺的人，即士兵。"牢"的甲骨文取像牲畜被关在栏圈中，从牲畜的角度看，本义是被特殊饲养用来祭祀的牺牲；从外围构件角度看，本义是关牲畜的栏圈。"疾"的甲骨文像箭矢射向人腋下之形，从人的角度说，本义是伤病；从箭的角度看，本义是迅疾。"具"的甲骨文像双手端鼎形，从双手构件角度看，本义是在准备饭食；从鼎形构件角度看，是器具。"乱"的甲骨文像两手一上一下在整理络丝架上之丝形，从手的角度看，本义是整理，从丝的角度看，本义是杂乱。"长"的甲骨文像手拄拐杖的长发老人形，从头发的角度说，"空间距离大"（读 cháng）是与字形相切合的本义；从老人的角度说，"年长"（读 zhǎng）是与字形相切合的本义。可见，"兵""牢""疾""具""乱""长"都有两个与字形相切合的本义，且出现都很早，很可能造字时就巧妙地采用了"一石二鸟"法。

部分有两个本义的字形后来通过增加构件等方式使不同词形区别开。如"立"和"位"的甲骨文字形相同，像正面人形站在某个地方，从人形构件角度看，本义是站立；从下部的横线角度看，本义是位置。"受"和"授"的甲骨文字形相同，像上部的手把某东西教给下部的手，从上部手的角度看，本义是授予，从下部手的角度看，本义是接受。动词"获"与量词"只（隻）"的甲骨文字形相同，像一手持一鸟形，从手的角度看，本义是获得；从鸟的角度说，与"双"的甲骨文一手持两鸟形成对比，表示单只的意思。"卫"和"围"的甲骨文像很多脚围绕着一个区域，代表很多人围着这个区域，如果把这些人看作自己人，则本义是保卫；如果把这些人看作敌人，则本义是包围。也是先民造字用字"一石二鸟"的体现。这些甲骨文字形都具有两个不同的本义，后来为了区别意义，字形产生分化。

显然，"一石二鸟"的造字方法，在不增加字符的前提下，扩大了字符的记录功能，体现了先民的创造智慧，也可用作训练学生创造性思维能力的素材。

第五章 造字智慧应用

汉字形体结构中封存着华夏先民丰富的创造智慧，汉字能够传承几千年连绵不断，除了与汉语相适应的特点外，很重要的一点就是汉字形体简洁、形象、美观而且具有很强的系统性，蕴含着丰富的创造智慧。把汉字创造智慧解析出来，目的是应用。本章对造字智慧的应用主要从两个方面来探讨，一是用来培养学生的创造性思维能力，二是用来启发学生作文的构思方法。

第一节 造字智慧在创造性思维培养中的应用

对造字智慧的解析，就是对蕴含在字形中的创造性思维方法的抽绎和离析。创造性思维是各种出类拔萃的人才所必须具备的素质，苏霍姆林斯基说过："在学生的脑力劳动中，摆在第一位的并不是背书，不是记住别人的思想，而是让学生本人进行思考，也就是说，进行生动的创造。"① 这深刻说明了培养学生创造性思维的重要性。

如前所述，思维训练不是一朝一夕能完成的，需要经过长期积累，因此，利用汉字教学进行创造性思维训练要化整为零，每篇课文只选择一个字作为案例，通过全班同学一起发散思维，互相启发，拓展思路，找出解决问题的各种方案；然后再一起对各种方案进行讨论、分析、比较，从中选出最佳方案；最后与相关甲骨文等古文字进行比较，认识华夏先民的创造智慧。

---

① 〔苏〕苏霍姆林斯基：《给教师的建议》（上），杜殿坤编译，教育科学出版社，1980，第51页。

每篇课文拿出 15 分钟左右，针对一个字的造字案例，在识字教学环节对学生进行有计划有步骤的训练；一周大概只需 30 分钟，不会从时间上对常规语文教学造成冲击；而经过小学六年 360 次有规律有计划的训练，将会大大提高学生的创造性思维能力，为创新人才培养打下坚实的智力基础。

　　培养学生的创造性思维能力，关键是训练学生的发散思维能力和辐合思维能力。启发学生的发散思维，目的是让学生在面对问题时思路能"放得开"，思维具有多向性，从而多层次多角度找出尽可能多的答案，而不是只找一个正确的答案，从而拓宽思路，打破局限。引导学生运用辐合思维，目的是让学生在面对众多可能性时能够"收得拢"，通过分析、比较、判断，从众多答案中选出最适宜的答案。因此，利用汉字教学进行创造性思维训练可以按照以下三个步骤进行：首先，从词或语素出发，引导学生发散思维，拓宽思路，找出尽可能多的用视觉符号表现语词的方法和途径；然后引导学生进行辐合思维，即对各个方案进行分析、比较、判断，从中选出最简洁、最具表现力的方案；最后，把所选择的方案与甲骨文等古文字形进行比较，认识先民的创造智慧，学习先民的创造方法。显然，前两个步骤就是对汉字创造思维过程的模拟和还原，最后一个步骤通过与甲骨文等古文字形，深刻理解汉字，激发学生的学习兴趣和自豪感。最终为创新人才培养开创一条新的途径。

　　以上是利用汉字教学训练学生创造性思维的总体思路和规律，具体到每一类词，甚至每一个词，又要根据词义特点和造字方法灵活采取不同的具体策略。下面按照"名词""动词""形容词""数词、量词、拟声词"四个部分进行具体说明。

一　名词造字智慧应用

　　名词是表示人或事物以及时间方位名称的词。从名词造字智慧解析可知，为名词创造字符有多种方法，每一种方法都体现了造字者高超的创造智慧。根据名词造字法不同，下面按照象物字、象意字、含标志符号字、利用已有符号的音或义所造字四个部分，具体说明如何利用名词造字智慧训练学生的创造性思维能力。

（一）象物造字智慧应用

象物字的特点是字形所描摹的事物等于词义所指，词义与字形的关系最直接，因此也称直绘其形的象形字，这类字所记录的词语都是名物词。因为名物词往往是一类事物的共同名称，所以造字时首先要找出这一类事物区别于其他事物的典型特征，这些典型特征既要有高度的概括性，又要有鲜明的区别性；然后再从多种典型特征中选择出最容易具象化的特征，选择适当角度和方法把典型特征具象化，从而创造出字符。可见，尽管象物字与词义所指关系非常直接，造字过程却需要丰富的创造智慧。

下面分别以独体象物字和合体象物字为例说明如何利用汉字创造智慧训练学生的创造性思维能力。

1. 独体象物字

利用独体象物字的创造智慧培养学生的创造性思维能力，要以问题为导向，逐步引导学生进行发散思维和辐合思维。独体象物字的特点是直接描摹词义所指对象的典型外部形态，因此，首先，从词义出发，引导学生发散思维，说出词义所指事物尽可能多的特点，思考如何用视觉符号把这些特点表现出来；其次，引导学生进行辐合思维训练，对创作的各种视觉符号进行分析、比较、判断，从中选出最佳方案；最后，再通过与甲骨文等古文字形相比较，认识先民的创造智慧。

利用独体象物字训练创造性思维能力，有两种思路，一是用单个字独立进行，二是通过几个不同字比较进行。

（1）单字

利用单字训练学生的创造性思维方法，主要是以问题为引导，通过模拟象物字的创制过程，逐步启发学生进行发散思维和辐合思维，从而培养其创造性思维能力。下面以"人"字为例，具体说明如何设置问题，逐步引导学生进行发散思维和辐合思维。可以分为以下四步。

第一，人与其他动物相比有什么特点。这个问题具有开放性，答案不拘一格，老师要尽量鼓励学生发散思维，想出尽可能多的答案；同时对各种答案进行评析，引导学生理解什么是特征，人的特征就是人与其他动物的不同之处，及时排除不正确的答案，总结出人独有的特点：直立行走，有语言，会思维，会制造和使用工具……这个环节有关答案的多样性和灵活性，不仅可以培养学生的发散思维能力，打破思维定式，而且有助于培养学生分析和概括事物特征的能力，同时对学生语言表达能力也是很好训练等。

第二，如果让你用简笔画表现人，你准备表现人的哪个特点。画出图画或者口述想画的内容，看谁画得简洁又有表现力。这个问题仍然没有标准答案，目的是继续引导学生发散思维，大胆创造。可以根据总结出的人的特点从不同角度进行设计，因此图画内容和方法不拘一格。这一环节不仅要继续发散思维，还要进一步引导学生进行想象与创造。

第三，比一比，谁的画最简洁又能表现人的特点，为什么。这个环节主要是对学生进行辐合思维训练，把学生从无拘无束的发散思维引导到具有逻辑性的分析、比较、判断中。如果说前边发散思维训练的目的是"放得开"，这里的目的就是"收得拢"，最终目的是获得最佳方法。

第四，出示"人"的甲骨文字形"𠔼"，分析该字形的取像特点，你从中受到什么启发。让学生明白甲骨文字形取像侧面站立的人形，突出表现了人直立行走的特点；字形十分简洁，抓住了人最典型的特征，设计十分巧妙，极具表现力。这个环节会使学生认识华夏先民的智慧，增强民族自豪感。

同样，"牛""犬""豕""鱼""鸟""木""竹""禾"等动植物名词，"日""月""山""水""田"等天文地理类名词，"口""耳""目""眉""牙""手"等身体部位名词，"子""儿""女"等与人相关的名词，"戈""矛""皿""车"等人造物名词，其字形都是"画成其物"的象物字。在学习这些字时，教师可以先引导学生找出这些人或事物的外部特征，找得越多越好，目的是发散学生的思维，开阔思路。然后引导学生继续发散思维，画出一幅简洁而又能表现事物特征的图画，或者说出自己的创意，目的是培养学生在遇到问题时能够使思维迅速而灵活地朝着多个角度、多个层次发散开来，从给定的信息中获得多个新颖的答案。接下来就要引导学生进行辐合思维，即分析、判断这众多答案中哪个方案最简洁、最有表现力，并选择其中的最优答案。最后给出相关甲骨文或金文字形，认识古人的造字智慧，增强民族自豪感。显然，这四个环节的教学不仅有助于培养学生的创造性思维，而且有助于学生深刻理解词语的意义和用法，使学生真正领悟到先民的创造智慧，增强民族自豪感。

（2）同类比较

同一个词的不同下位词的词义所指往往具有共同点，如"四足而毛"就是兽类动物的共同特点；为各个下位词造字时，如何抓住特点使字形相互区别是这种造字法的关键。为了更好地认识先民的创造智慧，训练学生抓住典型特征的方法，也可用比较法对学生的创造性思维能力进行训练。下面以兽的下位词为例，具体说明如何用问题引导进行思维训练。

第一，请说出"马""象""虎""兔""牛""羊""鹿""犬""豕"（可选择两种）等动物的外形特点。这个环节的目的是引导学生通过发散思维，想出每种动物尽量多的特点，如"象"的特点有身体庞大，耳朵像大扇子，鼻子特别长且特别有力量，有长长的象牙等。引导学生认识到"四足而毛"在这里不能作为具体动物的特点。

第二，引导学生从某种动物众多外形特点中选出最典型、最具个性化、最容易用字符表现的特点。这个环节主要是辐合思维训练，即通过对每种动物的众多特点进行分析、比较、判断，从中选择出最为典型的一个或几个典型特征，使之成为造字依据。

第三，把为每种动物选定的作为造字依据的典型特征与甲骨文进行比较，体会先民的创造智慧。如无角动物"马""象""虎""兔"的甲骨文字形分别作"𩡄""𧰼""𧆞""𤣥"，都取像动物的侧面之形，分别抓住了马头长和脖颈上有长鬃毛的特点，大象鼻子长而且能够卷曲的特点，老虎身上有花纹和血盆大口的特点，兔子耳朵长、尾巴短的特点。"牛""羊""鹿""兕"都是有角动物，其中羊与牛最为相似；鹿角分叉如树枝，特点比较明显；"兕"即犀牛的特点是独角，特征也很明显。它们的甲骨文字形"𤘌""𦍌""𢇛""𤉡"非常巧妙地表现出这些动物的典型特征：牛羊外形相似度高，于是只选取头部的正面之形，从而突出牛角和羊角的差别，即牛角向上弯、羊角向下弯，这样把两种相似的动物区别开来；鹿角分叉如树枝和犀牛独角的特点非常突出，造字时选取整个动物的侧面之形。"犬""豕"的主要区别是一瘦一胖，甲骨文字形"𤝮""𧱆"也选取了侧面之形，分别抓住了犬瘦而尾长、豕肥而尾短的特征，这样一对比，两者的特点就非常鲜明了。最后引导学生认识先民根据对象特点而选取不同取像角度的造字智慧。这样不仅使学生受到发散思维和辐合思维训练，培养提炼和概括事物个性化特征的能力，而且能深刻认识先民的创造智慧，增强民族自豪感。

2. 合体象物字

直绘其形的合体象物字所记录的名词都属于名物词，其中一个象形符号对应词义所指客观事物，为主体象形构件；另一个象形符号对主体构件的表意功能进行补充和提示，为辅助象形构件。这类字的特点是主体构件单独表意不够明确，容易与形近字符混淆，辅助构件对主体构件从不同角度进行补充和提示，使主体构件的表意功能更加明确，更具区别性。这种造字方法可用来训练学生在面对问题时，如何开阔思路，借助相关事物，采取灵活有效的措施，最终解决问题。

辅助象形构件的辅助角度不同，有的提示主体象形构件的位置或环境，有的提示主体象形构件的性质或特点，有的提示主体象形构件的功能或用途，等等。据此，以下用三组字例具体说明如何利用汉字造字智慧训练学生的创造性思维能力。

（1）提示位置或环境

辅助构件提示主体构件位置或环境的合体象形字，主要用来训练学生在遇到无法直接解决的问题时，如何开阔思路，通过借助其他相关措施解决问题，培养学生创造性解决问题的能力。以"瓜""果"为字例，引导学生思考以下问题。

第一，小朋友，你吃过和听说过哪些瓜？你吃过或听说过哪些果？你能说出瓜和果有什么相同和不同吗？这一环节的目的是发散学生思维，通过大量实例引导使学生认识到"瓜"和"果"是一类事物的共名，不能用某一种具体的瓜或果来代替。进一步引导学生概括瓜和果的相同点：是植物的籽实，外形是圆形或椭圆形的。分析瓜和果的不同点：瓜长在草本藤蔓植物上，果长在树上。

第二，如果让你用画来表现瓜和果，你怎样表现它们？引导学生认识到某一种具体的瓜或果不能概括所有的瓜或果；而瓜和果的外部特征都是圆形或椭圆形，用直绘其形的方法很难将两者区分开。在这种情况下就要考虑借助别的方法来区别，启发学生思考有哪些办法可以解决这个问题。

这里要启发学生想出尽量多的解决办法，包括增加瓜秧形构件提示瓜的位置，增加树木形构件说明果的位置，等等。

第三，出示"瓜""果"的古文字形，分析字形构意，认识先民的造字智慧，并说明从中受到什么启发。"瓜"的战国字形作"𤓰"，用瓜蔓形构件注明椭圆形瓜的生长位置，"果"的西周金文作"𣏌"，用树木形构件注明长满籽实的果的生长位置。这样就把瓜和果鲜明地区分开了。先民的创造智慧启发我们，当一些问题没有办法直接解决时，就要开动脑筋，借助其他手段或办法，巧妙解决。

同样，"元""天""页""舌""齿""眉""须""尾""身""叉""束""叶""巢""文""因""经"等字，其据以构形的本词都是名物词，这些名物词的甲骨文或金文字形都是合体象形字。其中主体构件对词义所指进行大致描摹，另一构件的作用是提示或补充主体构件的位置或周围环境，从而使主体构件的表意功能更加明确。这些合体象形字都可用来训练学生的创造性思维，同时有助于引导学生切实认识到先民的创造智慧，激发识字兴趣，增强对汉字的热爱和民族自豪感。

（2）提示性质或特点

以"蛛"字为例，引导学生思考以下问题。

第一，小朋友，你认识蜘蛛吗？你能说出蜘蛛有哪些特点？这个环节引导学生发散思维，总结出尽可能多的特点。既可以包括肚子大、有八条腿等外形特点，又可以包括能吐丝、会织网以及依靠蛛网捕食等生活习性特点，还可以是经常在蛛网上，等等。

第二，如果让你用最简单的符号表现蜘蛛，你会选取什么意象？引导学生发散思维，想出尽可能多的意象。同时让学生意识到字符比较简略，不可能细致描绘出蜘蛛的每一个特点，因此，单单描摹蜘蛛本身很可能被看作外形相近的其他动物。为解决这个问题，还要借助与蜘蛛相关的其他事物形象。

第三，出示"蛛"甲骨文的"𧊔"，分析先民的创造智慧。甲骨文在蜘蛛形构件中间增加了两道横线表示蛛网，显然是利用蜘蛛织网的习性辅助说明主体象形构件的意义所指，突出了"蛛"的独有特点，使字形表意非常明确。

第四，请同学们思考一下，现代楷书"蛛"字与词语"蛛"有什么联系，它跟甲骨文"🕷"相比，有什么优势？这个环节主要让学生发现音义合成字的优势，认识汉字形体是不断发展演变的。

同样，"蛊""鼠""鼅""矩""殳""辇""囿""圂"等名物词的初文都是主体象形构件与表现其性质或特点的辅助象形构件相互组合，从不同角度表现词义所指事物的性质、特点，巧妙地提示了字符的意义所指。这些字都可以用来训练学生的创造性思维能力，启发学生在面对问题时，不仅关注事物的主体方面特点，还要开阔思路，灵活运用其他相关条件，从多角度思考解决问题的途径，从而找到最佳解决方案。

（3）提示功能或用途

以"磬"字为例，引导学生思考以下问题。

第一，出示"磬"的图片，告诉学生"磬"是古代一种石制打击乐器，通常要悬挂在架子上。请根据图片说出磬的特点，可以从外形、质料、功能、音色等多角度进行说明。

第二，如果让你用象形法为"磬"造字，你会选择怎样的特点？让学生说出自己的设计方案和设计理念，教师引导学生对各种设计方案进行比较、分析、评判。目的是进行辐合思维训练，使学生不仅能够打开思路从多个角度解决问题，而且能够对各种方案进行判断和选择。

第三，出示"磬"的甲骨文"🎵"，分析先民的创造智慧。甲骨文左部像悬挂石磬之形，右部像手持乐槌敲击磬之形。显然，石磬形符号是与词义对应的主体构件，右部的手拿乐槌形是辅助构件。主体构件十分简略，但因有辅助构件提示其用途或功能，因此，主体构件的构意十分明确，字符和字义的联系非常直接。

同样，"簋""盘""箙""函""牢""宗""圂"的造字方法都是在取像意义所指的主体象形符号基础上，增加辅助性构件提示事物的功能或用途，从而使字形构意更加明确。这些字都是训练学生创造性思维方法的好素材。

此外，在思维训练中，还要引导学生认识这种造字方法的优势：因为有辅助性构件的帮助，主体构件的象形性可以降低要求，只要有个大致轮廓即可，因此字形更简，更便于书写。同时，合体象形造字法所用构件大多是已有字符，也就是说，合体象形造字法是在不增加太多新符号的基础上，创造了很多新字。显然，基础构件的重复使用，不仅易于记忆和书写，也有助于汉字形成系统性。

（二）象意造字智慧应用

象意字与象物字不同，象意字取像之物并不等于词语的意义所指，但是与词语意义有密切联系。创造象意字，除了要具备上述象物字的创造智慧外，还包含由某一意象联结到另一意象的思维过程，所以还要具备丰富的联想和想象能力。

"联想是由一事物想到另一事物的心理过程。"① 是一种由此及彼的心理思维过程，具体说来，就是"在空间上和时间上同时出现或相继出现，在外部特征和意义上相似或相反的事物，反映在人脑中并建立联系，以后只要其中一个事物出现，就会在头脑中引起与之相联系的另一个事物出现，这便是联想"。② 联想的功能是由一事物激起对其他种种相关事物的回忆，源源不断地调集相关资料作为思维加工的素材，拓宽思维的广度，使人视野更广远，对事物的理解更为深刻。

想象是人类特有的对客观世界的一种反映形式，是人在头脑里对已储存的表象进行加工改造形成新形象的心理过程，是人们将过去经验中已形成的一些暂时联系进行新的结合的过程。想象力是人类运用储存在大脑中的信息进行综合分析、推断和设想的思维能力。爱因斯坦说过："想象力比知识更重要，因为知识是有限的，而想象力概括着世界的一切，推动着进步，并且是知识进化的源泉。"然而人类的想象能力并没有得到充分的开发。心理学家认为，人脑有四个功能部位：感受区、贮存区、判断区和想象区。其中想象区功能与人类的创新能力关系最为密切。然而一般人只用了想象区的15%，其余的还处于"冬眠"状态。

总之，联想和想象是非常重要的创造性思维方式，是创造赖以飞翔的翅膀。在思维过程中，如果没有联想和想象，思考就会发生困难。虽然联

---

① 《辞海》（下），上海辞书出版社，1979，第4163页。
② 《中国大百科全书·心理学卷》，中国大百科全书出版社，1991，第193页。

想和想象是人与生俱来的天赋，不过作为一种创造能力还有赖于后天加以培养发展。因此，要培养学生的创新能力，就必须加强对他们进行联想和想象能力训练。

象意字的构意中蕴含着造字者联想和想象的思维方法，可以作为培养学生联想、想象能力的素材。汉字教学中利用象意字培养创造性思维的步骤可概括为以下三个。第一，从词义出发，引导学生进行辐射式联想，从各个角度找出与词义相关或相似的意象。这样多角度展开联想，目的是改变学生的单向思维方式，使其思路更开阔，从而有效地训练发散思维能力。第二，引导学生对各种意象进行分析、比较、判断，并从中选择最具代表性的典型意象。这种从众多意象中选择最贴切意象的过程，是联想中由发散思维到辐合思维的过程，是通过不断分析、比较而最终发现最佳方案的过程。第三，分析相关古文字构意，学习和借鉴古人的创造方法，认识先民的创造智慧。

以上步骤只是总体的大致思路，具体方法还要因词义特点不同而变化。下面根据字形结构不同，分为独体象意字和合体象意字两个部分，对如何运用造字智慧进行思维训练进行说明。

1. 独体象意字

象意字与词义所指没有对等关系，大部分只是相互之间有关联，因此其中蕴含着联想和想象思维方法。联想方式可分为相关、相似、相反三种方式。英国心理学家哈特莱认为，相关联想是最基本的联想，其他相似联想、相反联想，可看成相关联想的衍生物。大多数独体象意字中蕴含着相关联想方式，也有少部分独体象意字中蕴含着相似联想方式。因此，这里分别说明如何利用独体象意字培养学生的相关联想和相似联想能力。

（1）相关联想

根据我们测查，大多数独体象意字的构意与词义所指之间有一定关联，可用来训练学生的相关联想能力。下面以"王"字为例，具体说明如何用问题引导学生进行相关联想，训练学生的发散思维和辐合思维能力。

第一，如果让你用一幅画来表示"王"，你准备画什么？启发学生认识到"王"无法直绘其形，必须借助相关事物。引导学生展开相关联想，与"王"这个身份有关联的事物有哪些？即以词义为出发点展开辐射式联想和想象，找出尽可能多的与词义有关联的意象。这个环节目的是训练发散思维。

第二，分析比较大家的创作结果，看看谁的设计更简洁，更容易与其他字符相区别。这个环节训练辐合思维，引导学生对各种创意进行分析、比较、判断和选择，从中找出最佳方案。

第三，出示甲骨文字形"𝓐"，说明古人用斧钺形表示王的原因：王最初的身份是最高军事统帅，具有威慑力的斧钺是王的身份象征。这种用具有代表性的服饰或工具来表示人物身份的造字方法非常值得借鉴，它启发我们在创造性活动中，如果直线走不通，就要善于通过联想和想象借助相关事物找到迂回曲折的解决方法。

同样，"皇""士""巫""妇""臣""鬼""神""社""帝""京"等字的意义所指都很难直绘其形；其象形初文都是通过联想和想象而借助相关典型意象间接表现词义的独体象意字。这些独体象意字中蕴含着先民造字时进行联想和想象的方法和智慧，可以作为训练学生相关联想能力的素材。

（2）相似联想

"世"字以枝叶之形表示世代义，造字取像与词义具有相似性，因此，以"世"为例说明如何利用汉字构意培养学生相似联想能力。可用以下问题进行引导。

第一，"世代""世袭""世家"中"世"的意思是"一个时代""一辈一辈相传的"，如果让你用单个事物形象来表现它，你会选择什么事物？启发学生：没有办法直绘其形，可以借助与之相关的事物，也可借助与之相似的事物。目的是发散思维，启发学生进行辐射式联想，找出尽可能多的相关、相似事物。

第二，对同学们创设的意象逐个分析、比较、判断，从中选出最具典型性的创意。

第三，出示金文"𝖄"，说明字形构意像枝叶之形。引导学生分析这种造字取像蕴含的相似联想方式：草木枝叶累叶百叠，与人类世代相传有相似之处，于是用具有相似点的枝叶之形表示人类世代相传的特点。

通过这个字例进一步让学生认识联想的多种途径、多种方法，进一步拓宽学生的联想和想象思路，利用思维规律科学地进行发散思维训练。

2. 合体象意字

合体象意字的特点是通过创设典型意象来间接表现词义，其中蕴含着丰富的创造智慧。下面分别以普通名词和时间名词为例，具体说明如何利用合体象意字训练联想和想象等创造性思维能力。

（1）普通名词

普通名词以"邦""国"为例，说明如何以问题为导向，通过发散思维和辐合思维训练，培养学生创造性思维能力。

第一，"国"和"邦"的意思都是国家。你认为"国家"可以用什么意象来表现？引导学生认识到"国家"这个概念具有概括性，不同于任何一个具体的国家，因此，国旗、具体地图等都不能用来表示概括性的"国家"概念。在此基础上启发学生总结国家共有的性质特点：有一定的领土，有军队等武力守卫，有法律制度，有统治者与被统治者，有各种职业的人……通过联想，让学生找出尽可能多的国家特点。

第二，如果让你为"国"或"邦"设计字符来表现国家义，你会创设什么意象？让学生说出或画出尽可能多的意象设计，目的是继续发散思维，从不同角度创设表现国家的意象。

第三，对所创设的各种表现国家的符号进行分析、比较、判断、评价，从中选出最具典型性的创意。

第四，出示"邦"甲骨文"𤰞"和"国"甲骨文"𢧄"，分析字形意象和创设技巧。"邦"的甲骨文像"田"上有"树"形，表现古代诸侯国之间用植树来标志疆界的特点。"国"的甲骨文由"戈"和"口"组成，戈代表武器，"口"表示领土，整字表示用武力守卫领土，表现了国家有领土和武力守卫的特点。可见，这两个字的甲骨文意象与国家没有对等关系，但有一定的关联，经过联想都可以与国家联系起来。

通过以上练习，不仅可以培养学生的联想和想象能力，而且可以启发学生遇到无法直接解决的问题时，要努力开动脑筋，想办法间接来解决。

（2）时间名词

时间名词对应的意义是时间，不是任何具体事物，无法直绘其形。如前所析，先民用合体象意字表现时间名词的方法非常巧妙，而且具有一定的规律性，可以用作训练学生的创造性思维的绝佳素材。以下以"暮"和"春"为例进行说明。

第一，"暮"的意思是傍晚，"春"的意思是春天。如果让你创设字符分别来表现傍晚和春天，你会创设什么意象？引导学生说出或画出尽可能多的意象设计，不仅要展开联想，发散思维，而且要善于选取最有代表性的意象。

第二，对所创设的各种符号进行分析、比较、判断、评价，从中选出最具典型性的创意。

第三，出示"暮"的甲骨文"❀"和"春"的甲骨文"❀""❀"等，分析其字形意象和创设技巧。"❀"像太阳在草莽或林莽中之形，即以草莽或林莽为参照物衬托太阳的位置来表现时间名词"暮"。同样，"旦""朝""昃"等表示一天内某个时间段的名词，都采用参照物衬托太阳位置的方法，这种方法与语言中"日上三竿"之类的说法一致，表现了古人用太阳位置来记录时间的习惯。"春"的甲骨文"❀""❀"用草木形、萌芽形和太阳形构件组合而成，表现草木萌发、阳光明媚的春天特点。同样，"秋""冬"等季节名词的象形初文也用典型物象来表现词义。

可见，造字取像方法并非无规律可循，在纷纭复杂的问题面前，既要发散思维、扩宽思路，又要善于发现规律、利用规律。

（三）含标志符号造字智慧应用

标志符号具有高度抽象性和概括性，用标志符号创制的字符都非常简洁，体现了造字者高超的概括力和创造智慧，是用以培养学生抽象概括思维方法的绝好素材和案例。含标志符号的名词，主要有方位名词、表示事物局部名称的名词和无可视形象的名词。

1. 方位名词

方位词"上""下""中""内""外"在甲骨卜辞中都已经出现，字形非常简洁，构意却十分明确。下面以"上""下"为例说明如何利用其造字智慧培养学生的创造性思维能力。以问题为线索，引导学生思考以下问题。

第一，"上""下"都是方位词，意义具有相对性，只有通过比较才能说哪是上，哪是下。如果让你为方位词"上""下"造字，你准备采用什么方法？这个环节的目的是通过发散思维，想出尽可能多的方案。

第二，对各种设计方案进行分析、比较、判断、评价，选出最简洁、表意最清晰的字符。

第三，出示"上""下"的甲骨文字形，分析其造字智慧。"上""下"的甲骨文"　""　"，其中较长而略弯的线条表示参照物，极具概括性，不取像任何具体事物，却可以代表参照标准。在参照标准的上方或下方短横线标志"上""下"的位置。这样，用两个最简单的线条就把具有高度概括性和相对性的方位词的意义巧妙表现出来。

第四，把自己的设计方案与甲骨文字形相比，在赞叹古人创造智慧的同时，你在创造方法上受到什么启发？（对于无形可像的事物，可以用一个简单符号来象征的手法表现了解决问题的灵活性和变通性）

2. 局部名词

有些事物局部名称的词，其造字方法是在整体象形符号的基础上，用一个标志符号指出词义所指的位置。这种借用整体象形符号的方法，可以简驭繁地表现事物之间的联系，有助于汉字符号形成系统，可用作训练学生创造性思维方法的素材。下面以"弦"为例，用问题为导向，具体说明如何利用造字智慧培养学生的创造性思维。

第一，"弦"的本义是弓弦，即系在弓背两端的、能发箭的绳状物。请你画一幅简笔画来表现"弦"。引导学生认识到，弦在弓上才能让人明白这是弦，因此，字形中不仅要有弦的象形，还要包括弓形；同时思考怎样让人看出设计既包括弓又包括弦的符号，是弦字而不是弓字。

第二，对各种设计方案进行分析、比较、判断、评价，选出最佳方案。

第三，出示"弦"的甲骨文字形，分析其造字智慧。"弦"的甲骨文"　"由两个构件组成，其中一个构件是带弦的弓形，另一个构件是弦上的小圆圈；小圆圈的作用是标志这个字的意义所指，帮助理解字形构意。

同样，"刃""弦""本""叉""厷""臀"等字的初文都采用了整体象形符号与标志符号组合的方法为表示事物局部的名词造字。由于其中的象形符号是已有符号，所以这种造字方法不仅字形简洁，而且能够与已有字形联系起来，有助于汉字系统的形成和字形构意的理解，体现了高超的创造智慧。

3. 无形名词

"声""音"的意思是声音，没有具体的视觉形象，其造字方法彰显了造字者的高超智慧，可用作训练学生创造性思维能力的素材。用以下几个问题引导学生思考。

第一，"音"的意思是声音，没有形象可以描摹。如果让你为它造字，你采用什么方法呢？这个环节主要让学生大胆联想和想象，想出尽可能多的表现声音的方法。

第二，对各种方法进行分析、比较、评价，从中选出最简洁、最有表现力的造字方案。

第三，出示"声"和"音"的甲骨文字形，对两个字的构意和造字方法进行比较。"音"的春秋金文字形作"🔔"，即在"言"字的"口"构件中增加一短横。这样，既能表现"音"与"言"在意义上有一定联系，同时把它们彼此区别开，非常巧妙，体现了造字者高超的创造智慧。"声"的甲骨文"🔔"由多个构件组成，中间是耳朵形，上部是用乐槌击石磬之形，下部是口形，创设了耳朵听到磬和口发出声音的意象，把无形可像的声音具象化为字符。显然，用表意构件加区别符号构成的"音"字比合体象形结构的"声"字初文形体简略得多。

（四）利用已有符号造字智慧应用

利用已有字符的读音或意义组合创制新字符的方法是一种能产性和规律性都很强的造字方法，也是培养学生创造性思维能力的极佳素材。如何利用这种造字方法训练学生的思维能力？下面分表意构件＋表意构件、表意构件＋示音构件两种情况进行说明。

1. 表意构件＋表意构件

以"雀"字为例，说明如何利用表意构件＋表意构件的合体字训练学生的创造性思维能力。依次用以下问题进行引导。

第一，小朋友，你见过麻雀吧？你能说出麻雀有什么特点吗？这个环节不仅可锻炼学生的概括能力和表达能力，同时引导学生想出尽可能多的特点，进行发散思维训练。

第二，如果让你用简笔画来表现麻雀，你准备描摹它的什么特点？引导学生认识到，麻雀形体小而善跳跃、顶冠及颈背呈褐色等特点都难以用象形法来表现。如果只画一个大致轮廓又容易与"鸟"或"隹"的形体混淆。

第三，看来，用象形法很难为"雀"造字，怎么办？小朋友，想一想，如果不用象形法，还可以用什么办法表现麻雀的意义呢？这个环节继续发散思维，鼓励学生大胆想象，想出尽可能多的方案，然后对各种方案进行分析、比较和评价。

第四，出示"雀"的甲骨文"雀"，分析其中蕴含的造字智慧。甲骨文由"小"和"隹"组成，"小"用其单独成字的意义参与构字，把无法用象形法表达的雀"小"的特点直接表达出来；"隹"也以其本义"鸟"参与构字，说明"雀"属于鸟类。这样，"小"和"隹"分别从"雀"的特点和意义类属两个角度对其词义进行限制和说明，为其创造了表意明确的合成字。

2. 表意构件 + 示音构件

以"松"字为例，说明如何利用音义合成字训练学生的创造性思维能力。依次用以下问题进行引导。

第一，小朋友，你能说出松树有什么特点吗？这个环节不仅可以锻炼学生的概括能力和表达能力，同时引导学生想出尽可能多的特点，进行发散思维训练。

第二，如果让你用简笔画来表现松树，你准备描摹它的什么特点？引导学生认识到，字符不能像绘画那么精细，很难用象形字符把松树的特点表现出来。

第三，用象形法很难为"松"造字，怎么办？小朋友，想一想，如果不用象形法，还可以用什么办法表现"松"呢？这个环节继续发散思维，鼓励学生大胆想象，想出尽可能多的方案，然后对各种方案进行分析、比较和评价。

第四，分析"松"字蕴含的造字智慧。"松"由"木"和"公"组成，"木"构件用其单独成字的意义"树"参与构字，说明松是树木的一种；"公"以其读音参与构字，标志"松"的读音。这种从词的音、义两个角度造字的方法，无疑与词具有音义两要素的特点相吻合、相适应，是最科学的造字方法，具有很强的能产性，现代汉字大部分都是这种音义合成的形声字。

总之，利用已有字符的音或义创造汉字的方法，是汉字发展到一定阶段后产生的科学、高效的方法。这种方法以已有字符为基础，利用已有符号的音义表现所造字的读音和意义，无须创造新的符号，不仅可以降低识字写字的难度，而且可以把词义的系统性通过字形表现出来，具有极强的能产性。从所造字的角度说，根据所记录语词的音义来造字，与语言的联系更为直接，更能体现语言的内在规律，能产性更强，因此很快成为强势结构。由此可启发学生，任何发明创造都要首先认识相关规律和客观基础，只有与客观规律和基础特点相适应的创造，才有持久生命力。

二 动词造字智慧应用

动词是表示动作、行为、心理活动或存在等意义的词，词义所指不是静态物象，而是一种动态场景，尤其是行为动词，词义本身就构成一种语义场景。给动词造字的方法主要有象形法、标志法、利用已有字符的音或义造字法。下边分别阐释如何利用这三种造字智慧培养创造性思维能力。

(一) 象形造字智慧应用

行为动词语义场景中，除了包括动作状态、行为主体和动作对象三种主干成分，还有动作用具、处所等辅助性成分。象形造字法可以从动词语义场景中选取具有显要性的成分组合创制合体象形字，也可以依据单个语义成分创造独体象形字。

1. 独体象形字

动词语义场景中，与词义联系最直接的是动作状态，但动作状态没有独立性，必须依附其他语义成分。怎样依托相关语义成分把动作状态直接表现出来？除此之外，还有什么方法可以把行为动词的意义用独体象形符号表现出来？这些都蕴含着先民的创造智慧。

利用独体象形字的创造智慧培养学生的创造性思维能力，既可以通过单个字独立进行，也可以通过几个不同字比较进行。

（1）单字

下面以"垂"字为例，具体说明如何模拟行为动词字的创制过程，用问题为引导，训练学生思维方法。启发学生逐步思考以下几个问题。

第一，小朋友，你知道哪些有下垂特点的事物？从中你可以总结出"垂"有什么特点？这个问题具有开放性，答案不拘一格，老师要尽量鼓励学生发散思维，想出尽可能多的答案，如垂柳、垂头、旗帜下垂、枯萎的枝叶花等下垂……这个环节的主要目的是培养学生的发散思维能力。同时对学生的语言表达能力也是很好的训练。然后再对各种答案进行分析，引导学生排除其中不正确的答案，在此基础上总结"垂"的意义特点：事物的一头在上，一头向下挂着。这样，有效地培养了学生从众多现象中归纳和概括内在特点的能力。

第二，如果让你用简笔画表现"垂"的意义，你准备画什么呢？画出图画或者口述想画的内容。这个问题仍然没有标准答案，目的是继续引导学生发散思维，大胆创造。图画内容和方法不拘一格，目的是培养学生的想象力以及把想象内容表达出来的能力。

第三，比一比，看谁的画最能表现垂的特点，又最简洁。这个环节主要是对学生进行辐合思维训练，把学生从漫无边际的发散思维引导到具有逻辑性的分析、比较、判断中。如果说前边发散思维训练的目的是"放得开"，这里的目的就是"收得拢"，最终目的是获得最佳方法。

第四，出示"垂"的甲骨文字形""，分析该字形的取像特点，你从中受到什么启发？让学生明白甲骨文字形的创造方法：创设植物花叶下垂的典型意象，以之为造字取像依据，用来表现"下垂"的动作状态，从而与词义联系起来。这个环节能够使学生认识华夏先民的智慧，增强民族自豪感。

同样，"走"等字的甲骨文用行为主体的动作状态表现词义，"发"

"擒""采"等用动作用具或凭借间接表现词义的象形字,"享"等用动作处所表现动词意义的象形字,都可以用来训练学生的发散思维和聚合思维,同时用来认识古人的造字智慧,增强民族自豪感。

(2)同类比较

"走""行""步""止"都是与腿脚动作有关的动词,都是不及物动词,既没有动作对象,也不涉及任何工具;它们的语义场景中只有行为主体、动作状态和动作处所三个语义成分。为它们创造象形字符时,只能从这三个语义成分中选择造字原料。如何为它们创造与词义相切合而又能够彼此区别的字符,就格外需要巧妙构思,需要造字者具有高超的创造智慧。

"走"的意思是跑,因此我们用以下问题引导学生进行思维训练。

第一,请说出"跑""步""行"等动词所表现的动作特点。这个环节的目的是引导学生找出每个动词的意义特点,如"跑"的特点两脚交叉快速前进,"步"的意思是步行,速度较慢,"行"的意思是行进,速度可快可慢。

第二,如果让你用最简单的一幅画表现"跑""步""行",你会画什么?可以画也可以用语言表达,注意抓住每个字的意义特点,以使彼此相互区别。这个环节的目的是引导学生从每个动词的众多动作特点中选出最典型、最具个性化的特写镜头。

第三,比较大家的设计,看看谁的设计最简洁,最有表现力,还能够使它们彼此区别。这个环节主要是辐合思维训练,引导大家对各种创意进行分析评价,经过分析、比较、判断,从中评出最为典型、最有表现力而又能使彼此相互区别的创意。

第四,出示古人为"走""步""行"的甲骨文字形,分析其造字智慧。"走"甲骨文作"🦶",像一个人迈开大步摆动两臂形,表示奔跑的状态,本义是跑。也就是说,以行为主体的典型动作状态为依据创造了独体象形字。后来增加取像脚形的"止",西周金文作"🦶",凸显脚在"走"中的作用。"步"的本义是步行,与"走"的主要区别是速度与动作幅度不同。要使"步"与"走"的字符相互区别,必须改变造字方法或角度。"步"显然不能再用人体动作状态来造字,怎么办?甲骨文"🦶"像左右两脚一前一后形，即通过行为器官的动作状态来表现"步"的意义。这样就非常巧妙地把"走"与"步"的字符区别开了。"行"的意思是行走，但对速度没有明确的规定，意义更为概括。如何把这个意义用字符表现出来呢？"步"占用了动作器官脚的动作状态，"走"占用了人体动作状态，因而不可能再用描摹行为主体动作状态的方法为"行"造字。怎么办？只能另辟蹊径，我们看造字者找到了什么途径："行"的甲骨文作"𩉢"，像四通八达的十字路口，即用动作处所形象来间接表示动词"行"的意义。而"𩉢"已经是名词"行（háng）"的象形字，因此也可以看作借用已有字符来记录动词"行"。显然这种造字方法导致同一个字符记录两个不同的词，影响字符的区别度。

　　同样，动词"止"的意思是停止，典型形象就是站住不动。如何用简单的字符表现这个意象呢？如前所述，两只脚一前一后的"𣥂"表现行走，造字者于是用一只脚形符号"止"来表示停止义。这样，非常巧妙地把停止不动的意思表现出来，而且与"步"相互区别。显然，"止"取像一只脚形与本义为脚的名词"止"同形，后来重新为本义为"脚"的字创造了"趾"字。

　　总之，行为动词本身可构成一个语义场景，为之造字的时候，可选择具有显要性的语义成分来表现语义场景；对于语义相近的动词，就要努力采用不同的造字角度或方法，使之相互区别。因此，这些近义词的造字方法可作为训练学生联想、想象等创造性思维能力的材料，用来引导学生认识造字方法的多样性和灵活性，启发学生在遇到困难时要开动脑筋，多想办法，学会变通，甚至允许不完美存在。对于不完美的地方可以继续想办法解决。

　　2. 合体象形字

　　用合体象形法造字的动词除了行为动词外，还有少数心理动词和存现动词。下面分别以行为动词和心理动词为例，说明如何利用其造字智慧训练学生的创造性思维能力。

　　（1）行为动词

　　有的行为动词具有对象自足性，其词义已经明确了语义场景中的动作对象，为之造字时主要是利用显要成分把动词语义场景表现出来。如

"罗"的本义是用网捕鸟，词义中既包含动作对象"鸟"又包含动作用具"网"，具有自足性；"射"的本义是开弓放箭，词义中包含着所用工具"弓箭"，也具有自足性；"采"的本义是采摘，词义中不包含动作对象或工具，不具有自足性。对于这些不同类别的动词，都可以用以下几个问题来引导。

第一，"门可罗雀"中"罗"的意思是用网捕鸟，如果让你用一幅画表现"罗"的意义，你打算画什么？"射"的意思是开弓放箭，如果让你用一幅画表现"射"的意义，你打算画什么？"采"的意思是采摘，如果让你用一幅画表现"采"的意义，你打算画什么？让学生展开联想和想象，大胆做各种预案，尽量发散思维。显然，"罗"的字义已经明确了所用工具"网"和动作对象"鸟"，最容易造字；"射"的字义明确了所用工具"弓箭"，需要根据生活经验补充一些别的成分；"采"的字义既没有明确动作对象，也没有明确行为主体和所用工具，因此为它造字要展开联想和想象，根据生活经验去创设一个采摘的典型意象。

第二，对大家的各种方案进行讨论，经过分析、判断、比较等，选出具有表现力又形体简洁的方案，分析每种方案的优缺点。

第三，出示"罗"的甲骨文""，像用网罩罩住鸟形，即用捕鸟工具与捕获对象组成的合体象形字。

出示"射"的甲骨文""，像一个人拉弓射箭形，金文""像手持弓箭发射形，均由行为主体与所用工具组合而成，而动作对象没有进入字形。这是因为"射"的对象或目标不具有显要性，因此没有进入造字"构图"范畴。

"采"不具有自足性，动词意义对语义场景中的显要成分没有明确规定，因此为之造字时，首先要创设典型意象，即通过创设典型意象使动词语义场景具象化和可视化。"采"的意思是采摘，语义场景中的显要成分是行为主体和动作对象，但词义对这些显要成分都没有明确规定，只能根据生活经验选择典型事物来代表。因此，为非自足动词创造合体象形字符，还要增加一个引导学生创设典型意象的过程，这个过程正好可以用来培养学生的联想和想象能力。

针对不同的非自足动词，可以采用不同的引导方式。但也有一个总体规律：首先，引导学生思考，根据动词的本义，你可以想象一个什么样的动作场景，在这个场景中，选出最具显要性的成分；其次，根据显要性成分和生活经验，创设一个具体的意象，为显要成分确定代表性的典型事物；再次，根据创设的意象创造一幅简笔画，说出自己的构意；最后，出示构意明确的甲骨文或金文字形，体会先民的创造智慧。

（2）心理动词

心理动词主要表现人的心理活动，它不像行为动词那样具有可视化的动作行为，因此，往往要通过创设典型意象间接表现心理活动。创设典型意象需要借助丰富的联想和想象，因此可据此培养学生的创造性思维能力。下面以"畏""忧"为例具体说明。

第一，"畏"的意思是害怕，想一想，令你害怕的事物或意象有哪些？目的是发散学生思维，使学生展开联想和想象，说出尽可能多的令人"畏"的事物。

第二，如果让你用一幅画来表现"畏"，你会画什么？用图画或语言进行表达，要求简洁而又有较强的表现力，注意与已有字符相互区别。

第三，分析评价学生的创意，然后出示甲骨文"𤲡"，说明其像鬼手持杖。

第四，分析讨论为什么"畏"的甲骨文中鬼要手持大杖？鬼就够可怕了，手中再拿上一个大棒子就更可怕了；同时，也可以与"鬼"的字形相区别。

同样，"忧"的分析有如下几步。

第一，"忧"的意思是发愁，想一想，如果让你用简笔画表现发愁的意思，你会画什么？目的是发散学生思维，使学生展开联想和想象，说出尽可能多的创意。

第二，分析评价学生的创意，然后出示金文"𢝊"，说明像以手掩面形，通过描摹行为人忧愁时的典型动作状态将词义具象化。

第三，分析讨论为什么"忧"不用令人忧愁的意象，而用人忧愁的样子来表现。

（二）标志造字智慧应用

含标志符号的动词字形有两类，一类是独体标志字，一类是合体标志字。

1. 独体标志字

动词独体字符有的是对典型动作状态的描摹，有的借助典型事物形象表示相关动作。下面以"纠""回""入"为例，具体说明如何用问题逐步引导学生思考，训练创造性思维能力。具体教学实践中，一般选择其中一个字。

第一，"纠"的意思是相互纠缭，缠绕；"回"的意思是运转回绕；"入"的意思是进入。如果让你用简笔画表现这三个字的意义，你会画什么？目的是发散学生思维，使学生展开联想和想象，说出尽可能多的方案。

第二，分析评价各种方案，认识表现这类词的动作状态可以凭借相关事物，也可以不凭借任何具体事物，而用线条直接把动作状态表现出来。

第三，出示"纠"的甲骨文"〷"，"回"的甲骨文"〇"，两个字形都用构字线直接表现了相关动作状态，而没有借助任何相关事物；"入"的甲骨文"𠆢"用锐锋的楔形符号表现进入的意思，即借用相关典型事物形象来间接表现词义。这种用具有概括性符号表现动词意义的方法体现了古人的创造智慧。

2. 合体标志字

为动词创造的含标志符号的合体字中，标志符号的作用有两类：一是标志动作处所；二是标志无形可像的事物。

（1）标志处所

这类字往往由呈动作状态的行为主体与表示处所的标志符号组合。可用以下问题引导学生，训练其创造性思维方法。

第一，"立"的意思是站立，"生"的本义是生长。如果让你用一幅简笔画分别表现这两个动词的意义，你会画什么？引导学生根据词义选择典型的行为主体，同时注意与已有字符相互区别。要尽量发散思维，找出尽可能多的设计方案。

第二，分析各种方案的优劣，进行适当评价。

第三，出示"立"的甲骨文"𙏿"，像一个人站立在某处，下部的横线标志站立的位置；"生"的甲骨文"𡳿"像小草从土地上生长出来，小草是创设的典型行为主体，下部的横线代表处所。两个字都用横线表示处所，这种用抽象符号表示处所的方法既间接又有表意功能，彰显了造字者的创造智慧。

同样，动词"至""雨""并""奠"的甲骨文都是标形合成字，也可以用作培养学生创造性思维能力的素材。

（2）标志抽象事物

这类字往往由行为器官与标志符号组合而成。下面以"言"和"曰"为例，具体说明如何以问题引导学生思考，训练其创造性思维能力。

第一，"言"和"曰"的意思都是说、说话。如果让你用简笔画表现说话的意思，你打算画什么？引导发散思维，找出尽可能多的设计方案。启发学生用标志性的简单符号表达难以描摹的事物。

第二，分析评价各种设计方案，看谁的设计更为简洁，更有表现力。通过这个环节培养学生的分析判断能力。

第三，出示甲骨文字形，体会造字者的创造智慧。"曰"的甲骨文作"⊟"，在口形构件上加一短横；"言"的甲骨文作"🍃"，在舌形构件上加一短横。两个字都用动作器官与标志性符号组合。既可以使两个字相互区别，又都具有明确的表意功能，彰显了造字者的高超智慧。

（三）利用已有字符造字智慧应用

根据字形结构可以分为以下两种情况：表意构件 + 表意构件；表意构件 + 示音构件。

1. 表意构件 + 表意构件

以"息"字为例，用问题引导学生思考，逐步训练学生的创造性思维能力。

第一，"息"的意思是呼吸。如果让你用一幅简单的画表现呼吸，你会画什么？这个环节引导学生想出尽可能多的方法，进行发散思维训练。

第二，对各种创意进行分析评价，引导学生在无法用简笔画来表现时，想一想别的途径。引导学生继续发散思维。

第三，分析"息"的造字方法和其中蕴含的造字智慧。"息"由"自"和"心"组成，"自"的意思是鼻子，"心"的意思是心脏，它们都是呼吸器官，把这两个典型的呼吸器官组合在一起表达呼吸义。

同样，"穿""武""鸣""吠""嗅""到""进""奔""狩""礼"的初文都是利用已有字符的意义进行组合创造的，都可用来训练学生的创造性思维能力。

2. 表意构件 + 示音构件

以"跑"等字为例，说明如何利用音义合成造字法训练学生的创造性思维能力。依次用以下问题进行引导。

第一，"跑""跳""蹦""踹""踢"等字都以"足"为部首，另一个构件提示这个词的读音，你看这些动词所表示的动作有什么共同特点？从这些字中你能悟出古人的造字方法吗？

第二，请分析这种音义合成造字法的好处：与汉语词的特点相吻合、能产性强、体现汉字系统性特点。

第三，想一想，为动词创造音义合成字时，选取义符的方法都有什么角度（动作器官、原料、行为主体、所用工具、动作对象等）。

三　形容词造字智慧应用

利用形容词造字智慧训练学生的创造思维，这里根据字形结构的不同，具体分为象形字、含标志符号字、利用已有符号所造字三个部分。

1. 象形造字智慧应用

形容词是对不同事物所具有的共同性质、状态和特征的概括，词义不是针对某一类事物，因此与任何事物都不构成一对一的关系。可以想见，为形容词创造象形字符时，首先必须由词义联想到具有这个意义特点的典型事物或创设相关典型意象，把词义与相关意象联系起来，然后才可能去创造象形字符。可见，形容词性的象形字符中蕴含着联想和想象的思维方式，把蕴含在这些字符中的联想和想象的方式方法离析出来，可以作为培养学生联想和想象能力的素材。

以下以形容词"长"为例，说明如何在识字教学中培养学生的联想和想象能力。

第一，如果让你用简笔画来表现"长"这个特点，你会画什么？请画出图画或说出你想画的内容。这个环节的目的是发散学生思维，启发学生进行辐射式联想，即由形容词"长"的意义出发，引导学生展开多向联想。注意在发散思维的同时，不能离开中心，即万变不离其宗，思考的方向不离开"长"这个词。

第二，分析比较大家的创作结果，看看谁的设计更简洁，更容易与别的字符区分开。这个环节主要训练学生的辐合思维，引导学生对各个方案进行分析比较，排除那些已经用来记录名词的意象，比如河流和丝绳是学生最容易想到的表现形容词"长"的事物，然而河流意象已经用来表示"川"字，丝绳意象已经用来表示"糸"字。然后比较其他方案，从中选出最简洁最有表现力的方案。

第三，给出甲骨文字形"𠂆"，说明字形构意是挂杖的长发老人之形，也就是用老人的长发意象表示长短的长。为什么会这样呢？这时候教师告诉学生：古人认为"身体发肤，受之父母，不敢毁伤"，也就是说，古人除非特殊仪式需要，否则不会剪发，因此，年龄大的人头发都很长。可见，用老人长发意象表示长短的长非常典型；反过来，头发长的老人意象也可以用来表示年龄大的"长（zhǎng）"，又进一步引申为长官的"长（zhǎng）"。这样一举两得，直至现在还在这样使用。

总之，以"长"的造字智慧为素材，不仅可以培养学生的联想、想象、分析、比较、判断、选择等创造性思维能力，还能让学生深入领会"长"的多个读音、意义和用法，切实认识到先民的创造智慧和中华传统文化的博大精深。同样，"美"字取像古代狩猎时猎人头戴兽角毛羽之形，字形中蕴含着丰富的远古文化信息；"高""大"分别取像高大亭楼和张开双手双脚的人形，这些字的意义所指与字形取像的事物之间都没有对等关系。通过联想和想象把比较抽象概括的意义用具象化的典型形象表现出来，其中蕴含的独特创造智慧启发我们在创造性工作中要大胆联想和想象，开创多种途径解决实际问题，想出多种可能的方案和方法。此外，像"明""爽""圣"等形容词，其造字方法都是通过创设典型意象来表现形容词意义，可以用作培养学生联想和想象能力的素材，兹不赘述。

2. 标志造字智慧应用

有些形容词，其意义是对事物外形特点的概括和抽象，为这样的词造字可以借助典型物象，也可以用具有概括性的标志符号。这里谈一谈如何利用标志符号字培养学生的抽象概括能力。

以形容词"曲"为例进行具体说明，用以下问题引导学生思考。

第一，"曲"的意思是弯曲。如果让你用简笔画来表现"曲"的意思，你会画什么？请画出图画或说出想画的内容。这个环节的目的是发散学生思维，启发学生进行辐射式联想。

第二，分析比较大家的创作结果，看看谁的设计更简洁，更容易与别的字符区分开。这个环节主要训练学生的辐合思维，引导学生对各个方案进行分析比较，排除那些已经用来记录名词的意象。

第三，给出甲骨文字形"𠃊"，分析用这种抽象概括性符号造字的优缺点。

第四，用这种抽象概括符号为形容词"小"和动词"纠""回"创造字符，体会用抽象符号概括事物特点的造字方法。

3. 用已有符号造字智慧应用

利用已有字符创制新字符的方法，可以用来训练学生利用已有成果进行新创造的能力。这里以义符"艹"为例，用以下几个问题引导学生思考。

第一，"芬""芳""萎""蔫""芜""苗"等字都以"艹"为部首，你能分析这个部首与词义的关系吗？从这些字中你能悟到什么？

第二，你还能想到哪些以"艹"为部首的字，你能看出这些造字方法有什么小窍门吗？请跟大家分享一下。通过这个环节让学生进一步认识义符的能产性和汉字的系统性。

第三，你还能想到哪些能产的义符？请举出不少于 5 个相关例字。从这些义义合成字和音义合成字的造字方法中，你在做事方法上受到什么启发？（善于利用已有研究成果进行再创造，再创造时要想办法避开重复等）

四 数词、量词、拟声词造字智慧应用

数量、量词、拟声词造字方法各有特色，可以分别用来从不同角度训练学生的创造性思维能力。

1. 数词造字智慧应用

数词的意义是对事物数量的抽象和概括，它不针对任何具体事物，因

此无法用具体事物之形来表现数词。数词造字方法中蕴含着古人灵活解决问题的变通能力，我们把蕴含在这些数字中的创造智慧分析出来，可以作为培养学生联想和想象能力的素材。可逐步引导学生思考以下问题。

第一，甲骨文"一、二、三、四"分别用一、二、三、四条横线来表示，这种造字方法与阿拉伯数字1、2、3、4相比，有什么优点和缺点？

第二，如果让你为"六、七、八、九、十、百、千、万"创造字符，你会怎样做？为什么？

第三，出示甲骨文"六、七、八、九、十、百、千、万"的字形，谈谈这种造字方法的优缺点。

第四，把汉字"十、百、千、万"与阿拉伯数字进行比较，你从中受到什么启发？谈谈两种造字方法的优缺点。

2. 量词造字智慧应用

表示计量单位的量词，意义具有一定的抽象概括性，其造字方法灵活多样，彰显了造字者高超的创造智慧，因此也可作为培养学生创造性思维方法的素材。

下面以量词"寻"为例具体说明如何用造字智慧引导学生进行创造性思维活动。

第一，"寻"是长度单位，相当于古代一个成年男子的正常身高。如果为它造字，你准备用什么意象来表现这个意义？发散学生思维，通过联想和想象找出尽可能多的办法。

第二，比较评价各种创意，分析其优缺点。

第三，出示甲骨文"𗞪""𗞪"，像一个人平伸两臂测量物体长度，因为人的身高等于两臂平伸时从左手中指到右手中指的长度，因此用这个构意来表现长度单位"寻"。

第四，除了这种用相关典型意象造字的方法外，你还知道哪些为量词造字的方法？

3. 拟声词造字智慧应用

拟声词是模拟自然界声响的词汇，为拟声词创造字符的方法非常丰富。这里主要通过比较拟声词的各种造字方法来开阔学生的思路。

第一，拟声词是模拟声音的词。如果让你为拟声词造字，你能想到哪些方法？引导学生发散思维，想到尽可能多的方法（有的通过创设典型意象来间接表现拟声词，如"霍""轰"；有的用发声体与象征声音的标志符号组合，如"彭""芈""牟"；有的用音义合成法，如"飕""砰"以发声体为义符，"哗啦"用"口"为义符；还有的借用同音字，如"丁零"，"突突"；还有的通过变异已有字符，如"乒乓"）。

第二，对学生想到的各种方法进行分析评价，说出各种方法的优缺点。

第三，在学生想到的各种方法基础上补充说明汉字中拟声词的各种造字方法，启发学生要善于动脑，开阔思路，勇于创造。

总之，不同词性的造字思维各具特色，不同造字方法也体现出不同的思维特点，汉字丰富多彩的创造智慧为培养创造性思维能力提供了大量素材和案例。以上所述培养学生创造性思维能力的方法和案例都可以互见，如单个字例也可以用来与别的字比较，比较法中的字例也都可以作为单个字例。列举大量案例的目的是帮助读者认识到创造性思维训练的方法多种多样，可根据词性、词义、造字方法采取适宜的途径，最终目的是拓宽思路，学会灵活变通解决问题的方法，为创新人才培养打下智力基础。

第二节　造字智慧在写作教学中的应用

造字是一种创造性思维活动，灵活多样的造字方法中蕴含着丰富的创造智慧；写作也是一种创造性思维活动，与造字方法有很多相似之处，因此，造字智慧也可拿来为写作方法提供参考和借鉴。

造字智慧既可以从整体构思角度对布局谋篇方法有所启迪，也可以从具体技巧角度为各种表达方式和修辞手法的灵活运用提供借鉴。

一　对整体布局谋篇的借鉴功能

写作教学中，要引导学生从整体上进行构思，包括如何搜集素材、选择材料、组织材料、确定主题、表现主题等。写作教学中，除了使用比较常见的教学方法外，还可以借鉴造字方法，即应用造字智慧对写作中的布局谋篇与整体构思进行启迪。下面从如何选材组材和如何表现中心两个方面谈谈汉字创造智慧在写作教学中的应用价值。

（一）选材与组材

写作是一种创造性思维活动，它的特点是通过对源于生活的素材进行提炼和加工，进而表达一种情感。如何从生活中选取写作素材并对其进行取舍和加工？可以从汉字的创造方法中得到启发。下面分别以名词、形容词、动词等造字选择构件的方法为依据，具体分析造字法对写作中如何选材组材的借鉴和启示。

1. 名词象形字对选材组材的启示

名词象形造字法对写作中选材组材的启示分为以下三个部分：象物造字法对选材组材的启示、象意造字法对选材组材的启示、合体象形字对选材组材的启示。

（1）象物造字法对选材组材的启示

名物词的词义所指大都是具体事物，为名物词创造象形字时常常采用直绘其形的方法，我们称这种直接描摹词义所指事物的外形而创造字符为象物字。然而，任何事物的外形特点都有多个角度，不同角度所显现的特点也会不同，而造字者只能从众多特征中选取最典型最重要的特征作为造字取像依据，而舍弃那些非典型的次要特征。同时，象形字不能像照相一样反映事物的全部外在面貌，也不可能像绘画一样细致逼真地反映事物的某个特点。因此，象形字的创制过程蕴含着造字者筛选和加工典型物象的智慧，这种智慧对在写作中如何筛选素材具有一定的启发和借鉴作用。

把这种直绘其形的造字智慧应用于写作素材的选择和加工，就要对纷繁复杂的生活进行仔细观察，然后根据创作主旨对素材进行分析、比较，从中选出最为典型的素材作为写作对象，再进一步对典型对象进行观察和分析，找到最能反映中心思想的特征，最后运用恰当的语言把典型对象的典型特征叙述或描写出来。当然形成文字后还要不断修改加工，不断完善。

当然，象形造字与写作相比还是有区别的。首先，有些事物是多种多样的，如"山""石""木"等外部形态不是统一的，造字时需要从众多外部形态中选取最典型的形体作为代表，也就是说造字一般只能表现事物的共性，很难表现事物的个性；而写作则不受这种局限，既可以表现事物的共性，也可以表现事物的个性。其次，有些事物的外部形态是变动不居的，如"月""云""气""水""电"等，造字时需要从不断变化的形态中截取最为典型的状态作为造字取像的依据，因为象形造字法只能表现事物的静态，而很难表现事物的动态。而写作则不受这种局限，既可以表现静态，也可以表现动态。再次，从不同角度为同一个事物所造的异体字，在使用实践中往往逐渐统一为一种规范字形；而写作不受这种局限，既可以从一个角度表现事物，也可以多个角度相互配合、相互补充。最后，象形造字法用简单形体表现某种事物，具有很大的局限性，因此只能概括表现事物的典型特点；写作则既可以概括介绍事物的典型特点，也可以详细描写其中的细节，还可以写出自己内心的感受。可见，写作比造字具有更大的优势，具有更广泛的选材范围和更灵活的表现手法。

（2）象意造字法对选材组材的启示

象意字也是象形字的一种，其特点是所取像之物不等于词义所指，但与词义有密切联系，即象意字符与所记录词语意义之间的关系"不能一见就明了，而是要人去想的"。因此，象意字符的造字取像方法更为复杂，需要造字者发挥联想和想象，找到与词义联系的角度和能够间接表现词义的典型物象。比如"皇""王"等表示人的身份、地位的名词，其词义难以直绘其形。于是聪明的造字者通过联想和想象，把人物身份与所用工具或服饰联系起来，借助标志人物身份的典型服饰或工具来表现人物身份。如传说中的"三皇五帝"中的"皇"就是指原始部落的酋长，如何表现这个身份呢？聪明的造字者根据部落酋长常常戴着插有五彩羽毛的王冠，于是借用五彩羽毛的形象"𦥑"来为语词"皇"创造字符。同样，"王"的身份是最高军事统帅，斧钺是其身份象征，其商代金文"𠙻"和甲骨文"𤤰"正像斧钺之形。

显然，以上字符所取像之物都不等于词义所指，但是跟词义有一定的关联，先民通过联想和想象，把词义与相关事物形象联系起来，为无形可像的词语创造了形象具体的象形字。同样，我们在写作中，不仅可以选取与主题直接相关的材料，也可以选取与主题没有直接关系，但能够从侧面衬托主题的材料，从而从多角度、多侧面反映主题，不仅可以使文章内容丰富多彩，写作方法也有更多选择空间。

（3）合体象形字对选材组材的启示

文章主题思想是选取材料的主要依据；有了材料，怎样利用材料、组织材料是写作要面对的另一问题。因此面对既定的主题，除了要选择好相关材料，还要思考如何运用所选材料表现主题，从哪个角度表现主题，怎样把不同材料组成一个有机整体，要突出哪些细节，怎样使文章具有新意等。如果选择好适当的视角，哪怕是旧材料，也可以写出新意。

如何利用所选材料适当组合表现文章主题？这可以借鉴合体象形字的创造方法。如"具"的常用义是"器具"，具有一定概括性，包括各种农具、食器、礼器以及各类武器，如何为它创造字符呢？如果选择典型的器具如耒、鼎、皿、鬲、矛、戈等，根据其外形为之创造象形字，就会与表示这些器物的专用名词字混同。于是造字者选择具有典型性的鼎作为器具代表，同时为了与"鼎"字形体相区别，在鼎形构件基础上增加两手形，凸显了"具"为人所用的特点。甲骨文"𤮈"像双手端或捧鼎的样子，这样通过增加双手形构件与"鼎"字形构件的组合创制了一个新字符，不仅避免与"鼎"形混同，还凸显了"具"的另一特点——为人所用，字形构意更为丰富。同样，"器"的本义是器具，具有概括性，无法用具体器具之形来为它造字。古人如何为它创造独立字符呢？西周金文"𠾅"由周围四个"口"与中间的"犬"组合而成，其中"口"像器之口，整字构意表示用犬守护器具。这样，"器"的字形就不会与任何取像具体器物的象形字重合，而且突出了"器"特别受重视、特别珍贵的特点。

以上"具"和"器"的造字方法启示我们，写作中如何把所选材料组合在一起，谁和谁组合，怎样组合，非常关键。这不仅需要作者有独到的眼光和视角，挖掘旧有事物的新特点，还要根据表达文章中心的需要，把相关材料巧妙组合在一起，通过材料组合展现其中蕴含的新特点、新感悟、新体验。

2. 形容词象形字对选材组材的启示

形容词是表示人或事物性质、状态、特征或属性的词，具有一定概括性，它的意义与任何具体事物都没有对等关系，因此造字时往往需借助相关物象来间接表现词义。如"明"是一个形容词，意思是明亮。如何表现这个意义呢？由于没有能够与其词义对等的具体物象，无法直绘其形，只能借助相关意象间接表现它。甲骨文中"明"字有两种写法：一种作"⿰囧月"，像床前明月形，暗示月光从窗子照进屋里，使屋子明亮；一种作"⿰日月"，由"日""月"组成，即用两种最典型的有明亮特点的事物来表示明亮义。这种通过相关意象把形容词"明"的意义具象化的造字方法，对写作中的选材具有一定启发性。命题作文中，可以根据中心的需要，选择从侧面间接表现主题的相关材料，通过具体生动的事件或形象把事件意义或人物精神间接表现出来，使文章既具有生动形象的特点，又有深刻的主题思想。

通过为相同词义创造的汉字与纳西族东巴文相比，可以看出不同民族的生活经验不同，为同一意义所创设的意象往往不同。如"美"是形容词，本义是好看。如何表现这个意义呢？生活中好看的事物非常多，也就是说表现美的意象有很多选择。纳西族东巴文采用了花朵的形象来表现美；汉字"美"的甲骨文字"⿱羊大"取像头戴兽角羽饰的正面人形，这是因为早期社会，人们为了猎取野兽，往往披皮戴角，装扮成野兽的样子，以便接近野兽而击杀之，这是远古时期十分常用的一种狩猎方法。原始巫术和舞蹈是对日常劳动生产生活活动的再现，再现狩猎活动的巫术和舞蹈中，巫师和舞者常常模仿猎者形象——头戴兽角毛羽，这种道具逐渐被先民看作一种美。由此我们受到启发，为表现某一主题而选取素材时，尤其是选择从侧面间接反映主题思想的典型材料时，必须注意符合生活大众的审美习惯，使读者能够由典型形象自然悟出作者的表达目的。

总之，根据主题选择素材时，不仅可以选择直接材料，还可以选择与主体相关的间接材料；间接材料的选择要注意符合大众的生活经验和文化背景，从而让读者自然理解文章的主体思想。

3. 动词象形字对选材组材的启示

每一个行为动词都可以构成一个语义场景。动词语义场景的成分一般包括动作状态、行为主体和动作对象三种主干成分，以及动作处所、动作用具等辅助性成分。词义场景中具有显要性的语义往往成为创造合体象形字的重要材料，而哪个语义成分具有显要性是由动词的意义决定的，而与材料本身关系不大，就像哪则材料在写作中具有重要性是由文章中心决定的，而与材料的内容关系不大。

有的动词语义场景中，两个主干成分具有显要性。如"刍"的意思是打草、割草，甲骨文"🐾"像以手将草折断之形，即动作主体"手"与动作对象"草"两个主干成分进入造字"构图"范畴，而辅助性成分因不具有显要性而未进入造字"构图"范畴。同样，"采"的意思是采摘，甲骨文"🌿"像手采摘树叶之形，属于动作主体与动作对象的图形式组合。

有的动词语义场景中，动作发出者和动作地点具有显要性，如"涉"的意思是徒步过水，甲骨文"🌊"像两脚在水中行走，即动作发出者和动作处所两个成分进入造字"构图"范畴。

有的动词语义场景中，动作发出者与动作用具有显要性，如"耤"的本义是耤田，甲骨文"🧑"用人持耒耕作意象将"耤"的意义具象化，即动作发出者"人"和所用工具"耒"两个成分进入造字"构图"范畴。

有的动词语义场景中，动作对象和动作工具有显要性，如"罗"的本义是用网捕鸟，甲骨文"🕸"像用网罩罩住鸟形，即捕鸟工具与捕获对象两个成分进入造字"构图"范畴。

由以上分析可以看出，造字时选取哪些语义成分作为造字原料，是由其在词义场景中是否具有显要性决定的。由此我们得到启示，写作中，材料本身不是关键，材料与中心的关系才是关键；选择材料和组织材料一定要围绕文章中心，为表现文章中心服务。

（二）表现主题思想

主题思想是文章的灵魂，是选择材料和组织材料必须围绕的中心和总指挥。如何利用已有材料表现主题思想，表现词义的造字法提供了很好的借鉴。

1. 造字法对侧面衬托法的启示

"写出人物的精神"是刻画人物的基本要求，表现人物精神通常有以下几种途径：通过细节描写彰显人物精神；用正面描写与侧面描写相结合来突出人物精神；用议论抒情等句子对人物精神进行点睛式概括。

　　造字法中有一种通过相关意象间接表现词义的方法，与侧面衬托人物精神的写作方法十分相似，因此，这种造字法可为从侧面衬托写作方法提供启示和借鉴。如"雉"的意思是野鸟，根据词义为它创造表意字符时，必须把这个词包含的两个意义要素表现出来，一个是"鸟"，一个是"野生的"。显然，如果根据"野鸟"的外形特点给它创造独体象形字，即画一只野鸟形，很容易与"鸟"的字符混淆，而且用字者不一定对野生鸟的独特之处都了解，这就给用字者书写和认读造成困难。如何解决这个问题呢？关键是如何表现"野生的"特点。显然，"野生的"这个意义无法直绘其形，只能辗转借助相关意象进行衬托。造字者是如何表现"野生的"这个意义特点的呢？"雉"的甲骨文作"𰵺""𰵻"，字符中都有一个正在展翅飞翔的鸟，抓住了野鸟善飞的细节特点，右部或下部是一支射向鸟胸部的箭矢。显然，造字者在抓住野鸟善飞特点的同时，又用被箭射的意象突出其不同于家禽的特点，从而使字形表意更为明确。看到这里，我们不禁慨叹古人的创造智慧：既有对野鸟外部形态特点的正面描摹，又有借助相关意象表现其野生特点的侧面衬托。这启发我们在写作时，为了表现人物精神，可以通过对人物本身的动作、外貌、语言、神态等进行直接描写，抓住关键细节进行特写镜头式的详细描写，还可以借助相关人或事物从侧面对其进行衬托，或从反面进行对比。

　　有的造字法，主要通过侧面衬托间接表现词义。如"忧""疑"都是心理动词，如何用具象化符号把抽象的心理活动表现出来？显然只能通过创设相关典型意象，"忧"的金文作"𰶛"，像以手掩面形，通过描摹人忧愁时的典型动作状态将词义具象化；"疑"的甲骨文"𰶜"像一个人手拄拐杖在路口东张西望，好像不知道往哪里走的样子，也是通过创设典型意象将词义具象化。此外，"父"在甲骨卜辞和西周金文中的主要意义是父亲或父辈，在传世文献中常泛指成年男子，显然，"父"的词义是人的一种身份，属于人的范畴。造字者如何为"父"造字呢？"父"的商代金文"𰶝"像手拿石斧之形，手拿石斧意象代表从事重体力劳动，"父"在上古社会最重要的职责是承担重体力劳动，于是造字者用手拿石斧形象巧妙地表现了"父"的身份和职责，为它创造了合体象形字。以上通过相关意象表现词义的造字法启示我们，写作时一定要开动脑筋，善于借助相关事件或事物从侧面烘托人物精神，所借助的相关事物或事件一定要有典型性，紧紧围绕人物精神，切不可脱离主题，游离主题。

2. 造字法对背景衬托法的启示

客观世界中很多事物的外形比较相似，而象形符号又不像图画那样能准确地描摹事物的形态，因此很多事物的象形符号相同或相近。为了区别外形相同或相近的象形符号的不同所指，造字者想出了一个巧妙的办法，就是通过增加构件来提示象形符号的位置或背景，从而明确象形符号的所指。这种由象形符号与提示象形符号所指的附加构件组合而成的字，称作附加式象形字，如"元""天"的本义都是"头"，头的形状大致是圆形的，但是如果只画一个圆圈，别人很难明白圆圈所指。于是造字者采用附件背景衬托的手法："元"的商代金文"𠂤"在圆形下增加侧面站立的人形构件，"天"的西周金文"大"在圆形下增加正面站立的人形构件，目的都是明确圆形所在的位置，提示圆形构件的所指是人头。可见，"元""天"金文字形中直接表现本义的"头"的构件就是取像人头形的圆点，下部的人体形构件的作用主要通过指示圆形构件所在位置，明确圆形构件的意义所指。同样，"齿"的本义是唇后的门牙，甲骨文字形作"齒"，显然，"口"中上下四个门牙如果脱离"口"形构件的陪衬，就很难让人明白它们表示的是什么，因此，"口"构件虽然不能直接表意，但对具有表意功能的象形构件具有提示和衬托作用。除了与人体有关的附加式象形字外，"果""瓜""束""叶""巢"等字的象形初文也在取像词义所指物象的基础上增加了具有提示和陪衬作用的附加构件。

以上这些字有一个共同特点，其中一个构件是中心，直接表现词语的意义所指；另一个构件与词义没有关系，主要作用是提示中心构件的位置或背景，从而使中心构件的意义所指更为明确。这种方法对于写作方法也有一定启发作用，即凸显文章的主题思想，不仅要把能够表现主题的中心事件或关键细节说清楚，有时需要对相关背景进行交代；通过对相关背景的叙述或说明，使事件本身的意义得到凸显，从而使读者对文章的主题思想的认识更为深刻。

3. 异体字对多角度表现主题法的启示

异体字是为同一个词创造的不同本字，这与为表现同一主题而写的不同文章具有相似性。因此，可以通过对异体字各类造字方法和造字角度的分析，为表现同一主题的不同写作方法提供借鉴和启示。

异体字是为同一个词创造的不同字形，不同的造字者对词义的理解角度和侧重点不同，导致不同造字者可能为同一个词创造出不同的字符。异体字的形体都与所记录词有一定联系，只是联系方法和联系角度有所差别。如"灾"的意思是灾祸，不同地区的人对灾的认识不同，低洼地区可能对洪水的印象最为深刻，地势较高的干旱地区可能对火灾的印象更为深刻，地震多发区则对地震灾害印象非常深刻，经历过战争的人则对战争造成的灾难印象非常深刻。不同的造字者可能会依据自己心目中的灾难印象来造字，洪水、失火、地震、战争都可能成为"灾"的造字依据。目前能见到的"灾"的甲骨文有"〰""𤈦""𤆇""𢦏"等多种不同写法。这些甲骨文字形分别用洪水横流形、河川堵塞形、房内着火形以及武器戈加声符来表现灾祸。显然，很难说这些甲骨文字形哪个造得最好，哪个造得不够好。这些字符的不同取像，与造字者的生活经验有关，分别是不同造字者感触最深的典型现象，都是经过反复思考提炼出来的最典型的现象，都能非常形象地表达"灾"的意义。可以说这些字形都是非常成功的创造，只是由于字符有不同于文章的特点，即要求一个词一般只有一个统一字符，才在以后的发展演变过程中逐渐统一。

由异体字的造字方法可以看出，同一个主题思想可以用不同的文体来表现，同一种文体还可以采用不同的表现角度和不同材料，因而表现同一主题可以有多种不同写法，可以产生多种多样的作品。要写出高水平的作文，首先要根据主题思想选取最典型的材料，找到最适合的角度，采用最适当的表现方法和文体，从多种可能的选择中找到最佳方案，最后完成文章写作。

二 对表达方式与修辞手法的借鉴功能

造字智慧也可以为各种表达方式和修辞手法等写作技巧提供借鉴和参考。

（一）表达方式

常见的表达方式有记叙、描写、说明、议论、抒情，以下我们分别从每种表达方式中选择一个角度，谈一谈汉字创造智慧对表达方式写作技巧的借鉴和启示。

1. 对叙述方法的启示

叙述是最常用的表达方式，这里主要谈一谈造字方法对叙述中避免产生歧义的启示。以"梦"字为例，"梦"的意思是做梦，根据生活经验，一个人睡觉时是否在做梦，表面很难看出来。那么如何用字符把做梦这种现象表现出来？"梦"的甲骨文作"𣶏"，像人卧床上双手舞动之形。可以想象，如果字形中没有床形构件，一个人双手舞动就与做梦没有什么关系，根本不会与做梦联系起来；如果人的双手没有舞动，躺在床上的形象又常常使人联想到睡觉或生病，也没有办法与做梦联系起来。正是因为字形将躺在床上与双手舞动这两个形象合在一起，才使人联想到是在做梦，而减少歧义。再以"蹎"字为例，"蹎"的本义是跌倒，甲骨文"𩥁"像人头朝下从山上跌落之形，如果没有山阜形构件，倒置的人形就是"化"的古字形，不能表现跌落的意思；如果其中人形构件不是倒置状态，人在山阜旁也很难让人联想到跌落义，可能会导致各种猜想，产生各种歧义。可见，造字时，为减少歧义，把必要限制性成分都纳入了造字"构图"范畴。此外，形声造字法是避免产生歧义的有效而高产的办法。如"桃、柳、杨、樱"等都表示树木名称，它们都以"木"为义符，限定其意义范围，然后用一个同音或近音字来表示这种树的读音，这样从意义类属与读音两个角度对其进行限定，从而避免产生歧义。

从以上分析可以看出，为避免歧义，造字时将必要的限定成分纳入字形。由此我们受到启发，在叙述中，要避免语言产生歧义，也不能丢掉必要的修饰限制成分，可以通过状语、定语等说明相关背景、条件、所属、性质、特点等，对句子主干成分进行修饰限制，同时注意语序对意义的影响，做到表达清楚准确，行文流畅。

2. 对描写方法的启示

描写要做到生动具体，就要抓住事物的主要特征进行细致描写；同时，采用灵活多样的方法，调动多种感觉器官，从多种角度进行描述。这些描写技巧在造字方法中都有所体现，可以拿来为写作技巧提供借鉴和启示。

（1）描写要抓住典型特征

描写人或事物必须抓住其典型特点，而要抓住特点，首先要对写作对象有深入了解。甲骨文中有关兽类动物的象形字可以说明这个问题。兽类动物与人类共同生活在陆地上，与人类关系十分密切，因此甲骨文中有关兽类的象形字非常多。其中马、牛、羊、犬、豕、兔、象等被人类驯养的动物，这些动物都是人类最为熟悉的，也就是说，人们对这些动物的特点非常了解，所以取像这些动物的象形字在甲骨文中都已出现。由此可见，创造象形字的首要条件是要熟悉和了解所要表现的对象。这就启发我们，写作时要想写出人或事物的特点，必须认真观察写作对象，了解写作对象的特点。

了解写作对象后，选择哪些特点作为表现对象，则是一个技巧问题。每个人或事物都有不止一个特点，从不同角度观察，会有不同的特点。写文章时不可能把写作对象的所有特点都表现出来，往往只抓住最典型的一个或几个特点来表现。这与创造象形字的方法十分相似，因此我们还用兽类动物的象形字来说明这个问题。兽类动物的共同特点"四足而毛"不能成为给某种动物名称创造象形字时的取像依据，只有某类动物独有的个性化特点才会成为造字依据。如"马""象""虎""兔"的甲骨文字形分别作""""""""，这四个字都取像动物的侧面之形，分别抓住了马头长和脖颈上有长鬃毛的特点，大象鼻子长而且能够卷曲的特点，老虎身上有花纹和血盆大口的特点，兔子耳朵长、尾巴短的特点。显然，这些特点都是能够与其他动物区别开的典型特征，从这些甲骨文字形可以看出，古人造字时特别善于抓住典型特征。而"牛""羊""鹿""兕"都有角，其中羊与牛最为相似；鹿角分叉如树枝，特点比较明显；"兕"即犀牛的特点是独角，特征也很明显。先民如何为它们创造象形字呢？它们的甲骨文字形""""""""非常巧妙地表现出这些动物的典型特征：牛羊外形相似度高，于是只选取头部的正面之形，从而突出羊角和牛角的差别，即牛角向上弯、羊角向下弯，这样把两种相似动物区别开来；鹿角分叉如树枝和犀牛独角的特点非常突出，造字时选取整个动物的侧面之形。这些字的造字取像特点说明，取像角度要依据对象的特点。"犬""豕"与先民生活关系密切，其特点主要是一瘦一胖，它们的甲骨文"𤝣""𧰼"也选取了侧面之形，分别抓住了犬瘦而尾长、豕（猪）肥而尾短的特征，这样一对比，两者的特点更加鲜明。

总之，要抓住人和事物的特征，首先要通过留心观察，熟悉和了解相关人和事物，然后再从中选取典型特征，从适当的角度、用适当的方法表现出来。同时要注意，表现事物特征的方法要根据内容来决定，有的差别非常细微，就要像"牛""羊"造字法一样，采用特写镜头式的细节描写；写作文也一样，比如要表现一个人的动作特点，可以采用特写镜头形式细致描写其典型动作。有的特征非常鲜明，就可以像"鹿""兕""马""象""虎""兔"的造字法一样采用整体概括与局部描写相结合的方法。有的需要通过比较才能突出事物的特点，就要像"犬""豕"一样，通过对比来凸显事物的特点，使二者的特点明确体现出来。无论采用哪种写作手法，目的都是塑造特征鲜明的典型形象，表现创作主旨；反过来说，事物的特点和要表现的主旨是决定写作角度和写作方法的关键因素。

（2）选取多种描写对象，丰富描写内容

有的学生在写作时常常感到无话可说，对某种事物简单记叙或描写几句之后就不知道再写啥了。这里依据汉字创造智慧，谈一谈写作中如何拓宽思路，解决写作时无话可说的问题。

以"春"为例，先民在为"春"造字时，首先要分析春季有代表性的事物有哪些，通过春季的典型物象来表现词义。当然，字符形体简洁的特点不可能把所有典型事物都反映到字形中，但我们可以从中借鉴选择典型事物的方法和思路。如"春"字甲骨文作"𣉜""𣇄""𣈤"等，第一个字形选择了树木、太阳和刚刚萌发的嫩芽；第二个字形选择的是小草、太阳和刚刚萌发的嫩芽；第三个字形选择太阳和刚刚萌发的嫩芽。显然这些字形反映了春天草木萌发、阳光明媚的特点。可见，先民为"春"造字时，选取了春季最有代表性的事物，抓住了这些代表性事物在春季的典型特征，这些都值得我们在写作时借鉴。当然，字符形体简单的特点决定了它只能反映最为典型的事物，而且很难具体把事物特征反映出来。而作文具有造字无法比拟的优势，它既可以自由选择多种事物作为描写对象，又能够对每一种事物从多种感官、多个角度进行细致刻画，还能直接抒发自己的感受或说明一个道理。我们在写作时要充分利用这些优势，努力写出内容丰富、主题突出的文章。

写作中，首先分析写作对象有什么特点，要表现什么主题，可选择哪些有代表性的事物来表现主题。比如以"春"为写作对象，主题是表现春天的可爱和充满生机，可供选择的典型事物非常多，如花草的变化，河水的变化、动物的变化，人的变化等；而花草又有很多种类，选择哪一种或哪几种，春天事物的变化也不止一种……要从中选择能够凸显主题的几种典型事物或事件，抓住其典型特征或典型细节，调动多种感觉器官，从多个角度对其进行描写，再适当插入议论或抒情，就不会感觉无话可说了。朱自清的《春》首先概括描写了山、水、太阳的特点，接下来具体描写了春草、春花、春风、春雨和春天的人等多种典型形象，对每种事物都从多个感觉角度进行描写，全方位反映春天这些事物的特点，非常生动，淋漓尽致地将春之美呈现在读者面前。

3. 对说明方法的启示

说明文的写作目的就是要把一个或一类事物说清楚，要把事物说清楚，首先要抓住事物的特征。如何抓事物的特征，并把相关特征说清楚，可借鉴先民创造象物字时抓住特征和表现特征的方法。如"日"的意思就是太阳，太阳最典型的特征就是圆形和放光，至于朝阳和夕阳的不同，或者正午太阳和早晚太阳的不同，都没有必要表现在字形中，因为字形表现的是太阳共性的特征。"日"的甲骨文"☉"像圆圆的太阳形，中间的点表示正在放出光亮，把太阳典型的共性特点表现出来了。太阳虽然有变化，但外部形态总是圆形的，但很多自然现象并不像太阳一样具有比较固定的形态；对于这些没有固定形态的自然现象，先民往往抓住最为典型的形态为其创造象形字。如月亮时圆时缺，圆时少缺时多，甲骨文字形"☽"选取月牙形作为造字依据，不仅表现了月亮的特点，而且可以与"日"形成明显的区别。云没有固定形态，可以说千姿百态，有时甚至瞬息万变，造字者抓住了云卷云舒的动态特点，甲骨文"ᔭ"正像云朵卷起之形。闪电也没有固定形态，而且瞬间即逝，造字者抓住闪电电光激射的特点，创造了"电"的甲骨文"ᔧ"。不同的山形态不同，"山"的甲骨文"ᨓ"取像三个相连的山峰形，"丘"的甲骨文"ᨏ"取像两个相连的山峰形，既抓住了这些事物的典型形象，又能够使彼此相互区别。

　　以上取像自然事物的象物字都抓住了事物最为典型的外部特征。当然，写说明文不仅要抓住最典型的特征，还要对这些典型特征展开进一步说明，如《中国石拱桥》抓住了中国石拱桥历史悠久、形式优美、结构坚固等典型特征，并对每一个特征都展开详细说明，有的通过举例子的方法，有的通过打比方的方法，有的通过列数字的方法，等等。总之，写说明文时既要抓住典型特征，又要采取适当方法对典型特征进行具体说明。

　　4. 对抒情方法的启示

　　抒情首先要"情动于中"，也就是作者首先要有真情，只有自己被感动，才能在"形于言"即抒发出来后感动别人；这样的抒情才能给人以水到渠成的自然与真实，才能有强烈的感染力。常见的抒情方式有两种：直接抒情和间接抒情。这里主要谈一谈造字方法对直接抒情与间接抒情方法的启示。

　　直接抒情就是把自己强烈的内心感受表达出来，而不用借助其他表达方式，这与造字时直接表现动作状态或性状特征的方法十分相似。如动词"纠"的意思是相互纠缭、缠绕，甲骨文字形"𠃌"用构字线条直接表现了"纠"的动作状态，而没有借助具体物象；动词"回"的本义是运转回绕，甲骨文"回"用构字线条直接表现回环旋转的典型状态，而没有借助具体物象。形容词"凹""凸"直接表现了四周高中间低和四周低中间高两种形状特点，也没有借助具体物象。"曲"的甲骨文"𠃊"用构字线条表现了外形弯曲的特点。像这样，不借助任何物象而直接表现动作状态或事物外部形态的造字法，与直接抒情的方法十分相似，即不借助记叙、描写等表达方式，而直接把作者强烈的感情抒发出来，把自己的好恶表现出来。

　　间接抒情的特点是没有直白的抒情语句，把情感渗透在叙述、描写和议论中，由读者慢慢体会。这种借助相关事物来表现主旨的方法，在汉字创造方法中十分常见，因此可以拿过来借鉴。如形容词"圣"的意思是无所不通、无所不晓，知识十分广博，如何用视觉符号把它表现出来？耳朵是信息接收器官，耳朵大意味着接收信息广泛，因此，造字者用突出大耳朵的人形来暗示知识广博、无所不通、无所不晓的特点。甲骨文"𦕃"在人形构件上面用一个巨大的耳朵形构件表示接收信息广博，暗示无所不通、无所不晓，用"口"形构件代表信息传播者。这样通过典型物象就把形容词意义间接表达出来了。这启发我们在写作时，如果直接抒情显得有些突兀，则可以把情感渗透到相关叙述、描写和议论中，让读者慢慢体悟。这种含而不露的间接抒情方法更耐人寻味，也更符合中国传统的崇尚含蓄的审美习惯，因此古诗文中更为常见。

5. 对论证方法的启示

议论文不仅要观点鲜明，还要有能证明观点的材料，言之有据，才能让人信服；要使文章有说服力，必须要注意材料的丰富性。材料的丰富性不仅表现在历史事件、生活事例、统计数字等事实论据，以及名言警句、民间谚语、精辟理论等道理论据上，还表现在对于同一论点从不同角度进行论证的多维方法上。如何从多角度论证论点？这可以借鉴从不同角度为近义词造字的创造智慧，即从不同角度表现相似的意义。如"步""走""奔""行"都是表现两脚交叉前行的动词，如何用不同字符把它们的词义表现出来，需要造字者高超的创造智慧。"步"的本义是步行，甲骨文"𣥂"取像左右两脚一前一后之形，即借助两脚形对步行状态直接描写。"走"在古代汉语中的意义是跑，甲骨文"𧺆"取像奔跑时双臂前后摆动的样子，即抓住了奔跑时双臂动作状态来表现词义。"奔"的意思是猛跑，西周金文"𣥚"在双臂前后摆动的奔跑形构件下增加了三只脚形构件，用三只脚凸显"奔"速度非常快。"行"的意思是行走，但是它不像"步"和"走"那样特点鲜明，它的意义比较概括，没有速度快慢的意义特点。对于"行"这类意义特点不鲜明的词，我们聪明的先民没有从正面表现"行"的状态，而是借助与行走义相关的道路形来表现。"行"的甲骨文"𧗷"取像十字路口之形，意思是四通八达的道路，这样用道路从侧面表现行走义，非常巧妙！

从以上分析可以看出，要表现双脚交叉前行的意义，根据近义词的不同意义特点，可以通过两脚动态来表现，也可以通过两臂摆动的动态来表现，还可以用脚形与摆动两臂的人形共同来表现，还可以根据跑的特点选择一只脚形或三只脚形来表现词义；也可以用道路形来侧面表现行走的意义。这种多角度表现相近词义的造字方法启发我们在写议论文时，也要拓宽思路，从多角度论证自己的观点，根据论点和论据材料，找到用材料证明论点的适当角度，巧妙地证明论点。

（二）修辞方法

写作中经常用到各种比喻、夸张、借代等修辞方法，这些修辞手法在汉字构形理据中都有所表现，对于写作中恰当运用修辞手法具有一定的借鉴和启发作用。

1. 对借代修辞方法的启示

借代作为一种修辞方法，其特点是不直接把所要说的事物名称说出来，而用跟它有关系的另一种事物的名称代替。先民在造字时，经常使用借代方式，即不直接把所要表现的事物形象表现出来，而用跟它有关联的另一事物形象来代替。因此汉字造字智慧可以为借代修辞方法的使用提供借鉴和参考。比如“酒”是液体，如果只看外观，与水没有什么区别，都没有固定形状。古人如何为酒造字呢？显然直绘其形是不适合的，于是聪明的造字者借助盛酒的典型容器来表现：“酒”的甲骨文“”像酒坛之形，这种借助相关事物创造象形字的方法，与修辞方法中的借代非常相似。同样，“京”的意思是大都城，若用象形方法表现都城义，显然很难直绘其形，于是我们聪明的造字者通过借用相关事物形象为它创造了象形字。“京”的甲骨文“”像高大建筑物形，为什么用高大建筑物作为“京”的取像事物呢？因为京是繁华的地方，拥有很多高大建筑物是其特点，也就是用“京”中最有代表性的事物形象表示它。此外，前文所述“皇”“王”“巫”“妇”“帝”等表示人物身份或地位的名词，其甲骨文或金文字形分别取像代表性服饰、所用工具或象征性事物等，都属于用相关事物来代替本体事物的借代方法。从这些字形可以看出，用来代替本体的事物不是随随便便选择的，它们都与本体有非常密切的关系，都有鲜明的具体形象，具有代表性。这启发我们在运用借代修辞方法时，也要选择具有代表性的事物，所选择的代表事物形象要鲜明，与所代替的本体有密切的关系。当然，与本体事物关联的角度有多种，可以是服饰、特征、用具或象征性事物等；从哪个角度选择最具代表性的代替事物，要根据本体事物特点和文章主旨而定。

2. 对比喻修辞方法的启示

比喻是一种常用的修辞手法，它的特点是用跟甲事物有相似点的乙事物来描写或说明甲事物，也叫"譬喻""打比方"。显然，乙事物相对于甲事物，具有更为人们所熟悉的特点，只有这样，比喻修辞才能把抽象、难理解的事物浅显、具体、生动地说清楚。先民在造字时也常常遇到抽象和难以表现的事物，这些事物无法直绘其形，只有借助相关或相似的事物来代替。用相关事物代替的方法与修辞中的借代相似，上文已做分析；用相似事物代替的方法与修辞中的比喻方法相似，因此可以为比喻方法提供借鉴。如"世"的意思是一辈一辈相传的、世代，具有概括性和抽象性，很难直绘其形，如何为它造字呢？只有借助相关或相似事物。草木枝叶累叶百叠，与人类世代相传有相似之处，于是造字者用草木枝叶之形比况难以表现的"世代"义。金文"世"借助枝叶之形表现人类一辈传一辈就像植物的开枝散叶，这样将难以表现的"一辈传一辈"意思用具体形象的草木枝叶表现出来。同样，"伯"的意思是排行第一、老大，无法直绘其形，于是造字者借用与之具有相似特点的拇指形来表现"伯"义——拇指是众手指中的老大，与"伯"的意思具有相似性。显然，"世"和"伯"意义与用来作比的物象之间具有"神似"的特点，将相对抽象的词义用具象化的符号表现出来；修辞中的比喻与造字比喻相比，范围更广，不仅可以用来说明神似的事物，也可以用来表现"形似"的事物。

3. 造字智慧对夸张修辞方法的启示

夸张是为了达到某种表达效果的需要，对事物的形象、特征、作用、程度等方面着意夸大或缩小的修辞方式。夸张是运用丰富的想象力，在客观现实的基础上有目的地放大或缩小事物的形象特征，以增强表达效果的修辞手法，也叫夸饰或铺张。夸张法并不等于有失真实或不要事实，而是通过夸张把事物的本质更好地体现出来，从而启发读者或听者的想象而加强所说的话的力量。先民在造字时，对无法直绘其形的词义，往往也采用大胆夸张手法，将某个构件故意夸大以起到强调作用，启发读者的想象从而理解字形构意。造字法中的夸张手法与夸张修辞十分相似，可以为夸张修辞方法提供借鉴。如"望"的意思是往远处看，怎样把"往远处看"的意义用具体形象表现出来呢？造字者故意对其中的眼睛做了大胆的夸张，"望"的甲骨文"望"像一个人站在高高的土堆上，上部的眼睛不仅被特别放大，而且呈竖立状。从客观情理上来说，眼睛的比例严重失调，几乎超过整个人体的长度，哪里有这样大的眼睛？而竖立的眼睛，也与客观事实不符，人只有躺卧时眼睛才呈竖立状，登高远望时眼睛怎么会呈竖立状呢？显然，造字者用大胆的夸张手法，把眼睛特别放大，目的是突出眼睛，强调这是眼睛的动作；眼睛成竖立状？由"竖起耳朵听"表示耳朵很用力、很认真地听。可见竖起眼睛也是表现眼睛很"用力"地看。因此，造字者用夸张手法把"望"字中眼睛设为竖立状并特别放大，目的是增强字形的表达效果，表现"望"的主体动作器官眼睛特别用力的特点，启发读者理解字形构意，从而把字形与词义"眼睛用力向远处看"联系起来。可见，夸张的目的是达到某种表达效果，从而把事物的本质更好地体现出来。同样，"圣"字中耳朵被特别放大，目的是通过大耳朵突出接收的信息特别广，表现知识广博，无所不知、无所不晓的意思；"奔"字中用三个脚形构件，与人只有两脚的事实也不符，也是一种夸张，目的是突出跑得特别快、特别猛。

显然，造字中的夸张手法故意把事物的形象夸大或数量增多，但并不给人有失真实的感觉，而是通过夸张把事物的本质更好地体现出来，增强表达效果。这启发我们在写作中要适当运用夸张手法，选择好夸大的对象和夸大的角度，运用丰富的想象力，把要强调的意义表现出来，从而启发读者或听者的想象而加强所说的话的力量。

第六章　甲骨文等古文字与传统文化教育

中华优秀传统文化是中华民族的"根"和"魂",是中华民族的"精神命脉"。习总书记说:"中华文化积淀着中华民族最深沉的精神追求,是中华民族生生不息、发展壮大的丰厚滋养。"① 在科学技术高度发展的现代社会,中华文化传统更不能被忽视。传承和弘扬传统文化成为我国新时期的重要政策,近年来,教育部把优秀传统文化进校园作为"铸魂"工程来抓,教育部在《完善中华优秀传统文化教育指导纲要》中指出:"加强中华优秀传统文化教育,是构建中华优秀传统文化传承体系,推动文化传承创新的重要途径。"

要坚持文化自信,首先要了解中华文化,熟悉中华文化,从中吸取精华,使之成为凝聚中华民族精神和力量的源泉。

传承和弘扬传统文化,要从娃娃抓起,把传统文化以各种渠道渗透给学生,用"润物细无声"的方式对学生进行传统文化熏陶;也只有从娃娃抓起,才能真正把中华文化渗透到国人的精神和血脉中,使中华民族的精神命脉得以传承和发展,使中华民族的文化软实力得到提高和增强。总之,文化是一个民族生存和发展的重要因素,对少年儿童加强传统文化教育是具有重要战略意义的大事,应该引起足够的重视。

第一节　汉字教学要融入传统文化信息

语文课程的基本特点是工具性和人文性的统一。"人文性"决定了语

---

① 习近平:《习近平谈治国理政》,外文出版社,2014,第155页。

文学科除了基础知识教学外，还承担着人文精神培养的任务。《小学语文课程标准》（2015）明确指出，语文教学要使学生"认识中华文化的丰厚博大，吸收民族文化智慧。关心当代文化生活，尊重多样文化，吸取人类优秀文化的营养"。高中语文教材在编写时也"注重发挥语文课程以文化人、以文育人功能，强化综合性、实践性，着力提升学生语文学科核心素养，增强文化自觉和文化自信"。[①] 语文课程承担的人文精神培养任务也越来越受到重视。正如特级教师于漪所说："教语文，必须站在文化的平台上。汉语言文字记载着中华数千年的古老文化，它不是无生命的、僵硬的符号，而是蕴涵着中华民族独特性格的精灵。"毫无疑问，语文课堂是传承传播中华优秀传统文化的重要阵地。

利用语文课堂培养学生人文精神的途径很多，比较典型的是通过课内外阅读、写作以及课外实践活动等，此外，还有一个重要途径，就是通过汉字教学将汉字形体蕴含的文化信息传达给学生，使汉字教学与传统文化熏陶融为一体。李运富先生《汉字教育的泛文化意识》强调语文教育应该担负起传承中华优秀传统文化的重任，强调汉字教育应有"文化意识"，强调在汉字教学中要有意识地传递中华优秀传统文化。

汉字作为记录汉民族语言的书写符号，不仅是中华文明的标志和中华文化的载体，还以其特有的表意特点蕴含着丰富的历史文化，汉字形体，尤其是古文字形体，就像一块块化石，封存着华夏文化发展演变的历史轨迹。沈兼士说，汉字，尤其是"象形""会意"两类汉字，"大都直接的或间接的传示古代道德、风俗、服饰、器物……的印象，到现在人的心目中，简直说它是最古的史，也不为错"。[②] 汉字虽然历经几千年的变迁，我们依然能透过汉字形体感受几千年前的文化信息，因此有人称汉字为传统文化的"活化石"。

2014 年习近平主席在北京考察工作时指出："中国字是中国文化传承的标志，殷墟甲骨文距离现在 3000 多年，3000 多年来汉字结构没有

---

① 2019 教育部金秋发布会"普通高中语文教材突出中华优秀传统文化"，2019 年 8 月 27 日。

② 沈兼士：《沈兼士学术论文集》，中华书局，1986，第 380 页。

变，这种传承是真正的中华基因。"要传承汉字蕴含的中华文化基因，不仅要会读会写会用汉字，还要了解汉字背后的文化信息和文化传统。汉字据义构形的特点使甲骨文等古文字携带了丰富的文化信息，成为蕴含强大中华文化基因的符号系统；同时，汉字一脉相承的延续性使甲骨文所蕴含的文化信息可以应用到现代汉字教学中。这样，通过甲骨文等古文字研究成果从学术象牙塔走向中小学课堂，融入日常汉字教学中，从而对少年儿童进行"润物细无声"的传统文化的浸润和熏陶，为十九大提出的优秀传统文化进校园的"固本工程""铸魂工程"提供智力支持，使古老的汉字文明为新时代增强文化自信注入力量，增强民族认同感和自豪感。

将汉字文化融入汉字教学是十分必要的，它将成为我们继承、发扬和传播中华传统文化的有效途径。然而，文化本身有精华也有糟粕，有的内容并不适合少年儿童，因此对于汉字形体中蕴含的传统文化信息要有选择，即从中选择对少年儿童身心发展没有负面影响的、具有正能量的优秀传统文化融入汉字教学中。

第二节　甲骨文等古文字蕴含着传统文化信息

汉字是表意体系的文字，据义构形的造字方法和汉字形体的人为规定性，决定了造字时期的社会生活经验必然在汉字形体中有所反映。同时，社会历史文化的变迁也必然在汉字形体和后人对字形的说解中都有所反映。因此，在汉字教学中，教师可适当渗透相关传统文化内容，通过日积月累，化零为整，逐渐提高学生的传统文化修养，增强民族认同感和自豪感，强化民族的凝聚力，为文化强国战略奠定坚实基础。

本节以文化类别为线索，通过一组组古文字深入挖掘字形构意中蕴含的优秀传统文化，为一线教师提供可以直接"拿来"使用的素材，为其在汉字教学中自然融入传统文化的内容提供参考和依据。

本节主要分为以下几个部分：汉字构意与儒家思想、汉字构意与远古认知、汉字构意与古代阶层、汉字构意与古代社会生活四个部分。

一 汉字构意与儒家思想

儒家思想是贯穿中国封建社会几千年的统治思想，它对维护和稳固封建统治起到了积极作用。毋庸赘述，儒家思想中蕴含着可供后人借鉴的处世哲学和思想智慧，同时也包含着像愚忠愚孝这类封建糟粕。因此，我们对待儒家思想要与对待任何传统文化一样，要取其精华，去其糟粕，继承和弘扬其中对社会发展和民族振兴有利的积极因素，使之为新时期文化强国战略服务。

"中""和"是儒家思想的核心，是儒家主要的世界观和方法论；而被称作"五行"的"仁义礼智信"或"仁义礼智圣"则是儒家崇尚的君子人格修养，此外"孝""忠"也是儒家提倡的重要思想观念。本节从甲骨文等古文字出发，通过字形构意分析，揭示以上每种观念的思想内核，力求使古老的儒家思想为现代社会提供可资借鉴的思想智慧和处世哲学。

（一）中、和

"中"的甲骨文"φ""𝅘""𝅝"等，对此字形构意学界有多种解释，第一个字形可以解释为用圆圈标出一条竖线的正中间位置，也可以解释为用一条竖线标出圆圈的正中间位置，本义是中央，方位词。后来在竖线的上下增加对称双曲线，进一步明确圆圈为正中间的位置。"中"的本义是方位词，意思是"中间，中央"，引申为一种处世哲学或方法论，即"中庸"。"中"在正中间的位置特点，体现在看待问题上，就是要不偏不倚，不走极端，而是全面考虑各种因素，既要"瞻前"又要"顾后"，不能偏向任何一方；体现在处理问题上，就是程度要适中，既不能力度不够，也不能超过限度，"过"和"不及"都是不适合的；体现在人格修养上，"中"就是掌握适度原则，就像门人说孔子"温而厉，威而不猛，恭而安"（《述而》）。

能够体现中庸思想的还有一个"和"字。"和（hé）"繁体作"龢"，甲骨文作"𪛛"，西周金文作"𪛊"，小篆作"龢"，《说文解字》："龢，调也。从龠禾声"，《一切经音义》六引《说文解字》作"音乐和调也"，说明"和"的本义与音乐有关。"龠"的甲骨文像人口在吹排管乐器，《说文解字》把演变后的小篆"龠"说解为"乐之竹管，三孔以和众声"；声符"禾"《说文解字》说解为"禾，嘉谷也。二月始生，八月而熟，得时之中，故谓之禾"。可见"禾"不仅具有表音功能，也具有表意功能。综述所析，"和"的本义是乐声和谐，也就是多种声音混合在一起非常和谐，意味着多种声音配合得恰到好处。

"和"由本义多种乐声配合恰到好处，引申指多种食材配合得当，如"和羹"意思就是不同调味配制而成的羹，《诗·商颂·烈祖》："亦有和羹，既戒既平。"郑玄笺："和羹者，五味调，腥熟得节，食之于人性安和。"显然，"和"源于多种不同因素恰到好处地融合，各种因素之间是"和而不同"的关系。如果各种因素之间没有差别，就是"同"而不能称为"和"了，正如《管子·宙合》所言"五音不同声而能调，五味不同物而能和"。只有不同因素恰到好处地组合才能达到"和"的境界。只有"和"才能化生万物，引起事物的生成和发展，《礼记·乐记》："和，故百物皆化"，《国语·郑语》："和实生物"，都认为"和"是万物化生的基础和条件。

"和"的特点是不同因素恰到好处地融合，应用到社会关系中，就成为中庸在社会群体关系中的核心思想。它表现为要包容多元化群体的各方，兼顾不同阶层利益，不偏向任何一方，从而使社会各阶层配合得恰到好处，人与人关系融洽和谐。

可见，"中""和"作为中庸思想的核心，其中包含着先民认识问题、处理问题的智慧，这些智慧对现代社会有一定启示，值得今人继承和发扬。首先，在认识方法上，要讲求全面性和完整性，不要犯片面性错误；处理问题上要遵循适度原则，既不能软弱逃避，也不可过度和偏激；对不同利益团体的整合，首先要有包容态度，学会换位思考，兼顾各方利益和感受，真正做到"执中"，找到兼顾各方利益的制衡点，恰到好处地解决问题。

（二）仁、义、礼、智、信、圣

被称为"五常"或"五行"的"仁义礼智信"① 或"仁义礼智圣"②是儒家君子人格修养的五种品格。这里从"仁""义""礼""智""信""圣"的文字构意出发，阐释每种品格的内涵及发展，为新时期青少年人格培养提供借鉴和参考。

1. 仁

首先说"仁"。《说文解字》："仁，亲也。从人，从二。𡰥，古文仁从千、心。𡰥，古文仁或从尸。""仁"的各种异构字形从不同角度反映了"仁"的造字理据，从中可以看出"仁"的内涵。"仁"的各种异构字形主要包括"人""尸""千""二""心"五种不同构件，其中"尸"字甲骨文"𠂎"像箕踞之人形，与"人"的甲骨文"𠂊"只是姿势不同，作为构件它们都表示与"人"相关；"𡰥"中的"千"构件一般认为是"人"的讹误。这样，"尸""千"在"仁"的字形中的构意与"人"相同，因此"𡰥""仁"的字形构意都可以阐释为"人二"，根据徐铉的阐释"仁者兼爱故从二"，"仁"的构形理据是人与人之间"爱"的关系；"𡰥"的构字理据可以看作"人心"会意，说明这种"爱"是一种内在心性，是一种思想。"仁"作为一种内心修为的道德理想，它的核心就是"爱人"，是其他几种品格的统领和灵魂，它是至高无上的，它的终极目标是建立友爱和谐的社会秩序。

"仁"是一种至高无上的道德理想，是一种内心修为，但并非遥不可及，可以通过日常践行而逐渐达到"仁"。《论语》是一部记录孔子及其弟子言行的书，从这部书的内容可以看出，孔子非常注重在日常生活中对"仁"的践行。如樊迟曾多次"问仁"，孔子的回答除了"爱人"，还有"居处恭，执事敬，与人忠"，即在日常生活中对别人恭敬，做事认真，尽

---

① 《荀子·非十二子》责罪子思、孟轲"案往旧造说，谓之五行"，杨倞注："五行，五常，仁义礼智信也。"近人多相信杨说。
② 马王堆帛书《老子甲本卷后古佚书》第一篇专讲儒家的五行说，所谓五行是指"仁义礼智圣"。帛书整理小组指出：《孟子·尽心下》"仁之于父子也，义之于君臣也，礼之于宾主也，知之于贤者也，圣人之于天道也，命也"。由帛书可知此即孟轲之五行说。

心尽力做好别人交给的任务。颜渊问仁，孔子的回答是"克己复礼为仁"，并具体指出如何"克己复礼"，即"非礼勿视，非礼勿听，非礼勿言，非礼勿动"。就是不符合礼节的东西尽量不要接触，从而保持思想纯正，用今天的话说就是尽量保持所见所闻所言所行具有正能量，从而对自己的言行思想产生积极、正面的引导。

在判断某人是否称得上"仁"时，孔子的判断依据主要是其行为效果是否对别人或社会有利。如孔子曾批评管仲不知礼，却又大赞其"仁"，因为"桓公九合诸侯，不以兵车，管仲之力也。如其仁！如其仁！"，"管仲相桓公，霸诸侯，一匡天下，民到于今受其赐。微管仲，吾其被发左衽矣！岂若匹夫匹妇之为谅也，自经于沟渎而莫之知也"。显然，孔子赞扬管仲"仁"，主要是由于他使天下免于战乱，使老百姓得到好处，孔子认为这就是"爱人"即"仁"的表现。

综上所述，"仁"是一种内在心性，是内心修为的终极目标，是统率其他几种君子人格的核心和灵魂。"仁"的实质就是"爱人"，践行"仁"就要在日常生活中恭敬守礼，判断是否"仁"的标准主要是行为结果是否于人有益，是否体现了仁爱。由此启发我们，日常生活中要严于律己，宽厚博爱，坚持正能量，做一个有益于人民，对国家和社会有贡献的人。

2. 义

"义"字甲骨文作"𦍌"，像刃部有齿的斧钺形，柄端装饰像羊角形；到西周金文，羊角形构件演变为羊形而作"羛"；小篆演变作"羛"，《说文解字》说解为"己之威仪也，从我羊"，徐铉等曰"此与善同意，故从羊"，可见"义"的本义是美好的仪态、威仪，后来写作"仪"，如《吊向簋》铭文"秉威义"，容庚考释云："挈乳为仪，《周礼·大司徒》注：故书仪为义。"引申为善，如《诗·文王》"宣昭义问"中"义"就是"善"的意思；进一步引申为"合宜的事情""正道，正理"等意思，成为儒家思想的重要君子品格。《孟子·告子》"仁，内也，非外也；义，外也，非内也"对"仁""义"关系进行了明确说明：仁是内在的心性，是一种思想修为；义是思想修为的外化和表现，是正当合宜的行为法则，是一种道义。

君子人格的重要表现是重义而轻利，即看重的不是利益得失，而是是否符合道义。"君子喻于义，小人喻于利。"把重义与重利看作区分君子与小人的重要标志，君子为人处世，安身立命，应当以义为重，见利思义，见义忘利。在这种义利观下，"富与贵，是人之所欲也，不以其道得之，不处也；贫与贱，是人之所恶也，不以其道得之，不去也"。因为"不义而富且贵，于我如浮云"。正是在这种价值观念指导下，义成为君子为人处世的原则，成为人格外在修养的标准。

　　总之，义作为一种道德准则，以内在"仁爱"思想为统领，以外在行为原则为依托，成为君子人格修养中的一种重要品格。孔子十分强调重义，"君子义以为质，礼以行之，孙以出之，信以成之"。凡符合仁义要求的，于人、于社会都是有利的，因此要"见义勇为"，而决不可退缩和回避。为了义，君子可以牺牲自己的一切，甚至自己的生命，即"舍生而取义"。"义"的内涵启示我们，对于正当合理的事情，有益于国家和人民的事情，要见义勇为，不能见利忘义。

　　3. 礼

　　"礼"的甲骨文作"✲"，由"✲"和"珏"两个构件组成，"✲"像鼓形，"珏"像两串玉形。古代祭祀礼仪中，玉帛和钟鼓是重要代表物，因此以"玉"和"鼓"组合表示古代祭祀的"礼"。后来由于字形演变，字形理据逐渐丧失，于是增加表意构件"示"，《说文解字》说解为"履也，所以事神致福也"，也就是说，"礼"的本义是"祭神以致福的仪式"。由本义"祭神以致福的仪式"引申为"礼仪"等意义，并成为儒家君子人格修养的重要准则。

　　"礼"由祭祀仪式引申而来，它的特点是注重仪式感，用程节、仪式等外在形式约束和规范人的言行。"礼"是"仁""义"的外在躯壳，即"礼"以"仁"为内在思想，以"义"为内在原则。孔子非常重视礼的作用，《八佾》："子贡欲去告朔之饩羊，子曰：'赐也！尔爱其羊，我爱其礼。'"孔子不同意子贡省去祭祀用羊的提议，是因为他非常看重礼的仪式感。《乡党》："孔子于乡党，恂恂如也，似不能言者。其在宗庙、朝廷，便便言，唯谨尔。朝，与下大夫言，侃侃如也；与上大夫言，訚訚如也。君在，踧踖如也，与与如也。"表现了孔子在不同场合的具体表现，这正是对礼的具体诠释。

　　孔子虽然重视"礼"的仪式感，但当对外在仪式"礼"与内在本质

"仁""义"进行选择时，却毫不犹豫地选择后者。如《子罕》："麻冕，礼也；今也纯，俭，吾从众。拜下，礼也；今拜乎上，泰也。虽违众，吾从下。"意思是按照古礼，应该戴麻制的冕；按照今礼，应该戴丝制的冕。丝冕比较节省，他愿意跟众人一样，遵循今礼（戴丝冕）。根据古礼，臣对君都是在堂下敬拜；今礼改在堂上敬拜，显得骄慢，他不愿意跟随众人在堂上敬拜，还是坚持在堂下敬拜。从这段话看出，孔子对古礼今礼的选择主要是看它是否能够合乎"道"，丝冕虽然不合古礼但不会妨碍"道"，因此他选择服从今礼；"今拜乎上"显得有些骄慢，对君不够尊重，有违"道"，因此他选择服从古礼。可见孔子重礼的目的是维护它背后所包含的"道"，用这种仪式感强化"仁""义"之道，使"仁""义"之道由表及里，深入人心。《八佾》"礼，与其奢也，宁俭；丧，与其易也，宁戚"也说明"礼"的目的是将内在之"仁""义"外化，用仪式表现出来；礼之根本是内在之"仁""义"，而不是外在的仪式，而丧礼中哀情至为重要，因此说"宁戚"，而仪式的奢或俭都不如它重要，更突显本质。

礼虽然是"仁""义"之道的外在形式，却是约束行为规范和加强个人修养的主要渠道，是塑造完美人格的必由之路。对待父母"生，事之以礼；死，葬之以礼，祭之以礼"。这样无违于礼，遵从礼的行为才是真正的孝。礼对个人行为的外在规范，也是养成各种正面品德的有效途径，《泰伯》："恭而无礼则劳；慎而无礼则葸；勇而无礼则乱；直而无礼则绞。"此节所述的恭、慎、勇、直，都是积极而正面的品德，也是个人修养的目标。但是，这些品德修养倘若不遵循礼的要求，都会走向消极和负面。礼不仅是君子人格修养的重要途径，也是治理国家的有效策略。《子路》"上好礼，则民莫敢不敬"，《为政》"道之以政，齐之以刑，民免而无耻。道之以德，齐之以礼，有耻且格"，都强调了礼的行为规范、强制约束等特征对于国家治理的重要意义。

"礼"是"仁""义"的外化形式，其特点是注重仪式，礼对现代社会的启示，要适当注重仪式感，从日常行为规范入手加强对青少年的品德教育。

4. 智

"智"与"慧"意义相近，"智"的本义是智慧、才智。其甲骨文"🜀"由"知"和"于"组成，到小篆又增加"白"构件作"🜀"，《说文解字》："识词也。从白于知"，段玉裁注："从知会意，知亦声"，说明其中"知"构件既有表音功能又有表意功能，"智"源于知识积累，是后天形成的品格。与之义近的"慧"以心为表意构件，本义是聪明，主要侧重一种先天素质。由于"智"与知识有密切联系，可以通过后天努力而达到，因此成为儒家君子人格修养的重要品格之一。对于智慧与后天学习积累知识的关系，先人有许多论述，如《中庸》"好学近乎知"，其中"知"就是智慧的意思，后来写作"智"；《孟子·公孙丑上》"学不厌，智也"，《阳货》"好仁不好学，其蔽也愚"，强调了通过学习积累知识与获得智慧的关系，要获得智慧必须好学不倦，否则，就会陷入愚蠢，走向智的反面。当然，知识并不等于智慧，只有把所学知识转化为实践能力，从而明辨是非，达到"不惑"境界，才能称作"智"。

以上有关"智"的特性启示我们，要获得真正的智慧，必须努力学习各种知识，明白事理，分辨是非，在实践中活学活用，使所学知识转化为分析问题和解决问题的能力，从而成为真正的智者。

5. 信

"信"目前发现的最早字形是战国文字，包括多种写法，如"🜀"（言千）"🜀"（言身）"🜀"（心千）"🜀"（口千）"🜀"（人口），其中"千"是"人"的变异；"身"表示身体，与"人"的表意功能相近，因此，这些字的构件可以概括为"人""言"组合，或"人""心"组合，或"人""口"组合，《说文解字》把小篆"🜀"说解为"诚也，从人言。🜀古文信省也，🜀古文信"，段玉裁注"人言则无不信者，故从人言"，古文信"🜀"由"言""心"两个构件组成，段玉裁注："言必由衷之意。"由此可见，"信"的意思是诚信、不欺骗、言而有信。儒家十分重视诚信，"信"成为君子人格修养的重要品格。

"信"首先体现在与人交往中要"言行一致"，诚信是一个人立足社会的根本。《为政》"人而无信，不知其可也。大车无輗，小车无軏，其何以行之哉"用大车之輗和小车之軏作比喻，强调一个人如果没有"信"，在社会上就寸步难行；相反，"言忠信，行笃敬，虽蛮貊之邦，行矣"，即如果言而有信，获得他人的信任，那么即使是在蛮荒陌生的地方也会行得通。对于如何才能保持诚信，《论语》也多有论述，如：当子贡问孔子如何成为君子时，孔子的回答是"先行其言而后从之"，意思是先把事情做了再说出来；同样，孔子强调"君子欲讷于言而敏于行"，意思是君子要敏于行动而话说得不要太早，这些都是避免言行不一的方法。可见，孔子认为要保持自身的诚信，对于没有把握的事不能随便承诺。

诚信也是治理国家必须遵守的原则。据《论语·颜渊》记载，子贡曾问孔子治理国家的方略，孔子概括为"足食，足兵，民信之矣"；子贡又问："必不得已而去，于斯三者何先？"意思是说如果不得已而必须去掉其中一项，要先去掉哪一项呢？孔子回答说"去兵"；子贡继续问："必不得已而去，于斯二者何先？"即如果不得已需要再去掉一项，剩下的两项中先去掉哪一项呢？孔子回答说："去食。自古皆有死，民无信不立。"对这句话各家有不同的理解，但有一点是相同的，即如果没有老百姓的信任，一个国家的政权便维持不住，强调了取信于民的重要性，"信"是治理国家必须遵守的原则。

综上所述，儒家非常重视"信"，从官府到民间，无不强调以诚信为本。现代社会，"信"仍然是人的立身之本，因此，我们要弘扬"信"这种传统美德，提高全社会的诚信意识和信用水平。从我做起，言行一致，讲求诚信，营造"讲信修睦"的美好社会风气。

6. 圣

"圣"的甲骨文作"𦔜"，像突出大耳朵的人形，耳朵是信息接收器官，用大耳朵表现接收信息非常广泛，因此，"圣"的本义就是无所不通，无所不晓。"圣"的本义在文献中有很多用例：《大禹谟》"乃圣乃神，乃武乃文"，孔安国传"圣，无所不通"。根据《国语·鲁语》记载，吴国攻下越国会稽后，在会稽获得了巨大的人骨。吴国国君派使者向孔子咨询这是怎么回事，孔子告诉他，大禹治水时，曾召集各部落首领到会稽山议事，防风氏迟到，大禹下令杀死他，他的骨节特别长，相当于当时车厢的长度。使者又问孔子，防风氏是哪个部落的首领，孔子说，他是"汪芒氏之君也，守封、嵎之山者也，为漆姓。在虞、夏、商为汪芒氏，于周为长狄，今为大人"。使者又问：人的身高极限是多少？孔子回答说，最矮的是僬侥氏，身高只有三尺，最高的是他的十倍，也就是身高三十尺。使者不禁慨叹，"圣人也！"显然，使者慨叹说孔子是圣人的原因，是孔子知识十分广博，无所不通、无所不晓。因此，这里"圣人"的意思就是与字形相切合的本义。同样，《论语·子罕》"太宰问于子贡曰：'夫子圣者与？何其多能也？'"太宰判断孔子为"圣者"的根据是孔子"多能"，也就是懂得多、会得多。在《执竿入城》这则笑话中，那位自作聪明的老人说："吾非圣人，但所见多耳"，也是把见多识广与"圣人"相联系。这说明当时"圣"的主要内涵和判断标准是知识广博，无所不通。在此基础上，"圣"又引申出"精通一事，对某门学问、技艺有特高成就的人"的意义，如"画圣""棋圣""诗圣"等。

随着人们对孔子的推崇，"圣人"的含义逐渐发生转移，"圣人"由侧重对人们知识能力方面的评价变为侧重对人的道德方面的评价，而指知行完备、至善之人，指"德才兼备"之人。于是"圣"也逐渐成为儒家修养的一种重要品格。

（三）孝、忠、恕

除了上述"中""和"等表现儒家思想的核心观念、"仁、义、礼、智、信、圣"等儒家君子品格修养外，还有几个概念在儒家思想中占有重要地位，即"孝""忠""恕"等。

1. 孝

"孝"是中华民族的传统美德，是中国传统文化的代表性元素，《孝经·开宗明义》："夫孝，德之本也。""孝"这种美德在古文字形体中得到非常形象的体现。"孝"的商代金文作"𡥩"，西周金文作"𡥈"，像一个小孩搀扶长发老人之形，小篆演变作"𡥉"，《说文解字》："善事父母者。从老省，从子。子承老也。"可见，"孝"的本义是服从奉养父母长辈之意。侍奉父母首先体现为对父母的"敬"，《论语·为政》记载：子游向孔子询问什么是孝，子曰："今之孝者，是谓能养，至于犬马，皆能有养，不敬，何以别乎？"意思是：现在很多人认为，只要能养活父母就是尽孝了，如果对父母不能做到"敬"，那这和养狗养马又有什么差别呢？强调子女不仅要给父母提供物质条件，还要在态度上对父母恭敬。据《为政》篇记载，子夏向孔子询问什么是孝时，孔子回答："色难。有事，弟子服其劳，有酒食，先生馔，曾是以为孝乎？"孔子用"色难"强调了对父母态度恭敬最难做到，然后又从反面说如果没有对父母恭敬的态度，光是父母有事时尽力帮助完成，有好的吃喝先给父母享用，都不能算作真正的"孝"。对父母恭敬还表现在父母如果言行不当，儿女劝谏时要讲究方式，要有耐心而不失恭敬，《论语·里仁》："事父母几谏，见志不从，又敬不违，劳而不怨。"意思是：侍奉父母，如果父母有不对的地方要委婉地劝说他们；自己的意见表达了，父母心里不愿听从，还是要对他们恭恭敬敬，并不违抗，替他们操劳而不怨恨。显然，"色难""几谏"体现了孝的真谛，即对父母真心实意的"敬""爱"。可见，"孝"不仅要为父母提供衣食住行等物质层面的满足，还要从情感上给父母爱和慰藉。

孝不仅是家庭伦理道德，也是最好的治世良方。因为"其为人也孝悌，而好犯上者，鲜矣；不好犯上，而好作乱者，未之有也"。意思是一个人在家能孝顺父母，顺从兄长，而喜好触犯上层统治者，这样的人还没有。因此孔子把"君君、臣臣、父父、子子"作为天下大治之道，其中"父父、子子"本是家庭的伦理道德，却成为治世安邦的根本。后来孟子进一步把孝与社会行为规范联系起来，《孟子·离娄下》："世俗所谓不孝者五：惰其四支（肢），不顾父母之养，一不孝也；博弈好饮酒，不顾父母之养，二不孝也；好货财，私妻子，不顾父母之养，三不孝也；从（纵）耳目之欲，以为父母戮，四不孝也；好勇斗很（狠），以危父母，五不孝也。"把懒惰、赌博饮酒、贪财和无原则地偏爱自己的妻子儿女、放纵声色欲望、逞强好斗等五种行为都定为不孝。显然，这些令父母不省心甚至蒙羞的行为对社会来说也是一种不安定因素。可见，"孝"不仅是家庭伦理道德，也是维系社会和谐安定的重要因素。因此，封建统治者非常重视孝道，提倡孝道，"百善孝为先"把孝道看作各种美好品行之首。

"孝"不仅体现在对在世父母的侍奉和敬爱，还表现在对去世父母和先祖的祭祀上。古人认为灵魂不灭，人死后灵魂会到另一个世界，因此古人对去世的父母仍要尽孝，《中庸》："事死如事生，事亡如事存，孝之至也。"《弟子规》："丧尽礼，祭尽诚；事死者，如事生。"提倡要像侍奉活着的父母一样侍奉去世的父母，给父母办理丧事要符合礼仪，祭祀要心诚。《论语·学而》："慎终追远，民德归厚矣。"强调谨慎地办理父母的丧事，虔诚地追念祭祀祖先，这样做就可以使老百姓的道德风俗归于淳朴厚道了，说明提倡对去世父母和先祖的孝道，有利于良好社会风气和道德风尚的形成。

显然，传统文化中的孝道不仅有利于建立家庭伦理道德规范，也有助于形成良好社会风气。因此，现代社会要继承传统文化中的孝文化，取其精华，去其糟粕，使之成为创建现代和谐社会的有力支撑。

2. 忠

"忠"由"中"和"心"组成，"中"表示在内部，在中间，合起来表示发自内心的。《左传·昭公十二年》："外内倡和为忠。"意思是内心所想与外在表现一致，表里如一，就是忠。许慎《说文解字》把"忠"解为"敬也"，敬的意思是认真对待人或事，因此，"忠"的意思就是认真做事，对人对事尽心尽力。"忠"与"诚"、"信"意义相近，都是指一种真实无欺、内外统一、无虚无妄的状态，可组成复合词"忠诚""忠信"。《曹刿论战》中，当鲁庄公提出"小大之狱，虽不能察，必以情"时，曹刿评价说"忠之属也"，显然，其中"忠"的意思就是尽心尽力做好本职工作。

"忠"的意思是对人对事尽心尽力，表里如一，问心无愧，坦坦荡荡。"忠"首先表现在对君上要诚实进"谏"，而不是一味顺从，孟子强调"教人以善谓之忠"，即"忠谏"。"忠"在政治层面上还表现为对君主、对国家的忠诚，为了国家和人民的利益不辞劳苦，不畏任何艰难险阻，如《说苑》"贤臣之事君也……故苟有可以安国家，利人民者不避其难，不惮其劳"。

忠和孝是中国传统文化的核心。从"孝"的字形构意以及《尔雅·释训》"善事父母为孝"可以看出，孝的对象是双亲，而忠的对象主要是君、国家。二者针对的对象不同，却具有一致性，"移孝作忠""求忠臣必于孝子之门"是最典型的表述。因为如果一个人连自己的双亲都不孝敬，就不可能指望他做到"忠"。反过来，一个人如果对自己的本职工作不尽心尽力，也不能算作孝，《大戴礼记·曾子大孝》："事君不忠，非孝也；莅官不敬，非孝也。"意思是一个人如果侍奉君主不尽职尽责，那就是不孝；如果对待自己的工作不认真负责，那也是不孝。

当忠与孝发生冲突时，孔子认为孝大于忠，忠要服从孝。孔子说："父为子隐，子为父隐，直在其中矣。"意思是父亲为儿子隐瞒，儿子替父亲隐瞒，正直就在其中了，强调了孝的首要地位。孟子也认为，当忠与孝发生冲突时，应以孝为重。有人问孟子：舜是天子，皋陶是法官，如果瞽瞍（舜的父亲）杀了人，舜该怎么办？孟子认为：身为君，舜要维护刑法，不能阻止人们对他的父亲行刑；作为儿子，舜要保护父亲，不能看着父亲受到刑法的惩罚。在这种两难的情况下，舜只能带着父亲逃走。这个故事说明，在孟子的道德排序中，孝大于忠。

3. 恕

"恕"字由"如"和"心"组合，"如心"合起来表示由己之心推想他人之心，用今天的话说就是要换位思考，即从别人的角度考虑问题。"恕"和"忠"是孔子思想的重要内容，《论语·里仁篇》"夫子之道，忠恕而已矣"把孔子之道概括为"忠"和"恕"；《论语·卫灵公》记载，子贡问孔子"有一言而可以终身行之者乎？"孔子的回答是"其恕乎！己所不欲，勿施于人"。孔子把"恕"看得如此重要，因为它是践行"仁"的一种有效途径。《说文解字》把"恕"解释为"仁也"，可见"仁""恕"关系非常密切。《论语·颜渊》提到仲弓问什么是仁，孔子的回答是"出门如见大宾，使民如承大祭。己所不欲，勿施于人。在邦无怨，在家无怨"。也把"己所不欲，勿施于人"看作践行仁的重要原则。子贡在《公冶长》中所言"我不欲人之加诸我也，吾亦欲无加诸人"也是这个道理。《论语·雍也》"夫仁者，己欲立而立人，己欲达而达人，能近取譬，可谓仁之方也已"则从积极角度体现"如心"之"恕"是践行仁之方。总之，"己所不欲，勿施于人""己欲立而立人，己欲达而达人"分别从消极和积极两个角度说明践行"恕"的实质和特点，即对待别人要像对待自己一样，即要善于换位思考。

"恕"的特点就是把自己的感受以及适用于自己的原则也应用于他人，自己不想要的东西或不希望发生的事情，也不能将其施加在别人身上；对于别人想要的东西或希望发生的事情，自己则要尽力成全，即努力"成人之美"。总之，"恕"侧重的是自己与别人的关系，将己与人在人情的共通意义上联系起来；这种适用于人际交往的态度和方式，具有更普遍的伦理意义，因此，孔子赋予"恕"以"终身行之"的重要地位。毋庸赘述，"恕"对于现代社会如何处理自己与他人之间的关系具有很强的借鉴和指导意义。

二　汉字构意与远古认知

华夏先民对世界的认知观念在"据义构形"造字时必然会在汉字形体中留下印迹，因此，甲骨文等古文字形体可以作为探究华夏先民认知观念的重要依据。这里根据甲骨文等古文字形体对蕴含其中的万物有灵、认识自然、以人为本等认知观念进行解析。

（一）祭祀用字与万物有灵观念

远古先民认为世间万物都有灵性，因而把天、地、日、月、星、风、雨、雷、雪、云、虹、山、石、海、湖、河、水、火、草、木等自然万物及其变化现象都看作崇拜和祭祀的对象。先民认为这些事物都有灵性，能够控制或影响人类生活的各个方面，因此，古代先民通过祭祀或巫术等方式与天地鬼神进行沟通，以求得天地鬼神的佑助。甲骨文等古文字中能够表现万物有灵观念和相关祭祀的字很多，这里选几个有代表性的字进行说明。

天神是先民心目中的至高至上神，它统领着一切，控制着万物，简称"神"。"神"金文作"⻌"，像闪电之形。古人造字时为什么用闪电之形表示天神呢？这是因为，古人对闪电这种自然现象感到神秘，认为是由天神主宰，或者是天神的化身，因此造字时用闪电形代表天神。后来字形中又增加表意构件"示"作"神"。与此相关，"示"的甲骨文作"⻊"或"т"，像代表祭祀对象的神主之形；到小篆演变为"⺬"，《说文解字》"天垂象，见吉凶，所以示人也。从二（二古文上字）；三垂，日、月、星也。观乎天文以察时变，示，神事也"。认为"示"是天神用天象征兆来告诉世人吉凶祸福，因此，以"示"为表意构件的字意义大都与祭祀或吉祥祸福有关。

掌管土地之神被称作"社"。"社"甲骨文作"ᐃ",像筑土为坛之形,本义是土地神。先民十分崇拜土地,但是土地十分广博,不可能每一处都去祭祀,于是筑一个土坛来代表土地神接受祭祀,后来为了突出它的神性,又增加表意构件"示"作"社"。与天神只有一位至尊天帝不同,土地神有很多,根据《礼记·祭法》:"王为群姓立社,曰大社,王自为立社,曰王社;诸侯为百姓立社,曰国社,诸侯自为立社,曰侯社;大夫以下成群立社,曰置社。"《周礼》"二十五家为社,各树其土所宜之木",每一个村落都有供奉土地神的土地庙,社不仅数量众多,还分为各种等级。

掌管五谷之神被称为"稷"。"稷"字《说文解字》古文作"𥝆",左部的构件是"禾",右部的构件像突出大头的人形,整字构意就是五谷之神。为了突出它的神性后来变作以"示"为部首的"禝",最后统一作"稷"。古时候君主为了祈求国事太平、五谷丰登,每年都要到郊外祭祀土地神和五谷神。可见,五谷之神是古人崇拜和祭祀的对象。社稷坛就是这种用来祭祀土地神和五谷之神的地方。后来人们就用"社稷"来代表国家。"社稷之忧""社稷之危"中的"社稷"都指的是"国家"。

华夏先民认为灵魂不灭,人死后灵魂会到另一个世界,因此,他们对去世的先祖仍要尽孝,即"事死如事生";同时,先民认为先祖灵魂具有自然精灵那样的超自然力量,有能力护佑自己的子孙,于是出于对先祖的孝和求得先祖的庇佑,就要对自己的先祖进行祭祀。"祖"的甲骨文作"ᐃ",像先祖牌位之形,用先祖牌位代表先祖,可见造字时期已经形成了祭祀先祖的习俗。直到今天,祭拜先祖仍是中国民间的传统习俗,人们通过祭祀仪式,来表达对先祖的缅怀,同时祈求先祖能庇佑子孙,福荫后代。

先民还要祭祀山川河流等,"埋"和"沉"的甲骨文形象地表现了古人祭祀山川河流的一种方式。"埋"的甲骨文"ᐃ""ᐃ""ᐃ",外部的构件像挖地而成的坑穴,内部的构件依次像牛、羊、犬,坑穴内的小点表示土,整字表示把祭祀用的牺牲埋在坑穴之中,这是古代埋牲祭山的重要方式,也是"埋"在卜辞中的主要用法。"沉"的甲骨文作"ᐃ"或"ᐃ",像把牛或羊沉到水中,还有的作"ᐃ",像把牢(经过精心饲养的牺牲)

沉到水中，表示用牛羊等祭祀川泽。

古人认为雨旱等自然现象也是上天在控制，因此产生祈雨祭祀。本义为求雨祭祀的"雩"，甲骨文作"🔯"，小篆作"雩"或"䨞"，《说文解字》说解为"夏祭乐于赤帝以祈甘雨也。从雨，于声。䨞或从羽。雩，羽舞也"。其中传达的信息有：雩是古代求雨祭祀，一般夏季举行，祭祀对象是赤帝，祭祀方式用舞蹈娱神。正篆字形以"雨"为部首，强调祭祀目的是求雨；或体字以"羽"为部首，强调祭祀的手段是用羽舞。

甲骨文中反映祭祀的字形非常多，从这些字形构意和卜辞内容看，殷商时期祭祀对象非常广泛，祭祀形式多样，体现了其万物有灵和天人合一的认知观念。

（二）时间名词字与对自然的认知

人类生活离不开自然，远古先民与自然关系更为密切。在长期的生产生活实践中，先民通过观察自然现象的变化产生了时间观念，并利用自然现象为时间名词创造了相关汉字形体。这里通过有关年、季、月、天等各时段名词用字来解析其中蕴含的文化现象，从中探究远古先民依靠自然、利用自然的认知观念。

1. 年岁词用字

"年""岁""祀"都是现代汉语中比较常用的词语，"年"主要用作时间名词，"岁"主要用作表示年龄的量词，"祀"主要表示"祭祀"。这三个词在古代汉语中具有共同的义项，即表示地球绕太阳一周的时间，即"一年"，约 365 天。这三个词作时间名词的时代不同，具体说就是，夏代用"岁"，商代用"祀"，周代用"年"。三代所用的各不相同的名词，反映了三代各不相同的历史文化特点。

（1）"岁"字与对天文的观察

"岁"字西周金文作"🔯"，与繁体字"歲"一脉相承，是"从步戉声"的形声字。本义是"木星"，也叫"岁星"。表示"木星"的"岁"字为什么以"步"为部首呢？中国最早的纪年法是夏代的岁星（木星）纪年，它的特点是根据岁星运行规律——岁星约十二年在黄道附近绕天一周——把黄道附近的一周天分为十二个星次，岁星每年行一个星次，于是，用"岁"来表示岁星运行经过一个星次的时间。夏代把岁星在天空中的运行情况作为纪年的依据，说明夏代十分重视对天文现象的观测和研究；直至现在夏历仍在使用，可见夏代天文研究的水平。

（2）"祀"字与万物有灵的重祭习俗

"祀"字，《说文解字》说解为"祭无已也"，意思是不停地祭祀。商代非常重视祭祀，祭祀种类繁多，什么时间祭祀什么神灵都有一定规定，完成一个周期的各种祭祀，整整是一年，因此，就用表示一个祭祀周期的时间"祀"来纪年。

（3）"年"字与谷物成熟规律

"年"字甲骨文作"𠂤"，像人背禾之状，表示丰年收获之意。在黄河流域，普通谷类大概一年一熟，先民于是以谷物的生长、收获周期作为纪年依据，并为之创造了表意字形。周代用谷物生长、收获的周期作为纪年依据，说明农业生产在周代社会生活中的地位十分重要。

表示年岁的三个不同名词，分别从天文、祭祀和谷物成熟规律角度造字，表现了先民对自然规律的认识和高超的创造智慧，也说明了三个不同时代的文化特点。

2. 季节词用字

古代常用"时"来表示季节义。"时"的甲骨文作"𡉉"，上部的构件是"之"，取像于脚向外走，表示"到……去"；下部的构件是"日"，合起来表示太阳运行。与字形构意相切合的本义是时间，即造字者通过太阳运行意象把抽象的时间观念具象化，为具有抽象概括特点的名词"时"创造了视觉符号。《说文解字》"时，四时也"，显然把季节看作"时"的本义，不管这种解释是否准确，有一点可以确认，古人划分季节的一个重要依据就是太阳运行的情况。不仅如此，先民为"春""夏""秋""冬"四季名称所创造的汉字形体也体现了古人对自然现象和自然规律的观察与概括能力。

（1）春

"春"字甲骨文作"𣠵"或"𣗳"。第一个字形的左半部，中间是太阳，上下都是草，右半部像初生的小草；第二个字形的左半部是太阳之形，右半部像初生的小草。两种字形构意都可以概括为草木初生、阳光明媚，因此"春"的本义是"春天"。古人为"春"造字时，抓住了春天阳光明媚、草木萌发的特点，对春天自然现象的观察和概括非常准确。

（2）夏

"夏"作为季节名称，与其词义相切合的本字"🜲"在西周时期已经出现，左部的"日"表示夏的意义与太阳有关，右部构件是取像"中国人"（古代专指中原人）的"夏"的金文字形"🜲"的变异，作季节名词字"夏"的声符，整字是形声结构。

（3）秋

"秋"字甲骨文作"🜲"或"🜲"，像蝗虫之形，《说文解字》古文字形"🜲"除了蝗虫形构件外，又增加了"火"构件和"禾"构件。秋后蝗虫蛰伏，是火烧蝗虫的最佳时机，因此，用火烧蝗虫表示秋季，增加"禾"则是强调秋天是庄稼成熟的季节。可见，"秋"的字形包含先民对秋季特点的认识，体现了人类在生产劳动中逐渐改造自然的活动。

（4）冬

"冬"字甲骨文作"🜲"或"🜲"，像丝绳两端有结之形，表示末端之义，为"终"的初文；冬季是一年的终端，因此，用这个字形表示"冬天"义。冬天作为一个季节，它的特点是寒冷，于是，又增加取像冰凌形的"仌"构件，小篆作"🜲"，《说文解字》说解为"四时尽也。从仌从夂。夂，古文终字。🜲，古文冬从日"。《说文解字》古文以"日"为表意构件，综合"冬"的各种字形，可以看出造字者分别从一年的末端、寒冷结冰以及时间名词等角度为它造字，体现了先民认识自然的能力以及抓取、概括自然现象典型特点的智慧。

3. 与月相关的时间词用字

"月"的圆缺变化是非常显著的现象，古人很早就利用月亮之形来表示时间名词"月"，即月亮圆缺变化一个周期的时间。其甲骨文"🜲"像月牙之形，本义是月亮，时间词"月"是它的引申义。

先民还利用"月"作为构件创造了与月相有关的时间名词。"朔"字以"月"为部首，本义也是一种月相名称，指月亮运行到太阳和地球之间，与太阳同时出没，在地球上看不到月光的时候，即阴历每月初一。"霸"字西周金文作"🜲"，以"月"为部首，本义是月相名称，指月亮刚刚发出光亮的时候，一般在阴历初二或初三。"朏"字古文字形作"⿰月出"，由"月"和"出"两个构件组成，本义是"月未盛之明"，常用来指阴历初三。"望"字甲骨文字形作"⿰"，像人登高举目远眺的样子，本义是往远处看。阴历十五，月亮最圆，月亮与太阳一东一西，遥遥相望，因此阴历十五的月相被称作"望"。

4. 与日相关时间词用字

"日"的甲骨文作"⊙"，像太阳之形，本义是"太阳"，每天日出日落，约二十四小时一个周期，因此"日"又有一昼夜的意思。有太阳的时间是白昼，因此"日"又有白昼义。

先民还利用"日"构件创造了一日之内各个时间段的相关名词用字。"旦"字甲骨文字形作"⿱日○"，上部的构件像太阳之形，下部的构件表示大地，意思是太阳刚刚离开地平线不远，本义就是早晨；小篆字形作"旦"，用一条横线表示地平线。"朝"字甲骨文作"⿰"，像日月都在草莽之中形，表示太阳已升到草莽之中，而月亮还没有落下的时候，即早晨。"昃"字甲骨文字形作"⿰"，左下部的构件是"日"，右上部的构件是一个侧歪的人形，表示太阳已经向西侧歪的时候，即午后的一段时间。"昏"字甲骨文字形作"⿰"或"⿰"，后者由"氏"和"日"两个构件组成，小篆字形作"昏"，《说文解字》说解为"日冥也。从日，氏省。氏者，下也"，意思是说，"昏"字的构意是太阳落到低处的时候，也就是黄昏之时。"暮"字甲骨文字形作"⿱"，像太阳落到草丛之中，表示太阳傍晚时分，本义是傍晚。后来增加表意构件"日"作"暮"。

（三）长度单位字与以人为本观念

远古人类与自然关系十分密切，认为万物有灵，因此尊崇自然，祭拜自然；同时在生产生活中积极主动探索自然，利用自然。不仅如此，古人还积极利用人本身的特点，在造字时"近取诸身"，体现了以人为本的造字理念。

以人为本的造字理念，体现在名词"耳""目""面""口"等的甲骨文字形都取像人的身体部位上，而这些字的意义并不限于人的身体部位；

体现在为"长""老"等形容词、"看""临""坐"等动词造字时选取与人相关的典型意象作取像依据，体现在为表示长度单位的量词造字时以人体部位为造字依据，等等。

这里只对长度单位量词的造字取像方法进行阐释。古人在测量自己周围事物的长度时，常常根据自己身体的特点，以人体某部位的长度作为计量事物长度的标准。这种以人为本的测量事物长度的方法在汉字形体中有所体现。

1. 尺

《说文解字》把"尺"的小篆字形"𡰤"说解为"尺，十寸也。人手却十分动脉为寸口，十寸为尺。尺，所以指尺规矩事也。从尸，从乙。乙所识也。周制寸、尺、咫、寻、常、仞诸度量，皆以人之体为法"。"尸"取像人体之形，"乙"是在人体上做的标记，合起来就是在身体某一部位上做个标记，即用人体的某一部位的长度来表示"尺"，体现了以人为本的造字方法。从小篆字形无法看出一尺到底是多长，其释义"十寸也"则给出了明确说明；同时"布指知寸，布手知尺"具体说明了寸和尺长度单位与人体部位的关系，即古代的一寸大约相当于常人中指中间一节的长度，一尺大约相当于张开手掌后，从拇指指端到中指指端之间的长度。

2. 寸

"寸"字小篆字形作"𡭕"，由"又""一"两个构件组成，"又"取像右手形，"一"是指事符号，以指示寸口的部位。《说文解字》说解为"寸，十分也。人手却一寸动脉，谓之寸口"，意思是从人的手部向后退一寸，是脉搏动感强烈的地方，这就是寸口。从寸口到手腕的距离为一寸，这个长度与中指中间一节的长度相等。可见，寸的长度规定源于人体部位。

3. 咫

"咫"字《说文解字》说解为"中妇人手长八寸，谓之咫，周尺也"。意思是一咫的长度大约相当于中等身材的妇女的手掌长度，即手腕到手指尖的长度。周代的一尺就是一咫，也就是八寸。

4. 寻：双臂平伸的距离

"寻"的甲骨文作"𠂤"或"𠭴"，像平伸两手测量事物长度的样子，"寻"作为一种长度单位，其长度相当于一个人平伸双臂时，从一只手的中指尖到另一只手的中指尖的距离，这个长度大约相当于人的身高，一般人的身高为七八尺，因此，一寻的长度，有的认为是七尺，有的认为是八尺。

5. 仞：以人高为度

"仞"是一种测量高度或深度的单位。考其语源，"仞"之言人也，来源于以人高为度，因此，"仞"字以人为义符，刃为声符。人高因人而异，大致合古制七尺至八尺，因此，关于"仞"的长度旧说不一。

三　汉字构意与古代阶层

表示人物身份地位的甲骨文等古文字，其字形构意往往能对其社会地位与身份有一定程度的反映。本节通过表示远古社会各阶层的用字，结合古代文献和考古发现，分析各个阶层的身份和地位。具体包括以下四个部分。

（一）最高统治者

古代社会最高统治者的称谓依次有后、王、天子、皇帝、君等，这些称谓的内涵和理据可以通过其字形构意及相关说解得到说明。

1. 后

"后"的甲骨文有""""""等，第一个字形的左半部像一个人双手交叉于胸前，这就是甲骨文的"女"字；第二个字形的左半部与第一个字形相比，不仅头上增加了装饰，身上还增加了两点表示乳头，作""，这是甲骨文的"母"字；第三个字形的左半部像一个侧面的人，这是甲骨文"人"字；这些字的右下部像一个头朝下的小孩，也就是甲骨文"子"字的倒置之形，第二个字形在倒"子"下还有许多点，表示生小孩时流出的羊水。整个字形表现的是妇女生小孩的情景。

"后"本是对最高统治者的称谓，可以说"位高权重"，为什么用妇女生小孩的意象来表现呢？这是因为"后"的最初身份是母系氏族社会中地位最高的女性酋长。母系社会群婚制的特点使人们只认识自己的母亲，而不知道父亲是谁，因此，族中最高权力拥有者就是女性，而女性的最高功业就是为本氏族繁殖后代，所以取像"生育"的"后"字被用来记录族中最高权力拥有者。

后来，权柄落在了男性手里，而"后"作为一个尊称历时已久，仍然用来指"拥有最高权力的人"，这样"后"不再专指女性，成为男女最高统治者的通称。古文献中常有"夏后""商后"，指的就是夏和商的最高统治者。如《尚书·仲虺之诰》："（商汤）东征西夷怨；南征北狄怨。曰：'奚独后予？'攸徂之民，室家相庆，曰：'徯予后，后来其苏'。"是说由于夏桀非常暴虐，在他的统治下，人民痛苦不堪，商汤带兵去讨伐暴君，老百姓殷切地期待商汤来解救他们。这里"徯予后，后来其苏"中两个"后"字都是指商汤，显然是男性。

进入商代，最高统治者又有了一个称谓——王；进入周代，又出现了一个新的称谓——天子。于是"后"逐渐退出最高统治者称谓，专指女性中地位最高的"王后""太后"。

可见，"后"最初表示地位最高的女人，后来泛指地位最高的人（主要是男性），最后又专指帝王的妻子或母亲，也就是女性中地位最高的人。

需要注意的是，"后"与"後"（前后的后）本是不同的字，汉字简化后，"後"字不再使用，而用同音的"后"字替代，于是两个不同的字合并成一个字形了。现代有的人喜欢写繁体字，又不清楚繁简字之间的关系，结果出现把"影后"写成"影後"的笑话。

2. 王

商代金文"王"字作"�"，甲骨文作"ᚼ""ᚼ"，西周金文作"王""王"。这些字形都取像古代斧钺之形，下部较宽部分是斧刃，中间一横是斧柄。"王"与斧子有什么联系呢？上古社会，斧子作为杀伐武器，外形厚重，极具震慑力，因此，军事征伐中，最高军事统帅常常手拿斧钺。根据文献记载，商汤在征伐昆吾和夏桀时，手中所持是斧钺；周武王在征伐商纣王时，也手持斧钺。斧钺在当时成为最高军事统帅权力的象征。因此，君王授予将帅征伐权力时，往往用赐予斧钺的形式表示授予军事权力，如《淮南子·兵略训》"主亲操钺，持头，授将军其柄，曰：'从此上至天者，将军制之。'复操斧，持头，授将军其柄，曰：'从此下至渊者，将军制之'"。这段话非常具体地说明了君主授予将军军事权力时的仪式

——把象征最高军事权力的斧钺交给将军。正是由于斧钺在古代社会中的特殊地位和象征作用，造字者选取斧钺形作为"王"的造字依据。可见，"王"的最初身份指武功卓著的最高军事首领；国家出现后，指国家最高权力拥有者。

随着汉字形体的演变，"王"字逐渐丧失了象形功能；同时，"王"在人们心目中的形象也发生变化，而指行仁政、得民心，如民父母，因而天下归往的人。东汉时期著名文字学家许慎在《说文解字》中把"王"字解释为"天下所归往也。董仲舒曰：'古之造文者，三画而连其中谓之王。三者，天、地、人也，而参通之者，王也。'孔子曰：'一贯三为王'"。意思是说，王是天下人都愿意归顺、向往的人，字形中的三横分别代表天、地、人，中间的一竖表示贯通，王是能够参透贯通天、地、人的人。显然，在儒家眼中，"王"的主要功绩不是武功而是文治。

西周时期，"王"是最崇高的称号，只有周天子才能拥有，如果诸侯称王，则表示这个诸侯国已经不承认周天子对自己的领导权了。直至春秋时期，先后称霸的齐桓公、晋文公，名义上很尊重周天子，因此没有称王。后来"礼乐崩坏"，诸侯纷纷僭越称"王"。

3. 天子

"周"的最高统治者除了"王"，还有另一个称谓"天子"。"天子"的本义是什么？它与最高统治者在理据上有什么联系？"天"的商代金文作"🧍""🧍"，像正面站立的人形而突出头部，本义是头。"头"在人体的最高处，因此，"天"引申有"天空""上天""天神"等意义。"子"的意思就是小孩、孩子。因此，"天子"的意思就是"天神之子"。周代统治者自称天神之子，源于周的始祖"弃"的出生传说。弃的母亲姜嫄去郊外祭祀时，发现一个巨大的足迹，她踩上脚印，顿时觉得体内有怀孕的感觉，后来生下一个男孩。姜嫄觉得这个孩子是不祥之兆，想将他抛弃：先把他扔到狭隘的小巷子中，结果牛马从那里经过，都避开这个孩子而不踩踏他；又打算把他扔到山林中，却正赶上有很多人在那里伐木；于是把他扔在冰上，结果飞鸟用自己的翅膀覆盖保护这个孩子。这个孩子被抛弃三次，都大难不死，姜嫄认为这是神灵保佑，便将其抱回抚养，由于曾被抛弃的缘故，于是给孩子起名"弃"，这个孩子就是周的始祖后稷。传说那个巨大的脚印是天神的脚印，因此后稷就是天神的孩子。周代的最高统治者称作"天子"，表示他是天神的后代，他的权力是天神给的，他是上天派到人间来治理天下的。到了封建社会，皇帝圣旨往往以"奉天承运"开头，目的也是强调皇帝得到了上天的授权。

4. 皇帝

根据《史记·秦始皇本纪》，秦灭六国之后，嬴政召集众臣商议应该选取一个什么尊号。有的大臣认为，中国古有天皇、地皇、泰皇，为"三皇"，泰皇地位最高、最尊、最贵，所以有大臣建议嬴政称"泰皇"；有人认为嬴政的功绩为"五帝所不及"。最后把"三皇"之"皇"和"五帝"之"帝"合为"皇帝"，于是"皇帝"从此成为"王天下之号"。

"皇"和"帝"二字的字形理据是什么，最初意义指什么？

"皇"字甲骨文作"⚶"或"⚶"，其中"⚶"像孔雀羽毛形，"⚶"只是在左下角增加了表示读音的"王"构件。到西周金文演变为"⚶"（作册大鼎）或"⚶"（召卣）或"⚶"（函皇父匜）。郑司农《周礼·乐师》注"皇舞者，以羽冒覆头上，衣饰翡翠之羽"。对"皇舞"的特点进行了说明，舞者头上戴着用羽毛装饰的帽子，衣服也用漂亮的羽毛装饰。又在《周礼·地官·舞师》注中说："皇舞，蒙羽舞，书或为翌。"进一步说明"翌"与"皇"的异构字关系。《说文解字》对"翌"的说解"乐舞，以羽翳自翳其首，以祀星辰也"。不仅说明了这种舞蹈的形式，也说明了这种舞蹈的功用是用来祭祀星辰。据此，我们可以对"皇"字有一个十分清晰的认识。"皇"的古字形取像羽毛或饰有羽毛的冠冕形，本义是插有五彩羽毛的王冠，因为原始民族的酋长头饰如此，所以后来引申指原始民族的酋长，如传说中的"三皇五帝"中的"三皇"就是指为人类进步做出巨大贡献的三位原始部落酋长。

"帝"的甲骨文作"⚶""⚶"，金文作"⚶""⚶"，取像一种捆扎成人形的茅草，古代祭祀时，把酒倒在捆束好的茅草上面，先民看到酒渗到其中，就感觉被祭祀者已经享用了这些酒，这种仪式叫作缩酒。这种用来缩酒的茅草主要出产于南方的楚国等地。后来因楚国不按时进献这种菁茅，成为齐桓公代表周王朝征讨楚国的重要理由。《左传·僖公四年》"尔贡包茅不入，王祭不共，无以缩酒，寡人是徵"。征讨楚国的理由就是楚国没有按时进献包茅，以至周王祭祀时没有用来缩酒的东西。由于这种捆扎成人形的茅草代表鬼神享受了祭祀，因此，造字时就用这种扎成人形的茅草形表现祭祀对象。早期卜辞中，"帝"主要用来指自然界的神灵，同人无任何亲戚关系；武丁以后，"帝"开始包括商王的先祖。显然，不管是自然神，还是祖先神，都是神，也就是说，"帝"最初的意义是神，是祭祀对象。从文献用例看，传说中的"五帝"是对华夏民族做出杰出贡献的先祖的称谓。

5. 君

古代最高统治者除了先后被称作"后""王""天子""皇帝"外，还有一种称谓——"君""国君""君主"。最高统治者为什么被称为"君"？"君"的甲骨文作"🖐️"，小篆作"𪚥"。上部的"🖐️"像手握象征权力的手杖之形，表示掌握权力、管理事务的人，这个构件单独成字为"尹"，是古代一种官名，比如"京兆尹"相当于今天首都北京的市长。下部的构件是"口"，表示发号施令。"君"的本义是地位尊贵的权力拥有者，最高统治者是一国之中地位最尊贵的人，因此称为"国君"或"君主"。

（二）各级职官

最高统治者之下，有被分封的诸侯，有不同职级的官员。这里以用字构意与其职能有一定关联的职官"侯""保""傅""丞""宰""相""卿""臣""牧""令""长"等为例，解析官职名称用字与其职能之间的联系。

1. 侯

"侯"字甲骨文作"🏹"或"🏹"，由取像箭头的"矢"和"厂"（或呈倒形）组成，"厂"取像射箭用的靶子，整字构意是箭头射向靶子。"侯"的本义是射箭的靶子，《诗·齐风·猗嗟》："终日射侯，不出正兮。"其中"射侯"就是用箭射靶。

人类在蒙昧时期，既要抵御其他部落的侵犯，又要防范其他动物的侵扰，弓箭是非常重要的武器；族群之中，那些射箭能手因为能保护众人，享有崇高的地位和声望，往往被推举为首领，于是与射箭有关的"侯"逐渐引申为爵位名称。《礼记·射义》："故天子之大射，谓之射侯。射侯者，射为诸侯也。射中则得为诸侯，射不中则不得为诸侯。”意思是天子举行的大射礼，叫作射侯；射侯的意思就是因射箭而成为诸侯；射中靶子的就可以封为侯，射不中靶子的就不能封为侯。可见，最初封侯与射箭技术有密切关系。

后来，诸侯成为古代中央政权所分封的各国国君的统称。周代时，诸侯分为公、侯、伯、子、男五等，根据史料记载，周代的公、侯、伯、子、男五等爵位，封地大小有明确规定，即公、侯的封地为一百里，伯的封地为七十里，子、男的封地为五十里。周公摄政时，扩大了各等爵位的封地，变为：公的封地为五百里，侯的封地为四百里，伯的封地为三百里，子的封地为二百里，男的封地为一百里。

2. 保、傅

“保”“傅”都是古老的官职，“保”“傅”的古字形中蕴含着这两种官职的最初职能和责任。

“保”字商代金文作“”，像人背负着孩子之形，《尚书·召诰》“保抱携持厥妇子”中“保”就是“背负”的意思。“保”由“背负”又引申出“保护”的意思。后来，因辅佐大臣对王负有保护辅导的责任，于是也被称作“保”或“太保”。如西周成王时，三公之一的召公奭就曾担任“太保”这个职务。

“傅”最初作“辅”，“辅”以“车”为部首，本是绑在车轮外用以增强车轮载重力的两根直木，由于它对车轮有辅助作用，因此引申为“辅助”的意思。作为官职，“辅”是在帝王左右辅佐帝王的大臣，后来为这种官职名称重新造了以“人”为部首的“傅”字。“傅”的本义也是“辅佐”，辅导君主的官称为傅，如“太傅”“少傅”。

可见，“保”“傅”的职能与其字形构意所体现的“保护”“辅助”功能非常一致。

3. 丞、宰、相

所谓“一人之下，万人之上”的职官历来有“丞”“宰”“相”等称谓，这些职官为什么用这样的名称也可以从字形得到说解。

“丞”字甲骨文作“”，像一个人在陷阱中，上部两只手向上拽他，表示“拯救，帮助”的意思。因“丞”字有“拯救，帮助”的意思，古

代辅佐帝王、治理天下的高级官吏也称为"丞"。传说商周时期有所谓的"四辅",其中之一就是"丞"。以后把最高行政长官叫作"丞相"。"丞"由"辅佐"义又引申为"佐官",如汉代御史大夫的助手叫御史中丞,郡守之下有郡丞,县令之下有县丞。

"宰"字甲骨文作"𡧛",由"宀""辛"两个构件组成,"宀"表示房屋,"辛"表示古代的一种刀具。古代先民以宗族为单位祭祀先祖,以牛羊猪等作为祭品,祭祀之后,把用来祭祀的牛羊猪等分给本宗族的成员,以此表示接受先祖的福佑。因此,整个字形表示在屋内操刀切割牛羊猪等祭祀品。从文献看,直至汉朝,宰的重要职责之一还是操刀分祭肉。《汉书·陈平传》:"里中社,平为宰,分肉甚均。父老曰:'善,陈孺子之为宰!'平曰:'嗟乎,使平得宰天下,亦如此肉矣!'"意思是,陈平所在的里举行祭祀土地神活动时,陈平做宰,他分祭肉分得非常均衡。因此,父老乡亲夸奖他做宰做得好。他回答说,如果让他做天下的宰,他也能做得非常好。显然,主刀切分祭祀品的人,不是随随便便指定的,而是本宗族内有一定威望的人,是宗族内辅助族长处理政务的管理者。因此,辅助王侯或大夫处理事务的最高官职被称作"宰",辅助国君处理政务的最高官职被称作"宰相",辅助大夫处理政务的最高官职被称作"家宰"。关于宰相职责,后来果真成为"天下之宰"的陈平有过总结:"宰相者,上佐天子,理阴阳,顺四时,下遂万物之宜,外镇抚四夷诸侯,内亲附百姓,使卿大夫各得任其职也。"

"相"的甲骨文作"𣱥""𣇅",由"目"和"木"构成,一般认为与字形相切合的本义是"相看,省视";其实"相"还有一个与字形切合的意义,牵引盲人走路的人。《论语·季氏》:"危而不持,颠而不扶,则焉用彼相哉?"意思是:(盲人)走路不稳,却不去扶持,跌倒了,却不去搀扶,那何必要用那个扶助者呢?其中"相"的意思是扶助盲人走路的人。同样《礼记·仲尼燕居》"治国而无礼,譬犹瞽之无相与"中"相"的意思也是扶助盲人走路的人。由"辅助盲人走路的人"引申为动词"辅助,帮助",《论语·卫灵公》:"师冕见,及阶,子曰:'阶也。'及席,子曰:'席也。'皆坐,子告之曰:'某在斯,某在斯。'师冕出,子张问曰:'与师言之道与?'子曰:'然,固相师之道也。'"其中"相师之道也"之

"相"引申为动词，意思是"辅助，帮助"。"相"由扶助引申为辅佐帝王的高官，如"宰相""丞相""相国""将相"等。

4. 卿、臣

"卿"的甲骨文作"⿰⿰⿰"，中间是装有食物的食器，两边是面对食器而坐的人，表示两人面对面共同进餐。它表示的是"乡人共食"的意象，是"飨"字的最初写法；也指"跟自己共同饮食的氏族聚落"，即"乡"的最初写法；还可以指共同饮食的氏族聚落中的"乡老"（因代表一乡而得名）。进入阶级社会后，"乡老"成为"乡"的长官，被称作"卿"，因此该字也是"卿"的最初写法。后来，有"九卿"之说，"九卿"是指古时候中央政府的高级官员，皇帝有时称他们为"爱卿"。

"臣"的甲骨文作"⿰"或"⿰"，西周金文作"⿰"，都像竖立的眼睛形，汪宁生认为："臣字本义很易理解，即像睁目之形，表示注视之意……臣原来专指负监工之责的奴隶头子而言，是一种特殊的奴隶，后来便成为一般奴隶的统称；随着王权的兴起，奴隶之臣又引申为君臣之臣，用以泛指为最高统治者办事的人。"[1] 可见"臣"的身份就是对上侍奉君主，对下监管奴隶和平民。小篆字形演变为"⿰"，《说文解字》："事君也。象屈服之形。"把字形构意与其侍奉君主的身份联系起来。后来武则天为"臣"重造了"忠"字，凸显臣子要对君主有忠心，一心一意侍奉君主。

5. 牧、令、长

"牧""令""长"是为最高统治者管理某个区域或某个部门的最高长官，其古文字形体对其命名理据都有一定程度的反映。

"牧"的甲骨文字形作"⿰"或"⿰"，像手拿棍棒驱赶牛羊之形，本义是"放牧牲畜"，如"苏武牧羊"中"牧"就是这个意思。"牧"作为职官名称，最初指放养六畜的官，《列子·黄帝》"周宣王之牧正"，其中的"牧正"意思是"牧官之长"。"放牧牲畜"是对牲畜的管理，因此"牧"又引申为"管理者"，《周礼》中司徒的属下就有"牧人"一职。传说舜把天下分为十二州，每州都设州牧（一称州伯），"州牧"的"牧"就是管理者的意思，州牧就是管理各个州的行政长官。夏代天下分为九

---

① 汪宁生：《释臣》，《考古》1979 年第 3 期。

州，也有州牧，职能与舜时相同。到了商周两代，牧还是管理地方的长官，但根据《礼记·曲礼下》"九州之长，入天子之国，曰牧"，这个时期的牧并不到地方任职，而是入朝辅佐天子，负责监察、监督诸侯。西汉后期，"牧"再次成为州一级长官的专称，即把职官名称"刺史"改为"州牧"。

"令"字甲骨文作""，上部的三角是"口"的变形，在古文字中，这种变异为"▲"的"口"往往表示正在活动的"口"，即或者在吃东西，或者在说话，或者在吹乐器。因此，甲骨文和金文"令"字，上部是三角形构件实即一个正在发号施令的口，下部跪跽的人形构件表示一个人在接受命令。《说文解字》："令，发号也。""令"的本义是发出命令。《孟子·离娄上》："既不能令，又不受命，是绝物也。"这句话的意思是既没有能力向邻国发出命令，又不甘心前往大国接受命令，这是断绝与大国通朝聘之路啊。显然，其中的"令"是动词"命令"。《三国书·蜀书·诸葛亮传》"今操已拥百万之众，挟天子而令诸侯"中"令"也是动词"命令"的意思。由动词"命令"引申为名词"发布命令的人"，即一种官职名称。如战国时，楚国最高行政长官称令尹，《汉书·百官公卿表》有尚书令、大司农令、郎中令、县令等官职。"县令"则自秦汉一直沿用至清，长达两千年之久。至今，军中最高官职仍称司令。

"长"的甲骨文作""，像拄着拐杖的人披着长发之形。与字形相切合的本义有两个：从长发角度看，本义是空间距离大，即长短的长，读作"cháng"；从人的角度看，本义是年纪大，读作"zhǎng"。为什么用人的长发意象表示年长之长呢？《孝经·开宗明义》："身体发肤，受之父母，不敢毁伤，孝之始也。"意思是说人的身体四肢、毛发、皮肤，都是父母赋予的，不敢予以损毁伤残，必须珍惜它，爱护它，这是孝顺的开始。因此除了特殊的仪式需要，古人的头发是不能随意削剪的，剔去头发被看作一种耻辱，因此剃发成为一种刑罚，即"髡"刑。这样，人年龄越大头发越长。因此手拄拐杖的老人披长发的意象可以用来表示"年纪大"。由"年纪大"进一步引申由"首领，头领"义，即地位尊贵拥有权势的人，这与"君"的意义十分相似，《广雅·释诂一》"长，君也"，但"长"比"君"的指称范围更为广泛，上至天子、方伯、诸侯、公卿，下至地方行政长官，都可以用"长"指称。后来"长"常用来指称地方行政长官，王安石《上仁宗皇帝言事书》："其德厚而才高者以为之长，德薄而才下者以为之佐属。"从品德和才能角度把"长"和"佐属"相对而言，虽然可能并不完全符合事实，但是从"长"与"佐属"相对的角度可以看出，"长"侧重指"主官"，也就是我们现在说的"一把手"。

（三）职业身份

早在野蛮时代，人类就已经有了劳动分工。进入文明时代，社会分工越来越细，随之产生的一些职业身份在汉字形体中也有所表现。在为表示职业身份的名词造字时，往往以该职业的常用工具为造字依据。因此汉字形体成为探究古代职业身份的有效线索。这里选择几个典型字进行介绍。

1. 士

"士"是古代社会脱离生产劳动的脑力劳动者或有特殊技艺才能者的总称。"士"的金文字形作"士"，像斧子之形，斧子在上古社会不仅是对外征伐的武器，也是对内行刑的工具。商周古文字中，斧钺形既用来记录最高军事统帅"王"，也用来记录古代掌管刑狱的官吏"士"。为了区别，"士"字比"王"字少最上部的一横。后来"士"的意义发生引申变化，泛指具有一定才能的特定社会阶层。战国时的"士"，有著书立说的学士，有为知己者死的勇士，有懂阴阳历算的方士，有为人出谋划策的策士等。因此，汉代的许慎在《说文解字》中把"士"字说解为"事也"。意思是说，"士"就是善于做事的人，一般指脱离生产劳动的脑力劳动者或有特殊技艺才能者。

2. 工、匠

"工""匠"意义相近，本义都是指木工、木匠，泛指具有一定技能的劳动者。

"工"字甲骨文作"工""工"，像曲尺之形，"曲尺"是木工常用的劳动工具，因此用来表示木工这种职业，"工"的本义是"木工、木匠"，引申泛指"工匠、工人"。"工欲善其事，必先利其器"中"工"就是工匠的意思。

"匠"字由"匚"和"斤"组成，"匚"初文作"匚"，像工具箱形，"斤"初文作"斤"，像斧子形，合起来表示用工具箱盛着斧子类工具，用来表示木工这种身份。《说文解字》："匠，木工也。从斤。斤，所以作器也。""匠"的本义是"木工、木匠"，《孟子·尽心上》："大匠不为拙工改废绳墨"，意思是高明的木匠不会因为拙劣工人改变或者废弃绳墨规矩。引申泛指"有手艺的人"，如"能工巧匠""花匠""画匠"等。

3. 兵、卒

"兵"的甲骨文"兵"，像双手持斧钺之形，斧钺在上古时期既是杀伐工具，又是常用劳动用具。《说文解字》把小篆"兵"说解为"械也。从廾持斤，并力之貌"，即认为"兵"的本义是兵器。从双手的角度说，与"兵"古字形相切合的本义是士兵，即用双手持斧钺类武器表示士兵身份或士兵群体，也指整个军队，如《列子·虚实》："越人之兵虽多，亦奚益于胜败哉？"其中的"兵"意思是士兵。

从古字形看，士兵的服装很早就有标记。甲骨文"卒"或"卒"，与取像上衣的"衣"的甲骨文"衣"相比，在中间增加了一两个叉形；西周金文"卒"在下端增加了一条短线。对于"卒"的古文字形的解释，有的认为甲骨文、金文字形通过在"衣"上增加交叉线或短线凸显士卒衣服有标记的特点，用来表示兵卒身份，说明造字时期兵卒已经在衣服上做标记以凸显其特殊身份。

通过"兵""卒"的古字形构意可知兵卒在远古时期的职责是用武力捍卫国家，他们的衣服上往往有凸显其身份的标记。

4. 妇、巫

今天，一看到"妇"字，我们就会想到妇女。但在古代，"妇"可不是一般的妇女，她具有沟通鬼神的特殊身份。在卜辞中，我们经常可以看见"帚"字，写成楷书形式是"帚"，字形取像是外形与麈尾（古代太监常常手持麈尾，表示特殊身份，麈尾也叫拂尘；道士和一些天神，也常常手持麈尾）、扫帚十分相似的"托魂树"。在先民看来，巫师可以用"托魂树"来接送鬼神，与鬼神沟通，因此，托魂树成为巫师身份的象征，"帚"在卜辞中指能够与祖先神直接沟通的巫觋。民俗中，巫师通常由妇女来担任，即使偶有担任巫师的男性，也必须装扮成妇女形象，如东北亚和堪察加地区的男萨满主持宗教仪式时，常装扮成妇女模样，平时也喜欢模仿女人的说话和举动。类似的男巫扮成女装的情况在《太平广记》《中国风俗史》中都有详细记载。由于"巫术亦常是妇女的特权"，"帚"字逐渐演变为已婚女子的通称，并增加"女"旁补充构意。妇女在封建社会中，地位比较低下，按照"三纲五常"，臣、子、妻必须绝对服从君、父、夫，这样，东汉许慎就在《说文解字》中把"妇"字说解为"服也"。

"巫"的甲骨文作"卅"，像巫师用来通神的用具，到小篆，字形演变为"巫"，《说文解字》说解为"巫，祝也。女能事无形，以舞降神者也"，意思是巫是主持祭祀的人，巫能够敬奉无形迹的神灵，是能用舞蹈请神灵降临的女人。古代巫者不仅能通神，往往兼通天文、地理、医术等，是当时社会真正意义上的通才、精英。巫一般是女性，因此为男巫专门创造了一个专用词"觋"，《说文解字》："觋，能斋肃事神明也。在男曰觋，在女曰巫。"《国语·楚语》："如是则明神降之，在男曰觋，在女曰巫。"后来巫觋都泛指巫师，不分男女。

（四）奴隶标志

古代社会还有一些没有人身自由而为人役使的奴隶，他们有的来自战俘，有的源于罪犯，有的因没有财产而卖身为奴，等等。这里通过"隶""仆""奚""民"等古文字构形理据来分析所记录奴隶的身份特点。

1. "隶"与"仆"

"隶"的甲骨文字形作"隶"，像一只手抓住尾巴，表示逮住之意，用来表示供人役使的奴隶，说明这种奴隶是被抓住而失去自由的人。

"仆"的甲骨文字形作"仆"，头上是取像刑刀的"辛"，身后有尾饰，双手捧着粪箕在做活，本义是公认役使做粗活贱活的人。头上戴刑刀是犯罪受刑的标志，可是为什么身后有尾饰呢？因为中原地区已进入农业为主的社会以后，某些以狩猎为主要生产方式的边远少数民族地区，他们的服饰习惯与华夏民族有较大差别，有的民族习惯戴有尾饰，这些装有尾饰的少数民族士兵在战争中成为俘虏之后，变为奴隶。后来，戴有尾饰就成为丑陋、落后、不开化的标志，因此，造字者就以戴有尾饰作为"仆"的奴隶身份的象征。

从"隶""仆"的字形可以推测罪犯和战俘是其主要来源。

2. 奚

"奚"的甲骨文作"𧾷",金文作"𧾷",小篆作"𧾷",下部的构件为正面人形,中间的构件像绳索,最上面的构件为手,整字构意是一个人被绳索牵系,本义是奴隶,主要指女奴。《周礼·天官·冢宰》:"酒人奄十人,女酒三十人,奚三百人。"其中奚是指女奴。"奚"在词语中也是奴隶的意思,如"奚女"(婢女),"奚奴"(女奴,今泛指奴仆),"奚童"(奚僮,未成年男仆),"奚隶"(男女奴隶)。

3. 民

"民"的金文字形作"𤰃",像一尖锐之物刺向左眼之形。远古时期,把俘虏作为奴隶时,常常刺瞎其左眼作为奴隶的标志。后来"民"成为社会最底层蒙昧无知的人的总称。《论语·泰伯》:"民可使由之,不可使知之。"《商君书·更法》:"民不可与虑始,而可与乐成。"意思是"民"愚昧无知,所以只需要让他们去做事,而不用让他们知道为什么这样做,不可与他们一起谋划什么。上古文献中"民"和"人"的区别很大,"民"一般可以被"愚""贱""顽""刁""奸"等带有贬义色彩的字修饰,构成"愚民""贱民""顽民""刁民""奸民",而不能被"贤""哲""圣""伟""能"等带有褒义色彩的字修饰,而"人"能接受这些字眼的修饰,组成"贤人""哲人""圣人""伟人""能人"等。

四　汉字构意与古代社会生活

无论古今,人类基本生活都主要包括衣、食、住、行四个方面。这里从衣、食、住、行四个角度探讨汉字构形理据所蕴含的古代社会生活信息。

(一)衣

先民衣着服饰分为头衣、体衣、足衣三个方面。

1. 头衣

头衣包括头饰和御寒之帽。对于头饰,这里主要通过字形构意分析来介绍束发工具"冠""簪";对于御寒之帽,则通过"冃""冒""帽"的字形构意来分析介绍。

(1)束发工具:"冠""簪"

华夏先民认为头发是身体的一个部分,受之父母,且处于头部,应当格外重视,因此终生不会随意剪发剃发。头发还必须扎束起来,否则,披头散发会被视为异类,"披发左衽"就是对异族发饰和服饰特点的概括。华夏先民从小就要把头发扎起,孩童时期,一般把头发中分,在头的两侧束成两结,像"丫"字,称为"丫髻",又像牛角,所以又叫总角。后来"总角"用来指代八九岁到十三四岁的孩童,"总角之交"用来形容孩童时期就交好的朋友。十五岁左右,是入大学之年,这时要把总角解散,束成一髻,作为成童的标志。

古代贵族非常重视成年仪式,男子二十岁举行隆重的成年仪式——冠礼,女子十五岁举行成年仪式——笄礼。下面以"冠"和"簪"的古文字形为线索,对这两种成年礼仪进行介绍。

"冠"的小篆字形作"冠",《说文解字》:"冠,絭也,所以絭发,弁冕之总名也。……冠有法制,从寸。"可见,"冠"有两个意义,一个是束发之具,一个是弁冕等贵族头饰的总称。表示"束发之具"的"冠"是戴在头上用来约束头发的带孔之管,用法是用冠将发髻套住后,再用簪子穿过冠的孔把它固定,从而把冠与发髻固定起来。冠还要系缨,"缨"就是用来系冠的带子,一般系在下巴下面。冠礼一般在祖庙进行,由受冠者的父亲或兄长主持。实行加冠礼后,表示受冠者已经是成年人,因此,常用"冠者"表示成年人,如《论语·先进》:"冠者五六人,童子六七人,浴乎沂,风乎舞雩。"加冠后,贵族在一些场合必须戴冠,否则会被认为不合礼节。《国语·晋语》:"人之有冠,犹宫室之有墙屋也。"冠是古代士人以上阶层必用的服饰,戴冠是一种礼节,在正式场合不戴冠被认为是不合礼节的。

"簪"也就是"笄",小篆字形作"笄",《说文解字》说解为"首笄也。从人,匕象簪形",即中间的构件为"人",上部的构件像簪子之形,整字像人头上插着簪子。簪多用竹、玉、金属等制成。古代贵族女子15岁时行及笄之礼,表示女子已经成人。已经许嫁的女子举行笄礼比较隆重,要宴请宾客；没有许嫁的女子举行笄礼比较简单，到时请一位妇人给行礼的女孩梳一个发髻，插上发笄即可，仪式过后，取下发笄，依然恢复原来的丫髻。笄礼的形式一直保持到宋代，明清时渐渐消失。

（2）御寒之帽："冃""冒"

帽是戴在头上用以防寒保暖的服饰。《说文解字》未收"帽"字，说明该字出现较晚。但《说文解字》中有"冃"字，小篆作"冃"，说解为"小儿蛮夷头衣也。从冂；二，其饰也"。意思是少数民族小孩戴的帽子。又"冒"字，西周金文作"冒"，上部像帽子形，下部的"目"代表人头，合起来表示人头上戴着帽子，本义是帽子。后来增加表意构件"巾"作"帽"。帽子最早产生于北方少数民族，主要用来御寒保暖，后来才传入中原，所以《说文解字》说它是"蛮"头衣。

2. 体衣

《释名·释衣服》："上曰衣，衣，依也，人所依庇寒暑也；下曰裳，裳，障也，所以自障蔽也。"我国古代服装的基本形制是"上衣下裳"。下面选取最具代表性的汉字对古代上衣和下裳进行介绍。

（1）上衣

"衣"的甲骨文作"衣"，西周金文作"衣"，像开领上衣左右襟相掩之形。甲骨文字形是右领压住左领，即"左衽"；金文字形是左领压住右领，即"右衽"，这说明最初对上衣左衽还是右衽没有严格规定。至迟到周代，中原地区已经形成了"右衽"的风俗，而"左衽"则是北方少数民族和西域胡人的衣服款式。《论语·宪问》："微管仲，吾其被发左衽矣。"意思是如果没有管仲，我们恐怕要披头散发穿左衽的衣服了。这是孔子对管仲辅佐齐桓公的"尊王攘夷"之功的肯定。当时披散头发、衣襟在左是北方少数民族的习俗。由于管仲辅佐齐桓公成功抵御了当时某些北方民族对中原地区的侵扰，保护了中原地区的周王室与诸侯国，所以孔子说这句话来表扬他。

上衣中比较典型的有裘，"裘"的甲骨文作"裘"，像毳毛在外的皮衣之形，说明裘的本义就是我们现在说的皮草。"表"字小篆字形作"表"，从衣从毛，《说文解字》说解为"古者衣裘，以毛为表"，也说明裘的特点是毳毛在外。贵族穿裘，在行礼或待客时要罩上罩衣，否则被视为不敬。

《礼记·玉藻》："表裘不入公门。"就是说裘上不加罩衣不能到正式场合。罩衣叫作"裼"，裼衣的颜色必须与裘衣相谐调。《礼记·玉藻》："君衣狐白裘，锦衣以裼之。"《论语·乡党》："缁衣，羔裘；素衣，麑裘；黄衣，狐裘。"都特别注意罩衣与裘之间的谐调配合。用来做裘的皮毛多种多样，有狐、豹、虎、熊、犬、羊、鹿等动物的皮毛，后来还有狼裘、兔裘等。其中狐裘和豹裘最为珍贵，为达官贵人所服，《史记·孟尝君列传》："此时孟尝君有一狐白裘，直千金，天下无双。"其中狐白裘是用狐腋下最柔软最温暖的皮毛制成的，由于稀少，显得珍贵。成语"集腋成裘"就源于用狐腋下柔软皮毛制作成裘的做法，用来比喻积少成多。诗仙李白放歌"五花马，千金裘，呼儿将出换美酒……"采用了夸张的手法，以显示李白对钱财的不在意，同时可以看出裘非常珍贵。

（2）下裳

下裳最早的形式是悬垂在小腹下的遮羞布"市"，其金文字形"𮬵"和小篆字形"𮬵"像在巾上有一条横带之形，形象地表现了"市"的形制。《说文解字》说解为"韠也。上古衣蔽前而已，市以象之。天子朱市，诸侯赤市，大夫葱衡。从巾，象连带之形"。"市"形似围裙，系在腰间，遮前不蔽后，其长过膝，汉以后又称"蔽膝"。后来蔽膝成为一种装饰物蔽于裳前，并与庄重华丽的礼服相配，示不忘古。根据礼制，"市"的颜色从天子到诸侯到大夫都有严格规定。

由只遮蔽前边的"市"逐渐发展为整体包裹的长裙"裳"，根据《说文解字》："常，下裙也。从巾尚声。裳，常或从衣。""常"和"裳"是异体关系，都是记录下裙的本字。《诗·邶风·绿衣》："绿兮衣兮，绿衣黄裳。"这句话的意思是绿色的上衣啊，黄色的裙子。"裳"一般由很多幅布连接而成的，郑玄《仪礼注》："凡裳，前三幅后四幅也。"前后加起来大概是七幅布。穿裙装在魏晋以前，并不是女性的专利，男女都着裙装。

"裤"的异体字有"绔""袴"等，声旁"夸"兼有表意功能。"夸"的甲骨文"𡗢"上像两腿分开之形，《释名·释衣服》："绔，跨也，两股各跨别也。"说明裤分两裤腿，两腿分别套入裤腿，与"裳"的形制明显不同。最初的裤子没有裆，只有两个裤筒，套在腿上，用带子系在腰间。由于不包裹臀部、阴部，因此常常与"裳"搭配。《说文解字》："绔，胫衣也。"段玉裁注:"今所谓套袴也。左右各一,分衣两胫。"都是对最初"裤"形制的很好说明。"纨绮"是用细绢制成的裤,是有钱人的服装;后来用"纨绮子弟"来指代富贵人家不务正业的子弟。

显然,最初的裤并不便于劳作;我们今天所穿的裤子是赵武灵王提倡"胡服骑射"引进中华大地的。《史记》记载,战国时期的赵国,在与胡人部落交战中常常处于不利地位。鉴于这种情况,赵武灵王就想向胡人学习骑马射箭。要学习骑射,首先必须改革服装,采取胡人的短衣、长裤服式。于是赵武灵王下令在赵国改穿胡人的服装,因为胡服在日常生活中做事也很方便,所以很快得到推广。

3. 足衣

足衣包括各种鞋子和袜子。它们出现的年代比衣服要晚,夏代以后鞋子才成为人们的必穿之物,袜子则更晚。

(1)鞋类

有关鞋子的称谓和用字比较丰富,这里选择几个比较典型的字进行说明。

"履"《说文解字》古文作"𦦶",由"頁、足、舟"三个构件组成,"頁"像突出头部的人形,表示意义与人有关;"足"和"舟"都是行进的凭借,整字表示人行进之意,本义是"踩踏,走过"。战国以后引申为鞋的通称,于是《说文解字》把小篆作"履"说解为"足所依也。从尸,从彳,从夊,舟象履形",把"履"的本义说解为鞋的通称。

"屦"是鞋最早的名称,特指单底鞋。屦是用葛、麻、皮、丝等材料制成的,底子比较薄。古代一般夏天穿葛屦,冬天穿皮屦。葛屦和皮屦都是比较高级的屦,丝屦就更为奢侈,连士人君子都认为是铺张。只有显贵高官等有钱人才穿得上丝屦。

屐是一种木底有齿的鞋,穿着它在泥地上行走可以防污。《释名·释衣服》:"屐可以践泥也。"颜师古《急就篇注》:"屐者,以木为之,而施两齿,可以践泥。"《南史·谢灵运传》:"寻山陟岭,必造幽峻……常着木屐,上山则去其前齿,下山去其后齿。"后来人们便把这种屐叫作谢公屐。李白《梦游天姥吟留别》"脚著谢公屐,身登青云梯"还提到谢公屐,可见其对后世的影响。

"靴"和"鞋"都以革为表意构件，革的本意是去掉毛的兽皮，即我们今天所说的真皮，由此可知真皮是古代常用的制鞋原料。靴原为中国北方游牧民族所穿，它的特点是有长筒，又称"马靴"或"高筒靴"。鞋则是各类鞋子的通称。

（2）袜

"袜"的异体字包括"韈""韤""襪"等，它们的部首依次为"革""韦""衣"等，其中"衣"说明袜子的类属，"革"是去掉毛的兽皮，"韦"是经过加工的熟牛皮，这两个部首说明古代袜子质料主要是真皮。古代袜子是用带子系的。《史记·张释之列传》："顾谓张廷尉：'为我结袜'。释之跪而结之。"这里的结袜就是把袜子带系好。古人登席必脱袜，否则为不礼貌。

（二）食

民以食为天，与远古先民获取食物、加工食物有关的甲骨文等古文字非常丰富，这里选择一些有代表性的古文字进行介绍说明。

1. 食物来源

先民获取食物的方法可以分为两类：一类是从大自然直接获取，即采集与渔猎；一类是人工培植和蓄养，即种植与畜牧。

（1）采集与渔猎

采集与渔猎是原始人类获得食物的主要渠道。"采"字的甲骨文作"🌿"或"🌿"，像一只手爪在采摘植物的叶子或果实，这是原始人类直接从自然植物中获取食物的重要方法。

从自然界直接捕捉动物作为食物，可以根据动物种类分为捕鱼、捕鸟和捕兽，甲骨文等古文字形体对此也多有反映。

捕鱼的多种方法在"渔"的甲骨文字形中有所反映，"渔"的本义是"捕鱼"，其甲骨文字形有的作"🐟"，像手拿钓竿钓鱼；有的作"🐟"，像双手张网捕鱼；有的作"🐟"或"🐟"，像把水淘干后，众多鱼露出来的样子，即竭泽而渔。

捕鸟方法在"罗"的甲骨文字形中有所反映，"罗"的甲骨文"🦅"

像用网笼罩住鸟类而擒之，本义是"张网捕鸟"；后来增加表意构件"糸"，繁体字作"羅"，简化为"罗"。从"罗"字的甲骨文字形看，古代捕鸟的一种重要方式是用网笼罩。鲁迅在《故乡》中描写的捕鸟方法与"罗"字所表现的捕鸟方法十分相似："我们沙地上，下了雪，我扫出一块空地来，用短棒支起一个大竹匾，撒下秕谷，看鸟雀来吃时，我远远地将缚在棒上的绳子只一拉，那鸟雀就罩在竹匾下了。"捕鸟常用工具还有弓箭，"雉"的甲骨文作"🐦"或"🐦"，由取像箭的"矢"构件和取像鸟的"佳"构件组成，即以用箭射鸟意象表现野生鸟的意义；后一个字形的"矢"构件上还有缠绕的绳索，表示箭尾系着缯缴的弋射捕鸟法。还有一种利用"囮"进行诱捕的捕鸟方法，《说文解字》将小篆"囮"说解为"率鸟者系生鸟以来之，名曰囮。囮，囮或从繇"，可见，"囮"的本义是"捕鸟时用来引诱同类的鸟"。清人吴翌凤《蔡邕论》对"囮"有比较详细的说明："今夫捕鸟者，择其黠者以为囮，谷米以饲，滤泉而饮，凡可以慰囮者靡弗至也。"意思是说，捕鸟人选择那些聪明的鸟作为囮，对于这些用作"囮"的鸟，平时要用谷米喂养，给它喝滤过的泉水，总之，要竭尽自己所能来照顾好这些被用作"囮"的鸟。

表现捕兽方法的古文字比较多，这里择要进行介绍。有的以木棒和猎犬为工具，"狩"的甲骨文作"🐕"，左部的构件是有丫杈的棍棒，右部的构件为犬，说明犬在当时已被驯化帮助狩猎，可见，猎犬和木棒是造字时期常用的狩猎工具。有的以弓箭为工具，"豙"字甲骨文作"🐗"，像一支箭穿透猪身之形，说明当时已用弓箭来猎取大型兽类。有的以陷阱来捕取野兽，甲骨文中有"🦌"字，像鹿掉入陷阱中之形；《说文解字》把"阱"字说解为"陷也。从阜，从井，井亦声"。"阱"是"井"的分化字，本义是陷坑，《周礼·秋官·雍氏》："春令为阱攫沟渎之利于民者。"意思是春季下令挖陷兽坑、制捕兽笼和灌溉沟渠等对人民有利的事。"🦌"非常形象地表现了这种用陷阱捕捉野兽的方法。有的以火为狩猎工具，"焚"的甲骨文"🔥"像两手举火焚林之形，本义是"用火烧山林"，这是古代的一种围猎方式，即通过焚烧山林而将野兽驱赶到预设的网或陷阱之中；这种方式多于冬季举行，也不能经常举行，越到后世，其限制愈严，这可能与保护森林和保护野生资源有关。捕获野兽的方法还有一种化装诱捕法。"美"的甲骨文字形作"？"，下部的"大"像正立的人形，上像头戴兽角毛羽之类的装饰物；这是远古时期化装诱捕狩猎方法的反映。我国长白山地区曾经流行的"哨鹿"法，就是这种化装诱捕狩猎，乌丙安《民俗学丛话》说，"自古以来，'哨鹿'是猎鹿的妙法之一。发现鹿迹，猎人一边举起假鹿头，一边吹起牛角哨，学着呦呦鹿鸣，鹿群便聚来，然后射取"。《水浒传》第二十三回对这种化装狩猎法也有描绘：武松打死老虎之后，"走不到半里多路，只见枯草中又钻出两条大虫来……武松定睛看时，却是两个人，把虎皮缝作衣裳，仅仅缘在身上"，显然，这种狩猎方法在作者施耐庵所生活的明末清初，在某些地区还被猎户们普遍使用。原始巫术和舞蹈是对日常劳动生产活动的再现，再现狩猎活动的巫术和舞蹈中，巫师和舞者常常模仿猎者而头戴兽角毛羽，久而久之，头戴兽角毛羽形象成为美的象征。可见"美"的甲骨文字形中蕴含着远古狩猎文化信息。

（2）种植与畜牧

根据古文字、文献和考古发现，远古人类不仅从大自然中直接采摘植物、捕捉动物作为食物来源，还学会了人工种植庄稼和饲养动物获取食物来源。

甲骨文中涉及的人工种植的庄稼主要有黍、稷、稻、麦、菽等。"黍"的甲骨文作"？"或"？"，像散穗下垂的庄稼，旁边的水点表示这种庄稼可以酿酒。黍是原始农业时期的重要作物，它生长期短、抗旱、耐寒，适应北方干旱寒冷的特点，因此是北方的主要粮食作物之一。黍在商代、西周人的心目中地位很高，祭祀时一定要献上黍子。"香"的小篆字形"？"从黍从甘，说明黍子有浓郁的香气。黍是黏性食物，又称黏小米，因此"黏"字以"黍"为部首。"稷"就是高粱，被称为五谷之长，后来被尊奉为谷神，《说文解字》古文字形作"？"，左部的构件表示意义类属，右部的构件像突出大头的人形，整字构意就是谷神。水稻的籽实外壳坚硬，要去壳才能煮食，"稻"的古文字形形象地表明了稻米加工的过程，甲骨文作"？"，像稻在臼中将舂之形，金文作"？"，像米禾在臼旁，从爪，表示手持之。"麦"的甲骨文作"？"，金文作"？"，像一株连根麦的全形。麦子是中国北方的主食，周代以为天所赐得。汉代以前，麦子的食用方法主要是用麦仁煮粥，汉代以后，改为将麦子磨粉后做成蒸饼等食用。所磨成的粉叫"麪"，简化为"面"。"尗"是豆类的名称，小篆字形作"朮"，中间的"一"表示土地，中间的竖线表示茎，上部一点为豆荚，下部两点为茎的根瘤。《说文解字》说解为"豆也。尗豆生之形也"。

猎人长期狩猎，熟知各种兽类的习性，逐渐认识到驯养某些性情温和的草食类动物是可能的，于是产生了畜牧业。表现古代畜牧的古文字首先是"拘兽以为畜"的"畜"字，其甲骨文作"🐾"，上边的"𢆶"取像绳索形，下部"⊕"像某个区域内有草木之形，合起来表示拘兽以养的意思，即把狩猎所得的野兽进行拘养。后来"𢆶"变为形近的"玄"，"⊕"简化变异为"田"，"畜"字变为由"玄""田"组成的合体字。由狩猎到拘养，这是先民生产生活经验不断积累的结果，打到的活动物，尤其是幼兽，在不食用的情况下，暂时豢养起来，随着动物越养越大，先民逐渐意识到，饲养动物比狩猎获利更大，同时随吃随杀，没有挨饿的风险，于是由自发到自觉地养起动物来。

畜养动物的方法有放养和圈养。"牧"的甲骨文"🐄"或"🐄"，像手拿棍棒或鞭子驱赶牛羊之形，表现的是"放牧"的畜养方式；"养"的《说文解字》古文"羘"也是根据放养形式为本义为"供养"的"养"创造的字形。表现圈养方式的有"牢""圂""㲋"等字的古文字形体。"牢"的甲骨文有"🐄""🐄""🐄"等多种异体字形，外部的构件像平地上围成的圈栏，内部的构件分别取像牛、羊、马等，合起来表示用圈栏畜养牲畜。该字在卜辞中的意义主要是指用于祭祀的牺牲。"圂"的甲骨文"🐖"像把豕（猪）关在圈中之形，表示"猪圈"，"圂"在古代文献中除了有"猪圈"义，还有"厕所"义。这是因为，我国北方一些地区，厕所往往与猪圈相连相通，从而让猪可以直接吃掉人拉出来的粪便。使用粪便豢养产肉动物在我国有悠久历史，最早的记载见于《国语·晋语》："昔者大任娠文王不变，少溲于豕牢，而得文王不加疾焉。"其中"豕牢"就是养猪的厕所。自西汉到西晋，古墓中出土的陶制明器，常见有猪圈模型，河北、河南等地出土的陶制"带厕猪圈"明器显示，猪圈位于厕所旁边，是整个宅院的一部分，而且不论是富贵人家还是普通农民都把厕所和猪圈相连建造。

"刍"的甲骨文"🐾"像用手断草之形，就是常说的打猪草。这个字形说明，为了给圈养动物提供食物，割草或采集野菜成为日常重要的劳动。

2. 饮食加工

人类最初的饮食方式与一般动物没有明显区别，他们获取食物后，都是生吞活剥，《礼记·礼运》对此有所记载："未有火化，食草木之实，鸟兽之肉，饮其血，茹其毛。"说的就是原始先民"茹毛饮血"的饮食特点。人类在学会使用火之后，饮食种类和方法日益丰富。有些饮食文化现象封存在古文字形体中，成为我们今天探讨饮食文化的重要依据和载体。以下按照饮品和食品分别对其加工方法进行说明。

（1）饮品加工

现代人一提到汤，恐怕首先想到的是"汁多菜少的菜肴"，如"菜汤""鸡汤"。在古代，"汤"中没有菜，就是热水、沸水。《孟子·告子上》："冬日则饮汤，夏日则饮水。"其中汤和水分别指热水和冷水。"汤"的这个意义在成语"金城汤池""赴汤蹈火"中还保留着。

《说文解字》："浆，酢浆也"，本义是一种微酸的饮料。《孟子·梁惠王上》："以万乘之国伐万乘之国，箪食壶浆以迎王师。"意思是说百姓用箪盛饭，用壶盛饮料来欢迎他们爱戴的军队。形容军队受到群众热烈拥护和欢迎的情况。

"醴"《说文解字》说解为"酒一宿孰（熟）也"，醴是一种发酵度很低的甜水，是祭祀或食用的淡饮料。《汉书·楚元王传》："穆生不嗜酒，元王每置酒，常为穆生设醴。"颜师古注："醴，甘酒也。少曲多米，一宿而孰，不齐之。"意思是说，这种饮料稍稍放一点酒曲，基本上还是原来米汤的味道，酒味极淡，连配方都不需要。

"酒"甲骨文作"🍶"或"🍶"，后一个字形两边是水，中间是酒器，本义是用粮食或水果酿成的含乙醇的饮料。晋人江统在《酒诰》里对酿酒的缘起进行了介绍："酒之所兴，肇自上皇……有饭不尽，委余空桑，郁积成味，久蓄气芳。本出于此，不由奇方。"说明煮熟了的谷物，丢在野外，在一定自然条件下，可自行发酵成酒。人们受这种自然发酵成酒的启示，逐渐发明了人工酿酒。我国是酒文化的发源地，"饮"的本义是喝，甲骨文作"🍶"，像一个人弯腰对着酒坛张口伸舌之形，表示饮酒之意；用饮酒意象作为造字依据，可见造字时期饮酒现象已经非常盛行。

（2）食品加工

直接用火烧烤的食物加工方法有"炙""炮""燔"等。"炙"的小篆字形作"炙"，《说文解字》说解为"炙，肉也。从肉在火上"。字形构意是肉在火上烤，相当于今天的烤肉，即把肉串起来在火上熏烤。这是一种古老的食物加工方法，是人类懂得如何用火之后就发展起来的一种烹饪方法。《齐民要术·炙法第八十》记载了"炙"的很多具体做法：有用整猪开腹去除五脏洗净后用茅填满腹腔而炙者；也有逼火偏炙一面随炙随割者，即边烤边吃；还有切成寸块极速回转而炙者；还有灌肠而炙者；作饼而炙者等十余种做法。可炙之肉除了猪、牛、羊、鹿、鸭、鹅外，还有鱼、蛎等水产。"炮"《说文解字》说解为"毛炙肉也。从火包声"。《礼记·内则》注说："炮者，以涂烧之为名也。""涂烧"就是把没有除去毛的烧烤对象用泥包裹起来，然后用火烤，熟热后，将泥剥下来而把毛带下来。"燔"也是古代的一种烧烤方法，它的特点是将成块的肉一面一面平铺于火上翻烤的炙法，不但烤熟，还要烤干以保存。《诗经》郑笺说："鲜者毛炮之，柔者炙之，干者燔之"，说明"燔"与"炙"、"炮"的区别主要是烤干易于保存。

无水烹饪方法主要有"炒""烙""煎""炸"等。"炒"是制作中国菜肴最常用的方法，就是在热锅里翻来覆去地不断搅拌，用火去掉食物中的水分，同时将它弄熟。"炒"可以用油作导热体，如"炒菜"；还可以用沙子作导热体，如"炒花生"；还有的不借助其他导热体而直接干炒。"烙""煎""炸"三种烹饪方法都不用水，而用油作导热体。"烙"指用器物烫熨的意思，表示把面食放在烧热的铛或锅上加热使熟，如"烙饼"。"煎"是把食物放在少量的热油里弄熟，如"煎鱼"。"炸"作为烹饪方法，与煎的区别主要是"煎"时锅里的油比较少，而"炸"时锅里油比较多，即把食物放在沸油中弄熟，如"炸饼"。

以水或水蒸气烹饪的方法主要有"煮""熬""汆""蒸"等。"煮"的小篆字形作"鬻"，两旁的曲线表示水蒸气，中间下部的构件是古代的烹饪器具"鬲"，上部的"者"构件表示读音；还有的字形为突出鬲中有水而增加水构件作"鬻"，"煮"字则突出其用火的特点。从"煮"的这些古文字形体，我们可以将"煮"这种烹饪方式的特点概括如下：器皿中盛上水，把要烹饪的食物放在水里，用火把水烧开，用沸水把食物弄熟，如"煮鸡蛋"。"熬"小篆字形也有两个，即"𤑔"和"𪐎"，前一个以"火"为表意构件，突出要用火熬；后一个以"麦"为表意构件，指出被熬的是粮食。作为一种烹饪方法，是把食物加水后放在文火上长时间地煮而弄熟，如"熬鸡汤""熬粥"。"氽"由"人""水"组合而成，其特点是把食物放在开水里后稍微一煮，趁嫩盛出的一种方法，如"氽丸子"。"蒸"是利用水蒸气使食物变热变熟的方法，如"蒸馒头"。

（三）住

远古先民的居所与自然环境有密切关系。洪水时期和生活在低洼地带的先民往往选择在山陵或树上等高处居住，干旱少雨地区往往选择挖地穴居住，而绝大多数先民选择在取水方便的平地上建盖房屋居住。不同的居所特点在甲骨文等古文字形体中有不同程度的反映。

1. 就高而居

人类曾经历过洪水时期，可怕的洪水给人类留下了十分深刻的印象，以至于后来为"往昔"之"昔"造字采用的就是洪水意象。"昔"的甲骨文字形作"𣊟"，上部的构件为"日"，下部的构件像波涛汹涌的洪水之形，合起来表示发洪水的日子。洪水时期，华夏大地淹没在洪水之中，先民只能选择到地势高的山陵或树上居住。

先民为了躲避洪灾，往往居住在高而上平的山陵州岛之上。《淮南子·本经训》说尧之时"四海溟涬，民皆上丘陵，赴树木"。意思是说，先民为躲避洪水，到地势高的山陵上居住。《墨子·辞过》"古之民，未知为宫室时，就陵阜而居，穴而处"，是说先民不会建造房屋时，只能以天然的山体和洞穴为居所，这与《说文解字》对"厂"的说解"山石之崖岩，人可居"可以互证。不难理解，山陵中的天然洞穴是先民居所的最佳选择，"穴"的小篆字形"穴"形象地表现了洞穴的特点。

先民为躲避洪水和潮湿，除了居住在地势高的山陵州岛之上，还常常在树上搭建像鸟巢一样的居所。"巢"字西周金文字形作"𣿅"，小篆字形作"巢"，像树上有鸟窝之形，本义是鸟窝。巢居就是像鸟一样居住在树上，以躲避洪水。《孟子·滕文公上》："当尧之时，水逆行，泛滥于中国，蛇龙居之。民无所定，下者为巢，上者为营窟。"意思是说，尧遭洪水时，人们居无定所，地势低的地方，人们在树上搭建像鸟巢一样的居所；地势高的地方，人们利用洞穴为居所。《风俗通义》"尧遭洪水，万民皆山栖巢居，以避其害"，也说明远古先民为躲避洪水，只能到地势高的山陵或树上居住。可见，巢居也是远古先民居住的一种方式。远古还有一种居住方式叫"橧"，根据《礼记·礼运》"夏则居橧巢。"把"橧"与"巢"并言，说明橧也是一种居住方式，根据古注，"橧"的意思是"聚薪柴居其上"，意思是把柴薪聚集在一起铺好，人在上面休息。

2. 挖地穴而居

随着洪水逐渐退去，人类逐渐由山地进入平原，开始挖地穴或在地上建筑房屋。根据考古发现，我国原始社会中期的房屋建筑主要有两类，一类是半穴居式建筑，一类是地面住房建筑。西安半坡遗址，就是很典型的半穴居式建筑，在殷墟发掘中曾发现许多竖穴，深深浅浅，方方圆圆，形状各异，学者们认为此与远古的穴居习俗有关。古代先民穴居特点在古文字形体中也有所表现。甲骨文"各"字作"𝼀"，像一只脚向下降到坎穴之形，本义是"来，到"；"出"字甲骨文作"𝼁"，像一只脚向上走出坎穴之形，意思是"从里面到外面"，都用"口"形构件表现地穴式居所。河南省三门峡市陕州地坑院就是典型的地穴式建筑，"𝼀""𝼁"的下部的构件与地坑院"口"形外观十分相似，代表先民的穴居之所。甲骨文"复"字作"𝼂"，上部的构件像有两条道路可供出入的半穴居之形，下部的构件像一只脚，整字像从门道外出之形。这些字形都表现了古代先民穴居的特点。据考古学及人类学家研究，人类的历史有几百万年之久，这几百万年间，人类几乎是在穴居中度过的，真正脱离穴居只有几千年。

3. 地上建房

地面建筑的特点可借助"宀""宫""堂"的古文字形构意进行说明。

"宀"的甲骨文作"𠆢"，像远古先民房屋建筑的外部轮廓，后成为表示房屋义的部首。以"宀"为部首的"宫"，甲骨文作"𠇱"，外部的"𠆢"像房屋的外部轮廓，中间的两个"口"，表示前后不同的房屋，表现的正是这种"前堂后室"的布局。《说文解字》把"宫"说解为"室也"，说明它的本义就是房屋，而不是专指宫殿。《战国策·苏秦以连横说秦》写苏秦得志归来，"父母闻之，清宫除道，张乐设饮，郊迎三十里"。其中"清宫"就是打扫房子；《西门豹治邺》"为治斋宫河上"，这里只是在河上临时搭了个小屋子罢了，也绝不是什么宫殿。到了秦汉以后，"宫"逐渐为帝王专用，如"皇宫"。后来"宫"又引申为"群众娱乐活动的场所"，如"文化宫"。

"前堂后室"的建筑结构延续于后世，它由大门、塾、庭、堂、室等部分构成。"门"的甲骨文字形作"㘏"，像双扇门之形；"户"的甲骨文字形作"㘏"，像单扇门之形。"塾"是古代位于门内外两侧的房屋，后来指民间教书的地方。"庭"从广廷声，本义是堂阶前的院子。"堂"以"土"为部首，声符"尚"兼有表意作用，"尚"就是"上"，有"高出""超过"的意思，这与堂的高居于其他屋室之上的地位相符。"堂"在中国传统的家庭居舍中，占据特殊地位，它往往占据中心的位置，两侧有"厢"，后部有"室""房"，而且通常是坐落在高出地面的台基上。堂一般并不作寝居之用，而是家庭重要活动的场所，如举行典礼、接见宾客、议决家事等。

（四）行

最能体现"行"特点的是交通工具，因此，这里以表现交通工具的古文字为线索，分别介绍古代水上交通和陆路交通的情况。

1. 水上交通

洪水时期，先民就高而居，面对茫茫洪水，要彼此连通，往往借助各种水上交通工具。当然，水浅的地方也可以不借助交通工具而在水中徒步行走，如本义为徒步在水中行走的"涉"，甲骨文作"㘏"，金文作"㘏"，像两足在水的两旁，表示徒步过水之意。但大多数情况下，水上交通往往要借助交通工具。因此，这里从动态的舟船类和静态的桥梁类两个方面对水上交通进行介绍。

（1）舟船类

水上运行的舟船类交通工具种类繁多，这里只介绍桴、俞、舟及相关字符。

"桴"最初作"泭",小篆作"𣵽",《说文解字》解释为"编木以渡也。从水,付声",意思是把若干根毛竹或原木平摆好编扎在一起制成的水上交通工具,后来写作"桴"。孔子曾说:"道不行,乘桴浮于海",意思是说,如果自己的主张得不到推行,就坐木排到大海中自由漂流去。

"俞"的西周金文作"𠎝",左部像小舟形,右部是挖木工具,合起来表示把树木挖空制成独木舟。《说文解字》把"俞"字说解为"空中木为舟也",意思是剖凿木头使空心,用以做舟,即"剡木为舟"。从我国考古发掘来看,新石器遗址中,出土的多是独木舟。如1975年,在福建省连江县发掘出一只樟木制成的独木舟,长7.1米,据专家考证,该独木舟距今已有6000年。

"舟"的小篆字形作"月",《说文解字》说解为"船也。古者共鼓、货狄刳木为舟,刻木为楫,以济不通"。其中包含的信息有:舟的发明者是共鼓和货狄,最初的舟用挖空独木中心的方法制成,船桨用砍削树木的方法制成。然而根据"舟"的甲骨文字形"𠦏""𠦐"等,西周金文字形"𠦑""月"等,舟的形制是方头方尾,首尾上翘,并且加有横梁。很明显,这不是独木的形状,而酷似后代的舢板。所以,至迟在商代,木板船已经具备了成熟的形式。对于依水而居的先民来说,舟在他们的生活中十分重要,因此,"舟"成为创造新字的重要构字部件,《说文解字》中以"舟"为部首的字有16个,以"舟"为非部首构字部件的字也有十几个。如"前"字甲骨文作"𣥂",上部的构件像一只脚,下部的构件像一叶小舟,整字表示乘舟前进;《说文解字》把小篆"前"字解释为"不行而进谓之前,从止在舟上"。意思是人在船上,不用步行,却能凭借舟船在水中前进。

(2)桥梁类

桥梁是横跨水上的静态交通工具,能够体现静态水上交通形式的古文字主要有"矼""榷""桥""梁"等。

首先,在水较浅的地方,常用露出水面的石墩作渡水凭借,甲骨文中"𠃌"字,中间是水,两边是石头,整字像溪流中的一个个跳墩子,这些跳墩子就是人们渡水的凭借,使两岸变成"通途",这种跳墩子也叫"石矼",显然,这种石矼还不属于桥梁。桥梁的最初形式是用一整根木头搭在小溪两岸，也就是独木桥，《说文解字》："椪，水上横木所以渡者也。"说明"椪"就是独木桥的专用字。当溪流较宽，独木不能连接两岸时，就在溪流中间投入巨大的石墩，然后在每两墩之间架以横木，从而连接两岸。"梁"的古文形体"灪"形象地反映了这种桥梁的特点：左部的构件像水形，右部由上下两个"木"构件及中间的"一"组成，表示木与木相接，中间的"一"表示交接之处。"桥"是形声字，以木为表意构件，说明最初的桥是木质的；声符为"乔"，以"乔"为声符的字义大都有"高而曲"的特点，声符"乔"表现了"桥"具有高出水面而又略呈弧形的特点。

2. 陆路交通

陆路交通包括道路和交通工具两个方面，以下从这两个角度分别进行介绍。

(1) 道路

"道""路"都以"辶"为部首，"辶"的甲骨文字形作"ꔷ"或"ꔷ"，中间像一只脚，外部的"行"取像四通八达的十字路口，合起来表示在道路上行走，到小篆演变为"辵"，楷书作"辵"，简化为"辶"。因此，以"辶"为部首的字大都与道路或行走有关。可以想象，人类之初，大地上榛莽丛生，而生产力又十分低下，人类不可能去修筑道路，所以地上并没有路。因此，《释名·释道》说"道，蹈也；路，露也。言人所践蹈而露见也"，说明最初的路是众人踩踏出来的。

人工修筑道路起源很早，据说大禹曾"开九州，通九道"(《史记·夏本纪》)。商周时期，各诸侯国之间，以及各个诸侯国与商王朝之间的关系得到了前所未有的加强，其间的道路交通也就显得尤为重要。春秋时期，道路交通情况非常受重视，甚至与国运相联系。据《国语·周语》记载，单襄公奉周定王命令到宋国聘问，又从宋国经过陈国往楚国聘问，看到"火朝觌矣，道茀不可行也，侯不在疆，司空不视涂，泽不陂，川不梁，野有庾积，场功未毕，道无列树，垦田若艺"。意思是已是清晨能见到大火星的季节了，道路上杂草丛生无法通行，负责接待宾客的官员不在边境迎候，司空不巡视道路，湖泽不筑堤坝，河流不架桥梁，野外堆放着谷物，谷场还没有修整，路旁没有种植树木，田里的庄稼稀稀拉拉。单襄公见到这些情况后，归报周定王说："陈侯不有大咎，国必亡。"他判定陈将亡国的重要征兆之一，便是十月间道路上还长满了草，道路两旁也没有护路的树木。

反映各种不同道路特点的古文字形非常丰富。如"行"的甲骨文字形作"北"，西周金文字形作"北"，像四通八达的道路，本义是道路。以"行"为部首的字本义都是城邑中道路的专名，具有"行"字形体所体现的四通八达特点，如"術"（简化为"术"）本义是城邑中的道路，"街"本义是"两边有建筑物的大路"，"衢"本义是"纵横交错的四通八达的街道"。

山间田野的道路，主要是用脚踩出来的，往往具有狭窄、不平、斜曲等特点，其字形有的以"足""止"为部首，突出道路是用脚踩出来的；有的以"彳"为部首，说明意义类属；有的以"田"或"阝"为部首，凸显道路所在的地理特点。如"蹊"（或作"徯"）以"足"为部首，突出"蹊"是贪走近路的人不按正道走而踩出的邪道，只通人行而不能通车。"桃李不言，下自成蹊"的"蹊"意思就是摘桃李的人踩出的小道。"歧"以"止"为部首，"止"甲骨文"止"像脚形，声符为"支"，以"支"为声符的字意义具有"分叉"的特点，如"枝""肢"都是从主干上分出来的"叉"，因此，"歧"字也是从大路上分出来的岔道，以"止"为部首突出了其被脚踩出的特点。"径"以"彳"为部首，"彳"是取像四通八达道路的"北"的省略，因此，以"彳"为部首的字往往也与道路或行走相关；"径"的声符"圣"金文字形作"圣"，像织布机上的经线，因此以"圣"为声符的字意义都有细、直的特点，"径"所指代的道路也具有这些特点，即专指贪走近路的人不按正道走而走出的小道，这些小路相对于绕远的大路当然具有细、直的特点。"畛"以"田"为部首突出其在田间的特点，《说文解字》说解为"井田间陌也"，意思是田间小路。《诗·周颂·载芟》"千耦其耘，徂隰徂畛"描写了西周农业生产劳动场面，其中"畛"的意思是"田间道路"。"阡陌"也是田间小路，田间小路往往在土垠之上，比生长庄稼的田地要高出一些，因此以"阝"为部首。具体来说，南北方向的田间小路叫作"阡"，东西方向的田间小路叫作"陌"。

（2）交通工具

陆路上行走很多情况下不借助任何交通工具，因此表现"徒步"行进的古文字比较多，如"步"的甲骨文作"⏉"，西周金文作"⏉"，像徒步行走时左右两脚一前一后的样子，本义是"行走，步行"，如"散步"。"走"的金文字形作"⏉"，上部的构件像一个人跑动时双臂前后摆动的样子，下部的构件像一只脚，表示该字意义与脚有关，本义是"跑"。"走马观花"中"走"就是"跑"的意思。以"走"为部首的字"赶""超""越""赴""趣"的本义都与"跑"意义相关。"奔""⏉"，上部的构件与"走"的构件相同，下部是三只脚，突出跑得快的特点，本义是"快跑，疾驰"，如"奔驰""狂奔"。

陆路交通最常用的工具就是车，"车"的商代金文作"⏉"，西周金文作"⏉"或"⏉"等。商代金文字形对古代车的形制反映得非常清晰，中间是长竖线表示车辕，下部两侧是车轮，贯穿两个车轮的是车轴，车辕上部是车衡和车轭；西周金文在两个车轮的中间还有车厢。先民不仅为通用的"车"创造了专用字形，还为多种不同用途的车名创造了专用字，如"辇"字金文作"⏉"，像二人拉车之形，本义是人力车，后来专指皇帝或皇室所坐的车。"辂"指天子及皇后乘坐的豪华富丽都大马车，最初写作"路"。"栈"又叫栈车，与"栈"字同源，是士乘坐的车，它的特点是用竹木条编制而车，带卷棚的栈车又被用来作为寝车。"轩"是供大夫以上贵族乘坐的车。《说文解字》将"轩"说解为"曲辀藩车"，意思是这种车的特点是辀的形状穹曲向上，三面有遮蔽。"軿"和"辒"都是有帷幕的车，前有遮蔽的叫作"軿"，前后都有遮蔽的叫作"辒"。辒车车辕比较长，一直伸到车厢后边，可供乘者上下车时登踏。战国时期的孙膑就曾利用"辒车"的遮蔽性的特点，有效地隐瞒自己指挥齐军的实情，从而实现"围魏救赵"的作战计划。"辒"和"辌"都是卧车，辒车密闭，比较温暖，与"温"字有同源关系；辌车旁边开有窗户，比较凉快，与"凉"有同源关系。后来因这两种车专门用来载丧，合为一种车，成为辒辌车。"轞"是囚车，与"槛"有同源关系，本来写作"槛"，又称"槛车"；"槛"指关牲畜野兽的栅栏，又特指囚车，后来造"轞"字作为槛车的专用字。"轈"又称"轈车"，与"巢"有同源关系，

《说文解字》说解为"兵高车加巢以望敌也",意思是用来窥望敌情的侦察车。"轞"即轞车,与"撞"有同源关系,是用来冲城陷阵的兵车。"轿"字从车乔声,本来写作"桥","轿"与"桥"有同源关系。《正字通》:"轿与桥通,盖今之肩舆,谓其中如桥也。"清俞正燮说"轿者,桥也。状如桥中空离地也"。今人张舜徽说"轿之为言桥也,谓高负在人之肩,如桥之高出水也。故俗称肩舆"。意思是说,"轿"与"桥"有共同特点:悬空离地。"轿"又称"肩舆",因为它的特点跟舆(车厢)非常相近,但是没有车轮,因此要由多人用肩扛着行走。

综上所述,甲骨文等古文字中蕴含着丰富的历史文化信息,这些文化信息可在汉字教学过程中适当渗透,从而对学生进行"润物细无声"的传统文化教育。

第三节　汉字教学中渗透传统文化的方式

汉字与西方拼音文字不同,汉字自身就是一种文化符号,造字先民将自己对外部世界的认识,自身的情感体验和道德标准都蕴藏在文字里。因此汉字形体就成为一个蕴含丰富古代文化信息的宝库,其中蕴含着古代先民的衣食住行、生产生活、社会习俗、阶层分布、行政区划、思想观念以及认识世界的方法等。汉字教学中将相关文化信息揭示出来,不仅可以增强识字教学的趣味性和规律性,还可以对学生进行"润物细无声"的中华传统文化熏陶。

一　教学原则

利用汉字教学对学生进行传统文化教育,喻芳华在《汉语教学中的汉字文化教学探究》中提出要遵守适用性、阶段性、得体性三个原则。[①] 借鉴此文以及相关论文,我们认为利用汉字教学对学生进行中华传统文化熏

---

① 喻芳华:《汉语教学中的汉字文化教学探究》,《汉字文化》2019年第11期。

陶要遵循以下四个原则：科学性原则、积极性原则、针对性原则、梯度性原则。

（一）科学性原则

传播传统文化只是汉字教学的辅助内容，帮助学生识记汉字和正确使用汉字才是汉字教学的重要目的，或者说，传播和渗透传统文化只是汉字教学的"副产品"，不能喧宾夺主，要把握好度和量。在有限的课堂教学中，传统文化内容必须紧扣相关汉字构形或文章主题，服务于汉字教学，使传统文化巧妙融入汉字教学与文章解析中，从而潜移默化地将传统文化植入学生的心田，最终实现汉字学习与传统文化熏陶的双重目标。

科学性的另一个要求就是对汉字构形的说解要合理，切忌望形生义，牵强附会；同时要注意遵循汉字系统性原则，避免说解一个却乱了一片的破坏汉字系统的说解。在科学说解汉字构形的基础上，对相关传统文化的介绍一定要切题，即与字形构意切实吻合，不可"离字万里"，胡乱联系，相关文化信息的介绍与字形的联系要具有科学性和合理性。

（二）积极性原则

汉字形体中蕴含的文化内容非常丰富，包括古代先民的衣食住行、生产活动、社会习俗、阶层分布、行政区划、思想观念以及认识世界的方法等。这些信息有的具有正能量，适合讲给中小学生，可以融入汉字教学中；有的内容不适合少年儿童或难以理解，就不能把它们传授给中小学生。中小学是世界观、人生观、价值观的形成时期，因此对那些不利于学生健康成长的历史文化要进行"屏蔽"。总之，教学中要对文化内容有所选择，选择适宜的、易于接受的，同时与现实生活息息相关的优秀传统文化，而舍弃那些对学生世界观、人生观、价值观有负面影响的内容。只有这样，才能增强识字教学的趣味性和规律性，同时丰富学生传统文化知识，用优秀传统文化陶冶学生的品格。

（三）针对性原则

针对性原则指利用汉字教学传授中华传统文化时，要根据教学对象的特点，有针对性地选择文化内容和教学方法。

在教学内容的选择上，首先，要综合考虑学生的知识基础、文化背景、区域特点、学习动机等各种因素，所选择的内容首先要与学生原有知识相对接，为学生所能理解；其次要符合学生兴趣和需要；最后，要尽可能与课文主题一致，文化信息要有助于对课文内容的理解。

在教学方法上，要根据学生的年龄特点和文化背景，采取丰富多样的教学方法，激发学生的学习兴趣，做到寓教于乐。如果教学对象是以汉语为母语的小学生，就要根据儿童心理特点尽量采用生动有趣的教学方法，利用现代多媒体技术和动画形式将文化信息生动活泼地表现出来；对于中学生和大学生可以用讲授方式，也可以把教师讲授与课堂讨论结合起来；针对少数民族学生和外国留学生，文化信息内容就要特别注意不要触犯其信仰，同时根据其语言基础和年龄特点采用不同的教学方法。不管面对哪一类学生，适当采用表演法和多媒体技术都有利于增强教学的趣味性，将文化信息直观生动地展示给学生。

（四）梯度性原则

汉字学习是一个由浅入深、循序渐进的过程，同样，利用汉字教学对学生进行传统文化熏陶也要遵照循序渐进原则，相关内容的设计安排要具有梯度性。不仅内容上要前后照应关联，逐渐加深和形成系统；教学方法上也要注意必要的重复和前后联系，有助于学生温故而知新，对中华传统文化由点点滴滴的分散吸收到逐渐形成系统，即在散点式渗透的基础上进行系统梳理，从而使学生对中华文化有一个逐渐加深的认识过程，激发学生的学习兴趣。绝不可不顾学生实际，盲目"硬熏"，这样不仅不利于学生掌握传统文化，还可能引起对汉字学习的畏难情绪，影响汉字学习效果。

二　教学策略

如何在汉字教学中引入传统文化，使其成为汉字教学的重要组成部分，在学术界和课堂教学中都有很大研究和实验空间。长期以来，有的汉字教学只是机械地教学生记住由"横、竖、撇、捺、点"等笔画构成的方块汉字，而忽略了汉字的形义关系，更不用说汉字形体中蕴含的传统文化信息。要改变这种教学现状，将文化因素渗透到汉字教学中，首先要讲清汉字理据，说明形义关系，使学生对汉字语用功能不仅知其然，而且知其所以然；在此基础上还要进一步挖掘汉字形体蕴含的文化因素，介绍相关文化背景，将中华传统文化自然融入汉字教学中。

在汉字教学中渗透中华传统文化，不仅有助于激发学生的学习兴趣与热情，而且能够促进中华民族优秀传统文化的传承与发展，增强学生的民族文化认同感。传统文化融入汉字教学的方式可以分为以下几种。

（一）结合识字教学

汉字不仅以其记录汉语的职能传承传播汉民族的文化信息，作为据义构形的表意文字，汉字形体本身也封存着造字时代的历史文化信息。因此，透过汉字可以了解古代先民的生产生活、文化习俗、价值观念以及思维模式等，了解汉民族远古时期的文化特点。姜亮夫先生曾说："整个汉字的精神，是从人（更确切一点说，是人的身体全部）出发的，一切物质的存在，是从人的眼所见、耳所闻、手所触、鼻所嗅、舌所尝出的（而尤以'见'为重要）。……牛羊虎以头，人所易知也；龙凤最祥，人所崇敬也。总之，它是从人看事物，从人的官能看事物。"[①] 可见，汉字形体中都包含着人们对客观世界的认识，包含着人们的思维方式，因此，汉字可以作为探寻古代历史文化信息的线索。

识字教学中可以利用汉字结构分析，将字形中蕴含的传统文化信息传授给学生，使识字教学成为提高学生人文水平、塑造学生健康人格的重要阵地。

1. 结合单字教学

如何在单字教学中渗透相关历史文化信息？我们以"老""美"为例进行说明。

在教学"老"字时，可以通过组词造句等练习让学生了解"老"的意思有年纪大、时间长、有经验、陈旧的等意思。然后启发学生老人有什么特点。如果让你用一幅画表现老人，你准备画什么？启发学生进行发散性

---

① 姜亮夫：《古文字学》，云南人民出版社，1999，第 69 页。

思维，想出各种造字取像的可能性，如老爷爷驼着背，长着白发和长胡子，拄着拐杖……最后通过甲骨文"𦥑"说明华夏先民为"老"造字时的取像特点：用一个头发很长、拄着拐杖的人形来表现"老"的意义。拄拐杖意象容易理解，可是造字者为什么用长发形来表现"老"义呢？这就要涉及古代文化，可以借此机会传授相关传统文化。远古先民认为，身体发肤，受之父母，不能随意毁伤，因此，年龄大的人头发都很长，也就是长发成为老人的一个重要特征，因此用披着长发、拄着拐杖的人形来为"老"造字。这样就通过"老"字的学习向学生渗透了古代历史文化。接下来，可以通过多媒体把"老"字的演变过程展示给学生，使学生了解现代楷书"老"字的由来。教学中，还可以利用网络资源给学生演示相关"老"字的演变过程，进一步证实远古时期头发不可以随便毁伤的习俗。引导学生充分体会和感悟汉字的独特魅力，从而更加热爱祖国的语言文字。

同样，教学"美"字时，也可以通过组词造句等让学生了解"美"的意思有好看、好、善、得意、称赞等意义。教学中可以先启发学生：在你眼里什么是美的？如果让你为"美"造字你会选取什么意象？启发学生想出各种取像可能后，通过甲骨文"𦫵""𦫵"告诉学生远古先民用人头戴羊角或羽饰类饰品的样子来表现"美"的意思。为什么会采用这个意象？这就涉及造字时期的历史文化特点，于是可以顺便讲解相关历史文化。早期社会，人们为了猎取野兽，往往披上兽皮，戴上兽角，装扮成野兽的样子，以便接近野兽，进而猎杀它，这就是远古时期一种十分常用的狩猎方法。后来，这种披兽皮、戴兽角的打扮被巫师和舞者模仿，人们也渐渐觉得这种装扮是美的，于是以此为原型创造了"美"字。可见，"美"的字形构意不仅反映了远古狩猎文化，同时说明在远古先民心中，英武的狩猎者是最美的，反映了远古先民的世界观和价值观。

2. 结合部首教学

汉字是成系统的，通过汉字部首也可以看出古人对客观世界的认识，比如以"虫"为部首的字，意义大都与昆虫或爬行动物有关，如"蝴蝶""蜻蜓""蚯蚓"等，但是"虹"作为一种自然现象也以"虫"为部首，说明造字者把"虹"这种自然现象也看成了一种动物。甲骨文"𧍟"像横跨天空的彩虹，但在虹形的两头，各有像龙张开大口的首形。甲骨卜辞中有"有出虹自北，饮于河"的记载，后世文献中，也有类似的说法，认为虹是天上的类似龙的巨大动物，有雌雄二体，能入河饮水。"虹"字构形，非常形象地反映了先民对虹的神化。后来，为了书写方便，用音义合成法为它重新造了一个从虫、工声的"虹"。现代汉字"虹"以"虫"为部首，仍能体现古人对"虹"这种自然现象的认识。同样，以"鱼"为部首的字意义大都与鱼类有关，然而"鲸""鳄""鲨"等生活在水中的爬行动作，从现代动物学看，并不属于鱼类；它们以"鱼"为部首说明造字者把它们看作了鱼类，反映了远古先民对世界的认识。以"示（礻）"为部首的字意义大都与祭祀鬼神有关，在先民看来，"福""祸"都是鬼神支配的，因此都以"示"为部首，反映了先民对客观世界的认识。

（二）结合词义解析

汉字是用来记录语言的，一个单字一般记录一个语素，有的语素可以独立成词，有的语素不可以独立成词。语素组成词或短语的功能，往往由其意义特点决定；而意义特点大都能在字形构意中有所反映，因此，字形构意成为分析汉字语用特点的重要因素。很多字形构意的理解需要相关文化背景知识，因此可利用对这类词义的说解介绍相关文化信息。

有些词语的意义背后蕴含着丰富的文化信息，教师可以在词语解释中将相关文化信息传达给学生。如"主宰"是常用词，意思是主管、统治或者居支配地位。"主""宰"两个语素组合为什么会产生这个意义呢？"主"的意义不难理解，"宰"在其中的意义是什么就要借助相关历史文化信息。"宰"的甲骨文由"宰"由"宀"和"辛"组成，"宀"的甲骨文"宀"或"宀"像房屋的侧面简形，里边的"辛"取像宰割之器，古代先民以宗族为单位祭祀先祖，以牛羊猪等作为祭品，祭祀之后，将用来祭祀的牺牲分给本宗族的成员，以此表示接受先祖的福佑。因此，整个字形构意是在屋下拿着"辛"来切割牛羊等祭祀品，"宰"的本义是古代祭祀时主刀分祭肉的人。根据《史记·陈丞相世家》记载，陈平曾做过这种主刀分祭肉的宰。"里中社，平为宰，分肉食甚均。父老曰：'善，陈孺子之为宰。'"意思是说乡里祭祀土地神时,陈平为宰,分祭肉很均匀,受到父老称赞。显然,这里的"宰"的身份是主刀分祭肉的人。主刀分祭肉的人往往是本宗族内有一定威望的人,是宗族内辅助族长处理政务的管理者,因此是"宰"引申为辅助国君或大夫处理政务的最高官职。进一步引申为"主管,主持",因此与"主"组成"主宰"。

"九州""神州"常用来代指古代中国,如陆游《示儿》"但悲不见九州同",其中"九州"指古代中国,古代中国为什么被称作"九州"或神州呢?"州"字甲骨文作"〔图〕"或"〔图〕",像在宽阔的川流中有一块土地之形,表示水中可供居住的高地,也就是小岛。据史料记载,尧时华夏大地曾经历过洪水时期,当时华夏大地淹没在洪水之中,只有高大的山峰能露出水面。大禹治水后,水位下降,逐渐露出越来越多的可供人居住的高地。后来大禹将它们划分为不同的行政区域,这就是传说中的九州,从此,华夏大地又被称为"九州"或"神州"。毛泽东"六亿神州尽舜尧"中"神州"也用来指代中国。

"默契"的意思是暗相契合。"默"以犬为义符,本义是犬不吠而追人;引申为不出声、不明白表示的意思。"契"的甲骨文作"〔图〕",左部是刀,右部是契齿之形,合起来表示用刀刻出带有契齿的凭证,本义是表示双方借贷关系的契约。契约是古代信用工具,一分为二,双方各执一半,一般用契齿多少表示借贷的数量。《列子·说符》:"宋人有游于道得人遗契者,归而藏之,密数其齿。告邻人曰:'吾富可待矣。'"这个故事说明其中的"遗契"是代表债权,对捡到的陌生人来说直接意味着财富;也说明契约在当时非常流行,对双方具有很强的约束性。证明双方借贷关系的方法就是"合契",即让双方所持部分相互契合。可见"默契"的意思就是不用语言说明却能够相互配合得非常好,像符契一样能够相互吻合。

(三) 结合文章中心

有的文章有凸显中心的文眼字或题眼字,而题眼字或文眼字一般都有比较深刻的含义,因此,要理解题眼字或文眼字的意义,不仅要结合课文内容,有时还要结合其字形构意和相关历史文化背景。因此通过分析文章中心渗透传统文化也是传承和弘扬传统文化的一个重要的方式。

《邹忌讽齐王纳谏》中"讽"是题眼，要准确理解"讽"的含义，不仅要借助课文内容，还要借助其字形构意及相关文化知识。"讽"从言风声，其中"风"兼有表意功能，意思是像风过草偃一般，让自己的语言对对方产生影响，因此"讽"有劝谏的意思，但与一般的劝谏不同，讽专指用含蓄委婉的语言暗示、规劝甚至指责，巧妙地将自己的意思表达清楚，从而使对方有所触动而采纳谏言。为什么产生"讽"这种劝谏方式呢？可以就此介绍相关历史文化。中国封建社会历来就有"伴君如伴虎"之说，一个臣子想要劝谏至高无上的国君革除弊政、除害兴利，绝非一件容易的事情，有时甚至还要惹祸上身。因此产生了"讽"这种劝谏办法，这种含蓄委婉的语言艺术往往能收到更好的效果。如邹忌在"讽"时，首先使用了避实就虚的策略。邹忌没有直言让齐王纳谏，而是先叙述妻、妾、客出于各种原因都说自己比徐公美，当自己看到徐公之后，才知道自己跟徐公差距非常大。从这样的一桩闺阁之事说起，亲切、有趣、轻松，让对方很容易接受。其次，使用了类比的方法，邹忌在家中的地位与齐王在朝中的地位相似，即"莫不私王""莫不畏王""莫不有求于王"，因此受到的蒙蔽也会很多，自然转入正题，阐明广开言路的紧迫性和必要性。总之，邹忌没有直接说齐王应该广泛纳谏，而是从家事说起，用类比方法让齐王认识到广开言路的必要性，从而让齐王接受自己的建议。显然，文章内容就是对"讽"的最好诠释；通过对这篇文章的学习，可以了解"讽"的准确含义，同时了解这种语言艺术产生的文化背景。

有的文中并没有出现文眼字或题眼字，但文章中心可以用一两个字来概括；如果能够体现中心的字形构意及相关文化背景对于理解文章中心有帮助，那么，也可以通过分析字形结构，将其中蕴含的文化背景传达给学生。如收入初中《语文》的莫怀戚的散文《散步》，这篇文章的主体可以用"孝""慈"两个字来概括。"孝"的字形对于理解中华传统"孝"文化很有帮助，"孝"的商代金文作"𡥡"，西周金文作"𡥡"，像一个小孩搀扶长发老人之形，小篆演变作"𡥡"，《说文解字》说解为"善事父母者。从老省，从子，子承老也"。"孝"的本义是服从奉养父母长辈。除了对字形结构分析说明外，教师还可以引用《论语》《孟子》《中庸》《弟子规》等文献中有关"孝"的阐述，进一步阐发孝文化，向学生渗透中华孝文化的内容和精神。"慈"主要是上对下的爱，后来意义范围扩大泛指一切仁慈和慈爱。为了让学生深入理解"慈"的含义，教师也可以借助相关文献阐释"慈"的含义，让学生了解相关文化传统。

结　语

　　汉字属于据义构形的表意文字，造字时期的相关历史文化以及思维方式都会在汉字形体中留下痕迹，因此，汉字形体，尤其是甲骨文等古文字形体，不仅可以用来说明汉字的形义联系，还可以为探索远古社会历史文化和造字思维方式提供重要线索和依据。

　　甲骨文发现 120 多年以来，甲骨文等古文字研究取得了丰硕成果，相关应用领域如历史、哲学等研究也得到了长足发展。然而甲骨文等古文字在语文教育中的应用却主要限于字理教学和汉字文化，而且由于古文字对大多数语文教师来说，还是一个陌生领域，利用汉字构意进行字理教学和讲授汉字文化也仅限于少数教师的浅尝辄止。为此，本课题对甲骨文等古文字在语文教育中的应用方式和应用途径展开研究，对隐含于甲骨文等古文字形体中的词义特点、历史文化信息和造字智慧等进行了深入浅出的挖掘和阐释，使之服务于语文教育，为科学高效的语文教学提供素材和支撑。

　　第一，甲骨文等古文字以其浓厚的象形意味清晰地反映了汉字构造意图，有助于讲清楚汉字形体与音义之间的联系，为字理教学提供科学依据，使学生对汉字的使用不仅知其然，而且知其所以然，增强识字兴趣；同时，汉字构意分析有助于学生理解汉字部首意义和声符规律，理解部首的统领作用和声符的表音功能，从而以简驭繁地掌握汉字系统规律，辨析形近字，避免写错别字。此外，同一个词的各个意义之间是相互联系的系统，词义系统的起点是与汉字构意相切合的本义，因此，甲骨文等古文字有助于掌握词义系统，从理据上有效辨析多音多义字；甲骨文等古文字构意还可以用来抽绎词义特点，为近义词辨析开辟一条新途径。总之，在字词教学中，甲骨文等古文字有助于掌握汉字理据和汉字规律，有助于掌握词义系统，为辨析多音多义字、形近字、近义词等提供科学依据，从而有效避免写错别字或用词不当。

第二，甲骨文等古文字可以用来挖掘贯穿于词的本义和各引申义的共同特点，由于这些词义特点大都不能进入字典等辞书的释义中，我们称其为隐含义素。隐含义素就像生物体携带的遗传基因，虽经多代变异却仍对语词的使用有着不可忽视的规约作用，也是词义引申发展的内在依据和线索，因此，隐含义素对研究语素组词规律和诗词炼字之妙具有重要意义。同时，汉字构意的"具象化"和"可视化"特点，决定了通过甲骨文等古文字构意抽绎的隐含义素具有直观性和形象性，这无疑对理解诗词意象和其中蕴含的思想主旨有极大帮助。因此，在诗文欣赏中，通过隐含义素显性化，不仅可以使诗词意象更加生动丰富，更具画面感，而且还有助于准确理解词义、象征义、炼字之妙、修辞功能、言外之意、思想主旨。同时，在诗词赏析中将隐含义素显性化，还有助于学生展开联想和想象，脑补相关意象或情境，培养学生的联想和想象能力。

第三，甲骨文等古文字还可用来培养学生的创造性思维能力。

创造性思维是各种出类拔萃人才所必须具备的素质，其特点首先是有发散性，从多角度、多侧面、多层次、多结构去思考问题，寻找答案，既不受现有知识的限制，也不受传统方法的束缚；同时还有辐合性，对众多方案进行分析、比较、判断，最终选出最佳方案。造字的实质就是为词语创造视觉符号。汉字作为世界上历史最为悠久的文字，绵延五千年血脉不断，其造字方法中包含独特的创造智慧。汉字主要是据义构形的，词义是造字的主要依据，也是词性划分的重要参照，因此汉字创造方法与词性之间有密切联系，故而本书从词语出发，对造字智慧解析从名词、动词、形容词、数词、量词和拟声词等角度进行解析，阐释先民为不同词语造字时所体现的不同方法和思路。

把汉字创造智慧解析出来，目的是应用。造字智慧的应用途径主要有两类，一是用于培养创造性思维能力，二是用于启发写作方法。利用造字智慧培养创造性思维能力的主要途径是还原造字过程，通过发散思维训练和辐合思维训练，使学生在面对问题时既能"放得开"又能"收得拢"，从而综合训练学生分析、比较、选择、判断、抽象、概括、联想和想象等创造性思维方法。思维训练不是一朝一夕能完成的，不可能靠一两次活动或训练而速成，需要经过长期积累，因此要化整为零，采用一课（课文）一字的形式对学生进行训练。汉字智慧对写作具有启发作用，因为写作和造字都是一种创造性思维活动，二者在表现方法上有很多相似之处。造字智慧对写作的启示作用，既包括选材组材和布局谋篇等整体构思方面，也包括表达方式和修辞手法等具体技巧方面。

第四，据义构形的特性决定了汉字尤其是甲骨文等古文字中蕴含着十分丰富的传统文化信息，同时甲骨文与现代汉字之间具有一脉相承的连续性，因此，汉字教学中可以适当融入甲骨文等古文字形体，将古文字形体所携带的文化信息传授给学生，使现代汉字教学成为传承传播中华文化信息的重要阵地。通过汉字教学将字形所蕴含的中华传统文化点点滴滴地渗透给学生，日积月累，有助于培养学生的民族认同感和自豪感，从而达到"润物细无声"的教育效果，为优秀传统文化进校园的"固本工程""铸魂工程"提供智力支持，使古老的汉字成为新时代文化自信的重要源泉。

利用汉字教学对学生进行中华传统文化熏陶要遵循以下四个原则：科学性原则、积极性原则、针对性原则、梯度性原则。科学性原则主要指对汉字构形的说解要合理，遵循汉字系统性原则，避免牵强附会。积极性原则指传授给学生的信息要有正能量，有利于学生健康成长，形成正确的世界观、人生观和价值观。针对性原则指利用汉字教学传授中华传统文化时，要根据教学对象的特点，有针对性地选择文化内容和教学方法。梯度性原则指在利用汉字教学对学生进行传统文化熏陶时，要循序渐进，相关内容的设计安排要具有梯度性。

总之，甲骨文等古文字在语文教育中具有巨大潜能，本课题的目标就是把甲骨文等古文字在语文教育中的功能发掘出来，使甲骨文等古文字研究成果走出学术象牙塔，走向大众，直接为现代语文教育服务，使古老的汉字在现代语文教育中发挥应有作用，体现应有价值。

参考文献

曹先擢：《汉字文化漫笔》，外语教学与研究出版社，2009。

陈初生编纂《金文常用字典》，陕西人民出版社，2004。

（清）陈澧：《陈澧集》，上海古籍出版社，2008。

《辞海》，上海辞书出版社，1979。

崔岩：《对辐合思维的几点思考》，《学习与探索》1992年第4期。

董来运：《汉字的文化解析》，上海古籍出版社，2002。

董莲池编著《新金文编》，作家出版社，2011。

（清）段玉裁：《说文解字注》，上海古籍出版社，1981。

高亨：《文字形义学概论》，山东人民出版社，1963。

高明：《古文字类编》，中华书局，1980。

何九盈、胡双宝、张猛主编《中国汉字文化大观》，北京大学出版社，1995。

何九盈、胡双宝、张猛：《简论汉字文化学》，《北京大学学报》（哲学社会科学版）1990年第6期。

何琳仪：《战国古文字典——战国文字声系》，中华书局，1998。

何余华：《汉字"形构用"三平面研究的回顾与展望》，《语文研究》2016年第2期。

胡厚宣主编《甲骨文合集》，中华书局，1978~1982。

黄德宽、常森：《汉字阐释与文化传统》，北京师范大学出版社，2014。

黄德宽等著《古汉字发展论》，中华书局，2014。

黄德宽：《让古老汉字为文化自信注入力量》，《光明日报》2017年12月3日。

姜亮夫：《古文字学》，云南人民出版社，1999。

教育部初中《语文》（1~6册），人民教育出版社，2019。

教育部小学《语文》（1~8册），人民教育出版社，2019。

金文伟：《〈伯牙绝弦〉字词的科学解析》，《小学教学研究》2010年第5期。

金性尧选注《宋诗三百首》，陕西师范大学出版社，2005。

雷汉卿：《〈说文〉"示部"字与神灵祭祀考》，巴蜀书社，2000。

李炳海：《部族文化与先秦文学》，高等教育出版社，1995。

李国英：《小篆形声字研究》，北京师范大学出版社，1996。

李景源：《史前认识研究》，湖南教育出版社，1989。

李圃主编《古文字诂林》，上海教育出版社，2005。

李索：《汉字与中华传统文化》，高等教育出版社，2014。

李土生：《汉字与汉字文化》，中央文献出版社，2009。

李香平编著《汉字教学中的文字学》，语文出版社，2006。

李香平：《汉字理论与应用》，暨南大学出版社，2012。

李孝定编述《甲骨文字集释》，"中央研究院"历史语言研究所，1982。

李学勤主编《字源》，天津古籍出版社，2012。

李运富、何余华：《论汉字的超语符功能》，〔韩〕《世界汉字通报》（创刊号），2015。

李运富：《"汉字学三平面理论"申论》，《北京师范大学学报》（社会科学版）2016年第3期。

李运富：《"六书"性质及价值的重新认识》，《世界汉语教学》2012年第1期。

李运富：《"形声相益"新解与"文""字"关系辨正》，《语言科学》2017年第2期。

李运富：《〈说文解字〉的析字方法和结构类型非"六书"说》，《中国文字研究》2011年第1期。

李运富：《关于"异体字"的几个问题》，《语言文字应用》2006年第1期。

李运富：《汉字"独体""合体"论》，《中国文字学报》第6辑，商务印书馆，2015。

李运富：《汉字的特点与对外汉字教学》，《世界汉语教学》2014 年第 3 期。

李运富：《汉字构形原理与中小学汉字教学》，长春出版社，2001。

李运富：《汉字教育的泛文化意识》，《中小学课堂教学研究》2016 年第 1 期。

李运富：《汉字学新论》，北京师范大学出版社，2012。

李运富：《汉字语用学论纲》，《励耘学刊》（语言卷）2005 年第 1 期。

李运富：《论汉字的记录职能》（上、下），《徐州师范大学学报》（哲学社会科学版）2003 年第 1、2 期。

李运富：《论汉字结构的演变》，《河北大学学报》（哲学社会科学版）2007 年第 2 期。

李运富：《字理与字理教学》，《吉首大学学报》（社会科学版）2005 年第 2 期。

梁东汉：《汉字的结构及其流变》，上海教育出版社，1959。

林成滔编著《字里乾坤：汉字文化畅谈二十三章》，中国档案出版社，2004。

林庚主编《林庚推荐唐诗》，清华大学出版社，2006。

刘钊、冯克坚主编《甲骨文常用字字典》，中华书局，2019。

刘钊主编《新甲骨文编》，福建人民出版社，2014。

刘志成：《文化文字学》，巴蜀书社，2003。

刘志基：《汉字文化综论》，广西教育出版社，1996。

刘志基：《汉字与古代人生风俗》，华东师范大学出版社，1995。

吕叔湘：《语文常谈》，生活·读书·新知三联出版社，1981。

蒙曼：《蒙曼品最美唐诗：人生五味》，浙江人民出版社，2018。

钱慧真：《"名物"考辨》，《敦煌学辑刊》2010 年第 3 期。

裘锡圭：《文字学概要》，商务印书馆，1988。

饶宗颐：《符号·初文与字母——汉字树》，上海书店出版社，2000。

沈兼士：《沈兼士学术论文集》，中华书局，1986。

沈祖棻：《唐人七绝诗浅释》，上海古籍出版社，1981。

石毓智：《古今汉语动词概念化方式的变化及其对语法的影响》，《汉语学习》2003 年第 4 期。

宋兆麟：《巫觋——人与鬼神之间》，学苑出版社，2001。

〔苏〕苏霍姆林斯基：《给教师的建议》（上），杜殿坤编译，教育科学出版社，1980。

苏培成：《现代汉字研究简述》，《语言建设》1992 年第 7 期。

汤馀惠主编《战国文字编》，福建人民出版社，2001。

唐圭璋主编《唐宋词鉴赏辞典》，江苏古籍出版社，1999。

唐兰：《中国文字学》，上海古籍出版社，2005。

万业馨：《从汉字研究到汉字教学——认识汉字符号体系过程中的几个问题》，《世界汉语教学》2007 年第 1 期。

汪宁生：《释臣》，《考古》1979 年第 3 期。

王贵元：《汉字与出土文献论集》，中国社会科学出版社，2016。

王贵元：《汉字与历史文化》，中国人民大学出版社，2008。

王立军等：《汉字的文化解读》，商务印书馆，2012。

王宁：《〈说文解字〉与汉字学》，河南人民出版社，1994。

王宁：《汉字构形学讲座》，上海教育出版社，2002。

王宁：《汉字教学的原理与各类教学方法的科学运用》，《课程·教材·教法》2002 年第 10、11 期。

王宁：《汉字与中华文化十讲》，生活·读书·新知三联书店，2018。

王宁：《训诂学原理》，中国国际广播出版社，1996。

王云路：《段玉裁与汉语词汇核心义研究》，载罗家祥主编《华中国学》2016 年春之卷（总第 6 卷），华中科技大学出版社，2016。

王钟陵主编《古诗词鉴赏》，四川辞书出版社，2007。

吴东平：《汉字文化趣释》，湖北人民出版社，2001。

吴玉章：《新文字与新文化运动》，载《文字改革文集》，中国人民大学出版社，1978。

夏渌：《评康殷文字学》，武汉大学出版社，1991。

谢栋元：《简析〈说文解字〉与中国古代文化》，《辽宁教育学院学报》1991 年第 4 期。

徐通锵：《语言论——语义型语言的结构原理和研究方法》，东北师范大学出版社，1997。

徐中舒主编《汉语大字典》，四川辞书出版社、湖北辞书出版社，2010。

徐中舒主编《汉语古文字字形表》，中华书局，2010。

徐中舒：《甲骨文字典》，四川辞书出版社，2014。

杨伯峻：《论语译注》，中华书局，2006。

杨伯峻：《孟子译注》，中华书局，2010。

杨荣祥：《"大叔完聚"考释——兼论上古汉语动词"聚"的语义句法特征及其演变》，载《语言学论丛》第二十八辑，商务印书馆，2003。

于省吾主编《甲骨文字诂林》，中华书局，1996。

俞平伯、施蛰存等：《唐诗鉴赏辞典》，上海辞书出版社，2004。

喻守真编注《唐诗三百首详析》，中华书局，1982。

袁世硕主编《中国古代文学作品选》（一、二、三、四），人民文学出版社，2011。

袁毓林：《汉语动词的配价研究》，江西教育出版社，1998。

詹绪佐、朱良志：《汉字与中国文学的意象创造特征》，《安徽师范大学学报》（人文社会科学版）1990年第1期。

詹鄞鑫：《神灵与祭祀——中国传统宗教综论》，江苏古籍出版社，1992。

张光直：《中国青铜时代》，香港中文大学出版社，1982。

张秋娥：《汉语国际教育中的汉字教育散论》，《汉字汉文教育》（第三辑），2013。

张素凤、孙春青、李怀志：《说字解诗》，华文出版社，2020。

张素凤、孙文莲：《论古汉字构形变化的规律》，《河北学刊》2007年第2期。

张素凤、杨洲：《汉字演变中的理据重构现象》，《河北学刊》2008年第4期。

张素凤、郑艳玲：《汉字学理论在识字教学中的应用》，《唐山师范学院学报》2010年第3期。

张素凤、杨洲：《〈诗·周南·桃夭〉新解》，《河北大学学报》（哲学社会科学版）2008年第3期。

张素凤：《古汉字结构变化研究》，中华书局，2008。

张素凤：《汉字构意在古诗赏析中的应用价值——以小学一年级课文〈小池〉为例》，《语文建设》2018 年第 28 期。

张素凤：《汉字结构演变史》，上海古籍出版社，2012。

张素凤、石野飞、李怀志：《汉字趣味图典》，中华书局，2016。

张素凤：《记录职能对汉字形体结构的影响》，《河北师范大学学报》（哲学社会科学版）2009 年第 2 期。

张素凤：《论"落"的隐含义在诗词解析中的应用》，《美与时代》（下）2019 年第 1 期。

张素凤：《谈字理分析在课文解析中的应用》，《语文知识》2017 年第 24 期。

张素凤、郑艳玲、张学鹏：《一本书读懂汉字》，中华书局，2012。

张素凤：《用汉字构意揭示语词隐含义开辟诗词赏析新途径——以"尽"字为例》，《教育实践与研究》2019 年第 35 期。

张素凤、宋春淑、娜红：《字里中国》，中华书局，2017。

张玉金：《当代中国文字学》，广东教育出版社，2000。

赵诚：《甲骨文与商代文化》，辽宁人民出版社，2000。

《中国大百科全书·心理学卷》，中国大百科全书出版社，1991。

中国社会科学院考古研究所编《殷周金文集成》，中华书局，2007。

周法高主编《金文诂林》，香港中文大学出版社，1959。

周士琦：《实用解字组词词典》，上海辞书出版社，1986。

朱东润主编《中国历代文学作品选》（上编、中编、下编），上海古籍出版社，2008。

朱小健：《当汉字面对世界》，《文艺报》2014 年 12 月 29 日。

朱志平：《汉字构形学说与对外汉字教学》，《语言教学与研究》2002 年第 4 期。

图书在版编目（CIP）数据

古文字与语文教育 / 张素凤著. -- 北京：社会科
学文献出版社，2020.12（2023.8 重印）
ISBN 978 - 7 - 5201 - 7114 - 4

Ⅰ.①古… Ⅱ.①张… Ⅲ.①汉字 - 古文字学 - 语文
教学 - 教育研究 Ⅳ.①H121

中国版本图书馆 CIP 数据核字（2020）第 153584 号

古文字与语文教育

著 者／张素凤

出 版 人／王利民
责任编辑／李建廷
责任印制／王京美

出 版／社会科学文献出版社·人文分社（010）59367215
地址：北京市北三环中路甲 29 号院华龙大厦 邮编：100029
网址：www. ssap. com. cn
发 行／社会科学文献出版社（010）59367028
印 装／北京虎彩文化传播有限公司

规 格／开 本：787mm × 1092mm 1/16
印 张：19.5 字 数：310 千字
版 次／2020 年 12 月第 1 版 2023 年 8 月第 2 次印刷
书 号／ISBN 978 - 7 - 5201 - 7114 - 4
定 价／78.00 元

读者服务电话：4008918866